图书在版编目（CIP）数据

　　一半儿温馨一半儿冷 ： 沈从文与张兆和的似水情缘 /
青兮著 ． — 杭州 ： 浙江大学出版社，2014.10
　　ISBN 978-7-308-13641-9

　　Ⅰ．①一… Ⅱ．①青… Ⅲ．①沈从文（1902～1988）
—生平事迹②张兆和（1910～2003）—生平事迹　Ⅳ．①
K825.6

　　中国版本图书馆CIP数据核字(2014)第176861号

一半儿温馨一半儿冷：沈从文与张兆和的似水情缘

青　兮　著

责任编辑	杨利军（ylj_zjup@qq.com）
出版发行	浙江大学出版社
	（杭州市天目山路148号　　邮政编码　310007）
	（网址：http://www.zjupress.com）
排　　版	杭州林智广告有限公司
印　　刷	浙江印刷集团有限公司
开　　本	710mm×1000mm　1/16
印　　张	16.75
插　　页	6
字　　数	241千
版印次	2014年10月第1版　2014年10月第1次印刷
书　　号	ISBN 978-7-308-13641-9
定　　价	38.00元

民国才子众多，大多都写得一手好情书。相思磨人，也磨出了许多经典情书。

年轻时，沈从文写了三年零九个月的情书，才打动了最初不为所动的张兆和，这是一则流传已久的传奇。沈张的情缘，由情书而起，也由情书而定，二人的书信精选集《从文家书》出版后，被列入四部"民国时期最美的情书"之一。徐志摩与陆小曼的《爱眉小札》，如花间词，软玉温香，缠绵旖旎；鲁迅与许广平的《两地书》，似唐诗，看起来朴实平淡，却时见真情趣；朱湘写给刘霓君的《海外寄霓君》，则如元曲，多写生活起居，虽是纸上私语，亦是柔情无限。然我私心以为，四部中情书中尤其当得起"最美"之称的，或当属明清小品文般的《从文家书》，行云流水，笔淡情深。"我行过许多地方的桥，看过许多次数的云，喝过许多种类的酒，却只爱过一个正当最好年龄的人。"这只是沈从文情书中最为人熟知的一句，却不一定是最有分量的一句。那一封封"三三专利读物"，经过写信人、收信人，还有邮递员以及若干其他人的手，仿佛还残留着当时的温度。那一页页的信笺，固然造不出一艘诺亚方舟，却成为沈从文划向张兆和的桨，是他们纯真博物馆里最珍贵的陈列。

情书太美，传奇未完。有时，世人会以为，流传中的动人爱情故事总是完美无瑕，殊不知，我们浮光掠影所见的，往往可能只是绣花被面上悠悠的鸳鸯戏水，却常常忽略锦缎背后绵密的针脚、交织的分叉、破碎的线头。好比每当目睹一对白发眷侣在夕阳中剪影双双，

一半儿温馨一半儿冷
YIBANR
WENXIN
YIBANR
LENG

似水情缘
张兆和的
沈从文与

映照如画时，我们总会不由自主心生感动。画面固然令人感觉温馨，旁人也往往恍惚以为，岁月一直是这般静好，以为他们从来都是这般安然无虑，其实这之前说不定有多少分分合合、争争吵吵呢。才子多情，却易累美人，沈从文也不例外。在他的生命中，除了拥有张兆和这枚月亮，也曾深陷虹影星光的魅惑中，在如愿娶了张兆和为妻后，他又偶遇高青子，深为一种得不到的美丽所吸引。只是后面的故事，并没有如有些人期待的那样愈演愈奇，跌宕起伏。历经挣扎后，风波归于平静，他们还是继续互相陪伴着走下去了。沈从文与张兆和一生通信无数，那些往来互答之书，事无巨细，串联起了他们一生的琐碎时光，可以说是两个人的另类编年史。细读这些书信，我所看到的不仅仅是传奇，更多的是平常人生中的冷暖细节，而这，或许最能体现他们真实的一面。

人立于天地间，孤单而渺小，我们能拿什么来抵挡时间的洪流，拿什么来证明曾经来过这世界？也许，我们能抓住的，仅仅是那些没有被时间之流带走的旧物：一张被侵蚀的旧照，一枚泛黄的信笺，一根略显发黑的银簪，一粒残缺的纽扣……立于时光席卷过后的遗址中，与其钩沉所谓行迹，莫如为心灵作注释，我乐意带着那些书信，缓缓地寻访他们的踪迹，但求能在这传奇的速写中，抽丝剥茧，烛照心灵。忽而抬头看窗外，又到绚烂无度的人间四月天，想起沈从文在《冬的空间》中曾经唱过的歌：

> 春天是我们的，春天是我们的，
> 看呀，你也年青，我也年青。
> 听呀，请你试规规矩矩听听：
> 一颗流星，向太空无极长陨，
> 一点泪，滴到你的衣襟。
> 相信我，这热情，这花，这爱，
> 这俄顷，一分，一秒，一刹那，
> 你应当融解，你应当融解，
> 还有那……

青兮 甲午年春于苏州读书湖

目录

我明白你会来，所以我等。

——沈从文

为了遇见你

许多传奇故事，都有一章凑巧的遇合。

——沈从文

美丽的梦同美丽的诗一样，都是可遇而不可求的。于千万人之中，遇见你所遇见的人，地老天荒的一刻，被岁月凝固如琥珀，多少年后再想起，那一刻仿佛依然鲜活。

十五岁时，沈从文有过一次绒绒的青春萌动。

那年，沈从文作为少年书记官，随凤凰民军入驻泸溪县城。这些娃娃兵，最大的不过十九岁，最小的才十三岁。闲来无事，他们就在河街上四处走，同时看中了一家绒线铺的女儿，她名叫翠翠。年纪最小的那个伙伴最直白，他问沈从文借了钱，特意跑去绒线铺买了三次白棉线草鞋带子，还发誓说，将来做了副官，就来娶翠翠。

沈从文再也没有忘掉这个聪慧温顺的女孩，后来还将她写进了小说《边城》。

她在沈从文的记忆里，仿佛从来没有老去。

十七岁时，沈从文第一次追求了一个女孩。

一半儿温馨
一半儿冷
YIBANR
WENXIN
YIBANR
LENG

沈从文与
张兆和的
似水情缘

在湘西境内的沅水上游，有一座小城名芷江，古称沅洲府。在小城的河边溪涧，悬崖罅隙间，四处生长着一种清香的芷草，长叶飘拂，花朵开成一长串，芷江因此而得名。屈原《湘夫人》中的"沅有芷兮澧有兰，思公子兮未敢言"，也如淙淙流水般在芷江流传了千年。除了兰芷，还有杜衡、泽兰等许多香草在青黛色的溪崖间随意点缀。就是在这座盛产香草香花的浪漫小城，沈从文的爱情终于如缠绕在大树上的藤蔓那样，开始疯长。

沈从文先是结识了一个姓马的小少年，白脸长身。这人有个长他一岁的姐姐，生得苗条秀气，脸白白的，轻轻一笑，脸上就飞起红晕，像是从桃花上偷来的那般好看。正值青春年纪的沈从文对马家姐姐一见钟情，很快就深深陷入了单相思中。

为了讨女孩的欢心，沈从文不仅下功夫临帖练字，还仿清诗人王次回的香艳诗集《疑雨集》，作了好些笔调秀媚的旧体诗，写好后，请少年代为传递。

因为恋着这个女孩，沈从文还拒绝了姨夫熊捷三的提亲。当时可供他选择的对象共有四个，论才论貌论家世，她们不比马家的那个女孩差，甚至还更胜一筹。可遗憾的是，他用心守护的这份情感，并没有得到一个好的结果。最终，沈从文发现自己上了马家少年的当。半年来，这个"朋友"仗着沈从文的信任，把当时他代母亲保管的一千多块钱几乎骗个精光。而那笔钱是沈从文的母亲卖房子得来的，是信得过他这个已经成年的儿子，才交给他保管。受骗后，沈从文觉得没脸见人了，想跳河，又觉得没出息。思前想后，最终，他留下一封信给母亲，便仓皇逃离了芷江。

不久，沈从文流落到常德一家客栈，竟听到了一个消息，说那个白脸女孩在一条去外地的船上，被土匪抢去当了压寨夫人。沈从文听说后，不免惆怅，感觉像做了一个不真实的梦，于是学古人的样子，在客栈的墙壁上题了一句诗：

佳人已属沙叱利，义士今无古押衙。

此情可待成追忆，只是当时已惘然。原来，一切只是个美丽的错误。

命运是一个太难揣测的谜语，一朵无心袭来的浪花，也许就会使船儿在黑夜的海上转了方向。若非这个偶然出现的马家女孩拨动了沈从文的心弦，也许他就会娶芷江另外四个女孩中的一个为妻，在那座香气四溢的小城过上安逸的日子。

七年后，当沈从文踏着命运的曲折小径，离开故乡到北京，又来到上海吴淞中国公学，入了那一片菁菁校园，他终于遇见了生命中最重要的女子。

也许，正是为了遇见她，他才流浪了许多年，去了许多地方。

那年，她十八岁，花样年华；他二十七岁，已近而立之年。遇见她，是他所不曾预料却又期待已久的事；爱上她，也成了他所不能控制的事。

而沈从文与张兆和的初次相见，却远没有那么浪漫，倒像是一出滑稽戏。

他，是一位初出茅庐的大学讲师，经好友徐志摩向校长胡适推荐，来到上海吴淞的中国公学，精心准备，酝酿多日，只待在开学第一课上一鸣惊人。

她，是一名大学二年级的英文系女生，因知这位新来的老师是小有名气的作家，向来热爱文学的她早早来到教室旁听，照例坐在了第一排。

当沈从文迈进校门时，并不知道等待自己的，将不仅仅是一次事业上的机遇和挑战，更是爱情传奇中最重要一折的序幕之始。

当张兆和背着书包走在校园时，亦不知未来的人

1929年沈从文在上海，时年27岁

一半儿温馨 一半儿冷
YIBANR
WENXIN
YIBANR
LENG

沈从文与
张兆和的
似水情缘

生，会因她即将遇见的一个人而彻底改变。

在焦虑不安的等待中，从未登台讲过课的乡下人沈从文，终于等到了开学第一堂课。

尽管事先做足了功课，准备了充足的资料，可讲课同与朋友海侃不同，毕竟是大姑娘上轿——头一回，所以沈从文还是止不住一阵阵的兴奋和紧张。他心想自己已经不是初进北平时那个一文不名的乡巴佬了，拼命写了几年文章后在文坛上也有了点小小名气，所以这初次亮相可不能太寒碜，丢了胡适先生的脸。当时上一堂课才四块钱，沈从文却特意花八块钱从法租界的住所租了一辆包车来到学校。所以怎么来算，这堂课都是折本的。

铃声一响，沈从文便低着头急急进了教室，一鼓作气往那最前方的讲台走去。一走进去，他立刻慌了神，只见迎面是一片密集的身影，好似铺满江面的竹排，又同鱼汛时节河里翻滚跳跃的鱼儿，顿时逼得他浑身发起热来。学生当中有的是选了沈从文的课，有的是被这位新生代作家的名气吸引而来的，他们想看看沈从文是不是也能把课讲得像他的湘西故事那样精彩。

在同乡和熟人面前，沈从文向来有滔滔不绝的本事，可一到了讲台上，他就跟《国王的演讲》里的主角一样，舌头好像被施了法术一样，怎么也顺不开。沈从文觉得自己好像被一个大钟给罩住了，只听见自己的心跳声如擂鼓一般，轰隆隆盖过了下面人群的私语声。就这样定定地站了很久，却还是开不了口，他只好写下一行字：

等我五分钟。

沈从文当真后悔了自己一时自信满满不曾将讲义带来，此刻脑子里一片空白，连一个字也吐不出来。熬了半天还没动静，下面已经开始叽叽喳喳了，他只好转过身，慢慢地在黑板上又写了几个字：

等我十分钟。

看着这位新来的老师光写字不说话，下面的学生只好眼巴巴继续等着。坐在第一排的张兆和也有点急了，上了这么多年学，还是头一次见到这么腼腆的老师呢。

他终于开口了，由于紧张加上忙迫，二十几分钟就把原先预定一小时的授课内容全给讲完了。可是因为声音小、速度快，且带着浓重的湖南口音，底下的学生们几乎没人听明白。

窘迫之下，他只好拿起粉笔，又在黑板上写了一行字：

我第一次上课，见你们人多，怕了。

沈从文的"处女秀"，就这样在窘迫的沉默中匆匆收场了。

不幸的是，这糟糕的第一堂课，正是他与心上人张兆和初次相遇的时刻。

张兆和原本和其他同学一样，想一睹这位小有名气的青年作家的风采，却不料，那堂课沈从文给她留下的印象，怎么都说不上好。紧张得半天说不出话也就罢了，好不容易开口讲课了，声音却又轻又细还语无伦次。更要命的是他那一口浓重的湘西口音，让说惯了合肥话、听惯了苏州话的张兆和听得是云里雾里。下课回到宿舍，张兆和将这桩事当趣闻讲给没去上课的室友听，

在上海中国公学读大学的张兆和

天真无害的女生们听了，个个嘻嘻笑作一团，全然不知此时的沈老师，指不定在哪个角落里抓狂大喊"完了完了"。

沈从文给张兆和留下的并不成功的第一印象，似乎从一开始就注定了他的追求不会一帆风顺。此后三年多的时间里，沈从文写了上百封情书，才终于打动了她的芳心。

一半儿温馨
一半儿冷

YIBANR
WENXIN
YIBANR
LENG

似水情缘
张兆和的
沈从文与

人常叹惋，人生若只如初见，那该是如何花开不凋，月满无缺。可对于初次相逢却只见狼藉残春的人来说，只有等待下一个春天花开满阡陌，草色绿萝裙，方能抹去初见时落败的印象。若沈从文与张兆和的相遇仅止于初见，也就不会有后面更长的故事了。

凤凰出谷

我想我得进一个学校，去学些我不明白的问题，得向些新地方，去看些听些使我耳目一新的世界。

——沈从文《从文自传》

　　凤凰古城仿佛天生就是出艺术家的地方，诗人、画家、歌者，有一股天生的灵气氤氲其中，滋润着人心。她是养在水里的女子，以白云为发髻，以黛色青山为衣裳，日夜流淌的沱江水是她的清眸。在青烟笼起的清晨，她默默凝望着翠翠、天天、萧萧和三三，看这些小女儿在吊脚楼里淘米，在小溪边捞鱼，日复一日，年复一年。桃源仙境，日子如流水般淌过，仿佛从来不曾改变过。直到有一天，沈从文用手中那支写下一篇篇传奇湘西故事的笔，轻轻挑开了她翠雾色的面纱，才惊艳了世人。那些文字宛如一颗颗水洗过的明珠，润泽且灵动，是沈从文来世间走过一遭最好的证明和纪念，也是他为故乡制作的最佳名片。

　　1902年12月28日，日后深深影响这座小城命运的沈从文出生了。

　　他出生于一个军人世家，祖父沈宏富二十多岁就荣任贵州提督，显赫一时，却英年早逝，并给后嗣留下了荣光与家产。祖母张氏是苗族人，因此沈从文身上有四分之一的苗族血统。父亲沈宗嗣生得结实硕大，性格豪放直爽，也是做过军官的，有着十足的将军风仪。母亲黄英是土家族女子，性格果敢而开明，其父是凤凰最早的一名贡生，也是本地唯一的读书人。

沈家兄弟姐妹众多，共有九人，但最后活下来的只有五个，除了排行老四的沈从文，分别是大姐岳鑫、大哥岳霖、六弟岳荃、九妹岳萌。而沈从文的二姐于十六七岁时病逝，另有两个弟弟和一个妹妹皆于幼年离世。

童年沈从文

沈从文原名岳焕，乳名茂林，因是沈家第二个儿子，所以被称为二哥。沈从文六岁时，跟两岁的六弟岳荃一同得了天花，足足病了一个多月。病愈后，弟弟身体照旧健健康康，当哥哥的却没有恢复，身体底子大不如前。因此，沈从文后来一直瘦瘦弱弱的，一副弱不禁风的样子。不过，别看他个儿小精瘦，却机灵顽皮，山寨里的老老少少常被他逗得哈哈大笑，他们管这小皮孩子叫"沈蛇崽"。

凤凰山好水好歌也多，儿歌、情歌、接亲歌、送亲歌、哭嫁歌，苗人老老少少一年从头唱到尾，从早唱到黑，沈从文自小就爱听，有时候也跟着瞎唱唱：

你歌莫有我歌多，

我歌共有三只牛毛多！

唱了三年六个月，

刚刚唱完一只牛耳朵！

母亲把沈从文送进私塾，要他读四书五经，可他根本坐不住。"我无法忍受这个封闭的角落，总想着如何逃出学校，在外面的阳光下生活……"他跟着一位胆子大的表哥学会了逃学，此后一有机会就城里城外玩个遍。

城很小，可看可玩的东西却很多。小河上三三两两的小船，有卖莲蓬的，有卖酸梅汤的，摇船的阿婶歌唱得好，船夫的女儿长得俏。

一半儿温馨
一半儿冷
YIBANR
WENXIN
YIBANR
LENG
沈从文与
张兆和的
情缘
似水

少年沈从文

河两旁是两条小街，一路晃过去，各色的铺子里外，每天都有新鲜的货色。还有那演傩戏的汉子，卖蛐蛐儿的小贩，穿苗族服饰唱歌的阿姐，算命的瞎子，多是熟悉的面孔。一会儿跟这一个聊聊，一会儿同那一个唠唠，是再有趣不过的了。馋嘴了，就买一点云片糕、小糖人或者酸萝卜，一边吃一边慢慢走。

沈从文还喜欢往染坊、豆腐坊、冥器铺、铁匠铺、面馆里跑，他好奇的东西可多了，什么骡子推磨为啥要把眼睛遮上呀，什么刀得烧红时在盐水里淬一下才能变硬啊，什么小铜匠为啥在一块铜板上钻那么一个圆眼啊……比之鲁迅小时候在家中后院"百草园"里得来的乐趣，沈从文在小城里逃学所得的益趣可说更为品目繁多。

对于沈从文来说，认识几个字不算什么难事。他坐在教室里，没过几分钟就会打起鬼主意，先生见了他就头疼。像《牡丹亭》里的崔莺莺，明明"一生爱好是天然"，可偏有个老先生陈最良时时看管着。正所谓：不到园林，怎知春色如许？对于逃学的好处，沈从文还有一套让谁都哑口无言的说辞：

> 在旧式塾中，逃学是挨打，不逃也挨打：逃学必在发现以后才挨打，不逃学，则每天有一打以上机会使先生的戒尺敲到头上来，君，请你比较下，是逃好还是不逃好？并且学校以外有戏看，有澡洗，有鱼可以钓，有船可以划，若是不怕腿痛还可以到十里八里以外去赶场，有狗肉可以饱吃，君，你想想。在新式学校中，则逃学纵知道也不过记一次过，以一次空头的过，既可以免去上无聊功课的麻烦，又能得恣意娱乐的实惠，谁都高兴逃学！

当少年沈从文像一匹野马般在"凤凰繁华图"中悠游自得时，外面的世界却正风云变色。

沈从文的父亲沈宗嗣是个极有政治抱负的人，他在1911年参加并领导了凤凰的反清武装斗争，因此成了当地的要人，后因在湖南省议会代表的选举中落败而赌气来到北京。1915年，袁世凯正式承认丧权辱国的"二十一条"，后来又把孙中山先生赶了下去，当了总统。蔡锷等人在云南起兵反抗，轰轰烈烈的护国运动开始了，随后，各省纷纷响应，作为军事重地的湘西也逐渐受到波及。这一年，沈宗嗣与朋友在北京谋划刺杀袁世凯，不幸消息提前外泄，不得不仓皇逃亡至关外。沈宗嗣性情豪放，又要面子，不肯在场面上输给别人，因此一路上欠下了不少债。两年后，他终于从关外写信回家，叫家中典产还债。沈从文的母亲为了还债而变卖了家产，由此，沈家便家道中落了。

为了缓解家中的经济压力，同时也收收沈从文的野性，母亲黄英决定送儿子离开凤凰，去沅陵当兵。于是，十六岁的沈从文抹着眼泪，离开了学校，离开了家，进了当地的军事学校，成为一个小兵，随部队在湖南、四川、贵州、湖北等地辗转流浪。

在军队里，沈从文的身体属于比较弱的，教官严厉的训练不仅使他变结实了，也使他的性格有了一点坚实的军人风味，使他在日后的生活中，遇到事总是有那么一股不大关心成败的劲头。

山川秀美，风俗淳朴，军官将士们对于杀人这件野蛮事却乐此不疲，甚至成为一种麻木的乐趣。从军所见，使沈从文明白美与善的脆弱、丑与恶的淤深，因此对于革命与政治，他终生难以产生好感。就像鲁迅当年在日本仙台看幻灯片，见众人麻木围观砍头，遂决定弃医从文那样，沈从文后来弃武从文也是有原因的。

其间，一位胖胖的军法长根据《论语》中的"焕乎，其有文章"替他改名叫沈从文（他原名沈岳焕）。此后，这个偶然得来的名字便伴随了他一生。

后来，沈从文做了"湘西王"陈渠珍的书记。在陈渠珍的军部会议室里，有五个大楠木橱柜，里面收藏了自宋及明清的绘画，数量可观，还有十来箱书籍，以及一大批碑帖和几十件古铜器和古陶瓷。这个丰富的艺术宝库，使沈从文受益匪浅，收获了许多历史、文学、绘画、书法方面的知识，他的中国传统艺术底子，很大程度上是在这里

一半儿文心一半儿冷
YIBANR
WENXIN
YIBANR
LENG
沈从文与
张兆和的
似水情缘

打下的。这点初步的知识，使一个以鉴赏人类生活与自然现象为生的乡下人，对于人类智慧光辉的领会，发生了极宽泛而深切的兴味。

受时局影响，陈渠珍在湘西实行"湘西自治"，还在保靖设立了一个报馆，筹办一个定期刊物，沈从文被调到报馆兼做校对。在报馆里，沈从文又遇到了一个对他深有启发的人，那就是从长沙聘来的青年印刷工长。这位青年将许多从长沙带来的新书刊拿给沈从文看，他第一次知道了《新潮》、《改造》这些新杂志，第一次懂得了时下最新的白话文同古老文言的差别，知道了写文章要紧的是有一点"思想"。他被这些新书彻底征服了，不再看《花间集》，也不再写《曹娥碑》，却迷上了那些薄薄的新书。

相比在芷江熊公馆书房和陈渠珍军部会议室得到的古典启发，此刻的沈从文开始懂得了一点"现代"，也琢磨起了一点"思想"，甚至有了一点以前不甚分明的"理想"。想到这些年所见的杀戮之事多如牛毛，再看看地方军队的散漫腐败，士兵多沉迷于鸦片烟的熏绕，沈从文越来越清楚地意识到，这种生活只会让人一点点地颓败下去，最终蚀骨噬心。此时，五四余波终于翻山涉水而来，在沈从文心底卷起了波涛，心中那座沉寂已久的火山也蓄势待发。

1922年在湖南保靖从军时的沈从文，时年20岁

沈从文想要去追求一种完全不同的生活，而不是在熟悉却逐渐糜烂下去的家乡升官发财、生儿育女，过完平庸无奇的一生。和平、真理、独立、自由，这些听来新鲜美好却似乎极其遥远的字眼，占据着他的脑海，久久挥之不去。

最终，他打定主意到北京去读书，如果最后真的读书无望，就去当个警察，假如这条路也走不通，那就低头认输。正如哲学家萨特所言，存在即是选择，人的一生即是由一个个选择所导向铺就而成的。沈从文的"从文之路"，便是在这次机遇中作出选择而促成的，是自觉为之而非被动的。

得知沈从文要离开，陈渠珍并没有过多挽留，还一次性发给他三个月的薪水，并告诉他，假如此路走不通，就回来找他。

就这样，二十一岁的沈从文辞别父母，背起包袱，带着满脑子不切实际的天真幻想，经过近一个月的水陆跋涉，终于辗转到了北京。他从北京前门车站一出来，就被高耸的大前门给吓坏了。此时，沈从文的头顶，是一片深广宽阔的蓝天。

凤凰古城原本是一座天远地偏的桃花源，随着时代更迭，风气渐开，近代却走出了不少有影响的人物。民国总理熊希龄年轻时就从这里走出去闯荡，沈从文的表侄黄永玉，也是十三四岁就背了个包袱离开家乡。雏鸟本是世世代代在沅水流域唱着山歌长大的，然而，当它们飞离那片湛蓝而狭小的天空去远方时，等待它们的将是一场淬火般的洗礼。

凤凰于飞，就从这一步的离走开始。

远离了曾经熟悉的沅水流域，置身于这百万人口的大都市，多情的山歌仿佛已然遁离尘世，满大街陌生的京片子代替了熟悉的湘西土话，川流不息的黄包车代替了故乡的小舟轻楫。在"社会大学"混迹多年的沈从文来到北京，一心想着进一所正规大学读书，无奈他只有小学文化，只好望洋兴叹。

没办法进大学念书，沈从文便一头扎进京师图书馆，每天就着咸菜啃馒头，读《笔记大观》、《小说大观》、《玉梨魂》等杂书，看得津津有味。

离住所酉西会馆不远，就是北京著名的琉璃厂，比起清华北大等名校，这里包孕的文化更为丰富驳杂。大大小小的古董铺子里，坛坛罐罐，唐宋明清，古往今来，包罗万象。天桥上卖馄饨的、甩洋货的、拉洋片儿的、耍杂戏的，叫卖声吆喝声不绝于耳，新新旧旧鱼龙混杂。置身于这个巨大的文化历史瓦砾堆中，沈从文心醉神迷。在深

深为它们所吸引的同时，沈从文也产生了一种难以为继的惆怅感。旧物横陈，固然有一种尘埃朦胧之美，却不大分明。他感到，自己需要学习一点新的思想，抓住一点新的东西。

后来，沈从文听说北京大学校长蔡元培实行"开门主义"，允许所有人旁听课程，顿时心花怒放。在就读于北京农业大学的表弟黄村生的帮助下，沈从文离开了独居半年的酉西会馆，在银闸胡同的一个公寓里找到了落脚处。房间是由一个贮煤间略加改造而成的，一张床，一张小书桌，起初连窗户也没有，临时在墙上开了一个小窗口。沈从文还特别为这间屋子取名叫"窄而霉小斋"，虽然比起那些文人雅士的轩、屋、阁、楼之类，这间小屋实在相形见绌，但他一点不觉得委屈，因为出门只要走十几分钟，就可以去北大听课了！

蔡元培是教育界首开新风之人，喜欢不拘一格降人才。二十八岁的黄侃被蔡元培聘为北大国学教授，尽管他是激烈反对白话文学的守旧派。还有学贯中西的"清末怪杰"辜鸿铭，即使是著名保皇党人，照样成了首善之城最高学府的一块金字招牌。沈从文印象最深的一堂课，便是辜鸿铭上的。

那堂课，许多学生慕名而来，挤满了教室。老先生终于来了，他面目生得很怪，身穿一件湘色小袖绸袍，头戴一顶青缎子加珊瑚顶瓜皮小帽，腰上系一根蓝色腰带，更夺目的是，脑后还拖着一根细小焦黄的辫子！他一走进教室，学生们就不禁哄堂大笑起来。然而，向来爱笑爱闹的沈从文，这时候反而不笑了，只是好奇地盯着台上镇静的老先生，想知道这个知名教授肚子里装的是什么。结果老先生不慌不忙，轻轻一甩辫子，用一双小而亮的眼睛，把下面的学生看了一遍，从容说道："我这根辫子，要剪下来是很容易的，只是你们精神上的那根辫子，想去掉可能就不是很容易了。"人群顿时静了下来，沈从文的心头也是一惊。这样的话，以往是从来没有人同他说过的。他不禁下意识地问自己，这"精神上的辫子"，自己大约也是没有剪掉的吧？

这堂课，沈从文一辈子都没有忘掉。

陆陆续续，沈从文结识了许多大学生朋友，有北京大学、燕京大学和林业大学的，关系最好的几位，是陈翔鹤、董秋斯、冯至、陈炜谟等。大家都是穷学生，因为意趣相投才走到了一起，没有谁看不起沈从文，反而常常请他一起吃饭。有一次，董秋斯请沈从文看电影，沈从文一进电影院，就急急忙忙跑到第一排，还得意扬扬地向落在后面的朋友

郁达夫先生

招手。这个可爱的乡下人第一次看电影，还以为这跟在老家看戏一样，座位越靠前越好呢！看到沈从文傻傻的模样，董秋斯忍不住笑了。

沈从文一边在北大听课，一边也开始了没日没夜的创作。热烧饼，冷馒头，有一顿没一顿的，吃完了就继续伏在桌子上写。好不容易将文章写成了，抱着一线希望投出去，可每一次，他的心血所成都如羽毛落进山谷，听不到一丝回音。

文章无人问津，也就没有任何经济来源。解决吃饭问题，只能靠朋友们的仗义支援，这里蹭一顿，那里混一顿，实在不行就去饭馆或者公寓赊账。甚至数年之后，一次沈从文从上海重返北京，还在一家小饭馆的欠账牌上，看到"沈从文欠××元"的字样。

沈从文一次次饿着肚子在街上彳亍，想起从前混迹军队的日子，最起码衣食无忧，而今却连肚子也填不饱，他不禁对自己的选择产生了怀疑，好几次预备再次卖身当兵混口饭吃。

1924年11月13日，屋子外飘着大雪，"窄而霉小斋"里没有炉火，冷得出奇。沈从文坐在床上，用冻得通红的手握着笔，身上只穿了两件夹衣，腿上盖着一床棉被。此时却意外地响起了敲门声，一个男子的身影出现在门外。

一问方知，眼前之人竟是当时著名的青年作家郁达夫。原

第一帧 心动｜凤凰出谷

一半儿温馨
一半儿冷
YIBANR
WENXIN
YIBANR
LENG
似水情缘
张兆和的
沈从文与

对沈从文有知遇之恩的徐志摩先生　　　　沈从文小说集《蜜柑》

来，他是收到了沈从文的求助信后特地来看望他的。见到沈从文的落魄窘境，郁达夫立刻请沈从文美美地上馆子吃了一顿饱饭，他掏出五块钱付了账，还把剩下的钱都给了沈从文。郁达夫见他衣衫单薄破旧，便将自己的一条围巾围在了他脖子上。这条珍贵的围巾，温暖了沈从文整个冬天。

　　郁达夫回去后，立即写下《给一位文学青年的公开状》，并很快在报纸上发表了。在文中，郁达夫劝沈从文另寻出路，最好回老家继续当兵。但沈从文并没有听从郁达夫的劝告，而是继续躲在"窄而霉小斋"里不停地写作。

　　后来，郁达夫把沈从文推荐给《晨报副刊》的新主编徐志摩，沈从文很快得到了这位诗人的青睐，并连续在报纸上发表了多篇文章。沈从义发表的第一篇文章，是1924年12月22日刊登在《晨报副刊》上的《一封未曾付邮的信》，署名"休芸芸"。当这朵不起眼的小花在报纸一角绽放时，谁也不会想到，这位"休芸芸"日后会成为知名大作家。从1926年开始，沈从文的小说在《小说月报》上发表，北新书局出版了他的多样文体的合集《鸭子》。1927年，新月书店出版了沈从文的第一本小说集《蜜柑》。在朋友的提携帮助下，沈从文的稿费渐渐多了起来，生活也有了一定保障。

此前，沈从文投稿被拒绝了几十次，《晨报副镌》（即徐志摩接编前的《晨报副刊》）主编孙伏园还在一次聚会上将他的投稿排成长条，当众笑话道："这是某大作家的作品！"随后将稿纸揉成一团丢进纸篓。若那时沈从文决定放弃，也许人生就是另外一番模样了。有时候，人是需要一点顽固的。对沈从文来说，写作的进步，生活的改善，以及日后爱情的收获，都离不开这"撞了南墙也不回头"的脾气。令沈从文永远铭记在心的，还有郁达夫、徐志摩这些朋友的无私帮助，后来他在《从文小说习作选集》的"代序"里满怀感激地写道：

> 同时还有几个人，特别值得记忆，我也想向你们提提：徐志摩先生，胡适之先生，林宰平先生，郁达夫先生，陈伯通先生，杨今甫先生，丁西林先生，这十年来没有他们对我种种帮助和鼓励，这本集子的作品不会产生，不会存在。尤其是徐志摩先生，没有他，我这时节也许照《自传》上所说到的那两条路选了较方便的一条，不到北京市去做巡警，就卧在什么人家的屋檐下，瘪了，僵了，而且早已腐烂了。

在那个英雄不问出处的年代，沈从文这只从偏远湘西里飞出的凤凰，终于慢慢地显露出五彩的翎羽。

闺中女儿亦知愁

柳下笙歌庭院，花间姊妹秋千。

——晏殊《破阵子》

读沈从文的一生，如看一本长篇传奇小说。挑大的说，第一桩，是离家千里到北平自学写小说，成了大作家；第二桩，是娶了名门闺

一半儿文馨
一半儿冷
YIBANR
WENXIN
YIBANR
LENG

沈从文与
似水张兆和的
水兆情缘

秀张兆和为妻，两人风风雨雨共度了一生；第三桩，是新中国成立后进了博物馆，改行当了文物学家。

而张兆和，则是沈从文这本传奇中的传奇。

一位生长于江南的名门闺秀，嫁给一个从湘西凤凰小城走出来的乡下人，称得上是浪漫的传奇。

张兆和，1910年9月15日生于安徽合肥，比沈从文小八岁。从凤凰到合肥，这距离亦隔了千里之遥。一个是古城里的顽童，一个是名宅中的闺秀，虽不曾青梅竹马共少年，命运却早早地为他们的情缘埋下了伏笔。

合肥张家是当地名声显赫的大户人家，张兆和的曾祖父张树声是同治年间李鸿章统帅的淮军中的著名将领，曾协助清政府平定太平天国和捻军之乱；父亲张武龄，字绳进，后取名冀牖、吉友，是民国初期著名的儒商和教育家，曾在苏州创办乐益女子中学；母亲陆英为扬州人，祖籍合肥，是一位知书达理的女性。

晚清时的安徽风气较为闭塞，安徽人陈独秀在1904年曾这样描述过家乡的生活："别说是做生意的，做手艺的，就是顶刮刮读书的秀

张兆和的父亲张武龄　　　　　　张兆和的母亲陆英

才，也是一年三百六十天，坐在家里，没有报看，好像睡在鼓里一般，他乡外府出了倒下天来的事体，也是不能够知道的。譬如庚子年，各国的兵，都已经占了北京城，我们安徽省徽州、颍州的人，还在传说义和团大得胜战。"张家是大户，家族内部保守规矩多而严，但风气安逸懒散。民国元年的春天，为了给孩子们创造一个好的环境，且有感于一个新时代的浪潮即将来袭，行事果敢的张武龄做出了一个重要的决定，他带着全家人离开了合肥老家，迁往了风气渐开的上海。正是这一次迁徙，很大程度上改变了张家后人的命运。

在上海，陆英和张武龄生活了五年。但那段时间，他们的生活并不安定，家里被盗了两次，搬了三次家。为了能住得更安全，且拥有更好的居住环境，在陆英的建议下，张武龄举家搬迁至与上海相隔不远的苏州，一家人过上了更为自由舒适的生活。但陆英在1921年就不幸去世了。一年后，张武龄在苏州娶了一名叫韦均一的女子为第二任妻子。张武龄一共有十个孩子，其中前面九个为陆英所生，最小那个为韦均一所生。

张家十姐弟中，前面四个均是女儿，剩下的都是男孩，每一个人

1916年在上海。自左往右：张兆和、张寅和、家庭教师万老师、张宗和、张允和、张元和

张家十姐弟1949年7月在上海。前排左起：充和、允和、元和、兆和。后排左起：宁和、宇和、寅和、宗和、定和、寰和

最后一个字都是"和"字。张武龄为四个如花似玉的女儿分别取名为：元和、允和、兆和、充和，名字里都带着两条"腿"，意思是说女儿们都是要嫁出去的。而儿子是留在家里的，因此分别取名为：宗和、寅和、定和、宇和、寰和、宁和。但张武龄并不重男轻女，他对女儿们的教育都很重视。因此姐妹四人不仅都生得端庄秀丽，而且个个多才多艺，知书达理，人称"合肥四姊妹"，当时小说《秋海棠》的作者秦瘦鸥也曾说"张氏四兰，名闻兰苑"。时至今日，人们还常常提起她们，并誉之为民国"最后的闺秀"。而四姐妹的婚姻，也为人津津乐道，苏州作家叶圣陶早有预言："九如巷张家的四个才女，谁娶了她们都会幸福一辈子。"后来，大小姐元和嫁给了著名昆曲演员顾传玠，二小姐允和嫁给了著名语言学家周有光，三小姐兆和嫁给了著名作家兼文物专家沈从文，四小姐充和嫁给了德裔美籍汉学家傅汉思，几乎占据了民国文化界小半个天下，实可说是一桩奇迹。更难得的是，张武龄不但重视自家女儿的教育，还花巨资在苏州办了著名的乐益女子中学，为当地的女子教育事业做出了很大贡献。

兆和出生前，奶奶一心想要个孙子，见落地的又是女孩，不高兴了。接下来陆英好不容易生了个男孩，不幸又夭折了。第四个仍是女儿，张充和出生时，母亲陆英也哭了，后来只好将她过继给了充和的叔祖母，直到十六岁才回到父亲身边。因此在家中，自小朝夕相伴长大的，是元和、允和、兆和三姐妹。

在家里，大小姐元和因为是第一个孩子，所以一生下来就特别受优待，尤其受奶奶的宠爱。二小姐允和从小身体差，性子强，所以家里的姆妈都很疼她。跟两位姐姐比起来，排行老三的兆和就没有得到谁的偏爱，加上小时候长得黑黑胖胖，身体结实，姐妹们一起犯了错，罚不到大小姐二小姐头上，都是罚到这三小姐头上。虽然没有受谁宠爱，兆和倒也落得比别人自由。有时没人玩，她就同厨子听差一块玩。见三小姐没大人疼，有的保姆就教她唱：

> 大姐梳个盘龙髻，
>
> 二姐梳个凤凰头，
>
> 只有我三妹不会梳，
>
> 梳个燕子窝，
>
> 燕子来生蛋，
>
> 吓得三姐一头汗！

兆和小时候顽皮，关于她的笑话真不少。

小女孩都喜欢娃娃，可是它们到了兆和手里，却只有遭殃的份。她用小凳子把泥娃娃砸了个粉碎，又把一个布娃娃撕成了碎片，父母只好给她买了个橡皮娃娃，哪知道她拿起朱干干①的剪刀，一下子把娃娃的"首级"给拿下了，真有一派做革命家的魄力。

同四处逃学看新鲜的沈从文比起来，兆和的童年多少显得有些落寞。想命运若使他们为邻，也许她的快乐会多一些吧。

当十六岁的沈从文背着小包袱离家当兵，开始在川湘一带跋山涉水、流浪辗转时，八岁的张兆和已随父亲从上海迁居至苏州，成为民国的"新苏州人"。这座江南古城，也同沈从文的故乡凤凰一样触目皆

① 干干，指保姆，合肥一带方言。

一半儿文馨一半儿冷
YIBANR
WENXIN
YIBANR
LENG
沈从文与
张兆和的
情缘
似水

水，唐人杜荀鹤即有诗云："君到姑苏见，人家尽枕河。古宫闲地少，水港小桥多。夜市卖菱藕，春船载绮罗。遥知未眠月，乡思在渔歌。"

一到苏州，张家就搬进了胥门内的吉庆街寿宁弄。这是一条非常狭窄的小胡同，走进去不远，就是张家的新居八号大院，它古朴而安静，是一座有典型苏州园林特色的大宅第。院子的大门前有照壁，逢年过节很是热闹。进了大门还有专门停放轿子的轿厅，相当于现代的私人车库。房子很大很宽敞，不仅有花园，还有后园，处处粉墙黛瓦，幽静极了。让兆和特别高兴的是，花园里面不仅有太湖石假山、荷花池、果树花草、楼台水榭，还有大花厅。花厅前，栽了一株秋天会红的七叶枫、一株白玉兰和一株紫玉兰，旁边还有一棵老榆树。更有意思的是，在花园假山旁的竹栅栏里，居然围着一只仙鹤！见此灵物，张家上下无不惊奇，纷纷围着观看，吓得这只仙鹤受了惊，直往墙上撞去，把脑袋都撞出了血。房主见状，只好把它带走了。

到了苏州以后，孩子们的天地更宽了，更自由了。在这座美丽的园子里，姐妹三人度过了一段最快乐的时光。

张武龄爱读书，在家里置了四个书房，自己一个，妻子陆英一个，孩子们共用两个。不光书架上，地上、桌子上、凳子上也都放满了书报，孩子们是从来不缺书看的。父亲还给三姐妹请了老师在家里上课，有教白话文和古文的，有教算学的，还有专门教唱歌跳舞的。

花园的花厅很大，在大厅旁的一角有一间书房，冬天的时候孩子们就在这里念书。春暖花开的时候，姐妹三人就挪到花厅里上课。花厅前的玉兰花一开，缀了满树的花苞，煞是好看。小丫头们光看还不够，又求着厨子给她们把玉兰花瓣放在油锅里炸，吃起来居然香香脆脆，像茨菰片一样。在读书的花厅外面，有杏树、核桃树、柿树和枣树，每到夏秋季节，就相继结出累累的果子来。三个丫头一边拿着书大声朗诵，一面竖起小耳朵，仔细听外面果树落下的声音，然后记住是在哪一个方位，等下课休息的时候，就急急忙忙跑出去捡。最受欢迎的是一种两年一结的"荷包杏"，又大又甜，但是比较少，能抢到的人就有口福了。不过还没等吃几个，老师就回来了，只好把剩下的往书桌里一塞，等下了课再去捡新的。所以在三个小姐的抽屉里，经常能翻出烂了的杏子。

夏天的晚上，姐妹们最大的快乐是在凉床上学唱苏州话民歌："唔呀唔呀踏水车，水车盘里一条蛇。牡丹姐姐要嫁人，石榴姐姐做媒人。桃花园里铺房架，梅花园里结成亲……"

姐妹三人还经常由父亲带着出去散步，听父亲讲苏州的历史名胜，还有各种各样的故事。苏州甜点果脯多，"采芝斋"、"稻香村"、"黄天源"等开得遍地都是，都是小孩子最喜欢的一类，父亲出门，总不忘给孩子们买些好吃的带回来。兆和的一位老师为她写了一首诗，很能代表她那时的快乐心情：

> 我到苏州来，快乐非昔比。
>
> 天天勤读书，琅琅随两姊。
>
> 大字写两张，小字抄一纸。
>
> 每到傍晚时，随父游近市。
>
> 买得果饵多，累累携手里。
>
> 果饵香且甜，食罢皆欢喜。

在兆和只有十一岁时，母亲便去世了。张武龄坐在妻子的棺木旁，久久凝视着她美丽而苍白的脸，黯然神伤。就这样，一家人最无忧无虑的一段时光结束了，四姐妹天堂般的日子也一去不返了。兆和那颗小小的心开始懂得了悲伤，她写了一首诗，拿给爸爸看：

> 月照我窗，
>
> 我心忧伤，
>
> 以往不幸兮，
>
> 前途茫茫。
>
> 悟失恃之孤凄兮，
>
> 徙倚彷徨。
>
> 感世途之多歧兮，
>
> 且容醉酒而倾觞。

一半儿温馨
一半儿冷
YIBANR
WENXIN
YIBANR
LENG

沈从文与
张兆和的
似水情缘

虽然陆英的去世使家中笼罩了一片阴影，但张武龄并没有让孩子们在悲伤的情绪中浸漫太久。在陆英去世后一个月，张武龄在苏州憩桥巷创办的乐益女子中学便开学了，兆和跟二姐允和也一起进了这所学校读初中，这是她们第一次离开家过集体生活。

上了中学，兆和顽皮不减。见了跳蚤，别的女孩子早吓得哇哇大叫了，她却从头上扯下头发，把小动物的身体绑了起来，玩不够，还把"杰作"戴在手腕上。谁知道过了一会儿，蚤子就开始狠狠报复仇人，把她的手腕全给咬肿了。虽然受了罪，不过这件事她还是很得意。

见放在窗台上的糖爬满了蚂蚁，她便对姐妹们说："这蚂蚁肯定是有鼻子的，不然怎么偷吃了我的糖？"大家听了都哈哈大笑，她却没什么事地呼呼大睡了。

有一天夜里，家里人发现兆和不见了，出来一寻，却见她竟在月光下翩翩起舞，大约是想跟寂寞的嫦娥做伴吧！看来那时她还有当舞蹈家的潜力。

还有一年夏天，兆和带着四妹充和，两个大家闺秀，居然冒天下之大不韪，露着胳膊大腿，跳到河里游泳。好多人跑过来看新鲜，她们却旁若无人，玩得不亦乐乎。

兆和还很会猜谜，一次大姐元和的同学来张家，大姐不在，就由兆和接待，带他们去游览苏州的庭园。划船时，有人打谜语："忆当日绿鬓婆娑，自归郎手，青少黄多，莫提起，提起来，清泪洒江河。"她答是"竹篙"，大家鼓掌称赞。又一个谜题："怎禁得她临去秋波那一转？"她笑答："是《离骚》！"

在苏州，昆曲一直很盛行，它唱腔婉转缠绵，身姿优雅，妆容精致，如莲花般徐徐盛开在大大小小古典园林，使得这座古城别具风情。张武龄的妻子陆英，生前几乎喜欢所有的戏曲，包括昆曲、沪曲和京剧。张武龄搬到苏州以后，也逐渐喜欢上了昆曲。

有一年除夕，张武龄偶然发现，女儿们和仆佣一起玩一种"掷状元"的骰子游戏，玩得不亦乐乎，向来痛恨赌博的他非常生气。但张武龄从事教育事业，很懂得教育心理学，并没有当面指责孩子。姐妹们正玩得忘形，张武龄就把她们叫过来，带到了书房，姐妹们只见书

房里挂着花花绿绿的昆曲戏服。向来矜持的元和抿嘴笑了，允和照例第一个跑过去，兴致勃勃地穿上戏服，还无师自通抛起水袖来。张武龄也笑了，说："小姑娘们，来学唱昆曲，爸爸替你们做花花衣服，上台唱戏，美不美？"

两天后，张武龄就为女儿们请来了第一个昆曲教师——苏州昆班全福班的老演员尤彩云。于是，兆和便同两个姐姐一起，在爸爸的小书房里学习唱昆曲、踏身段，开始正式接触这门古典而高雅的艺术。

但在初接触昆曲的那年夏天，兆和的姨奶（祖父的姨太）不小心踩到了剪刀，久医不愈，最后死于坏疽。兆和当时陪着姨奶去了上海看病，一待就是一两个月。等回到家里的时候，两个姐姐已经学了《牡丹亭》里最经典的《游园惊梦》，兆和由此落下了一大截，以后再也没赶上。

兆和小时候爱穿男装，在学校演话剧时，还自告奋勇演女扮男装的花木兰，一显飒爽英姿。在家里举办的游艺会上，她最爱演的是滑稽戏。把小脸儿画得乱七八糟，头上插着五彩斑斓的纸花，穿得怪模怪样，还用从保姆那里学来的扬州话说说唱唱，逗得大家哈哈大笑。二姐允和记得其中有"天外来客"、"万能博士"，听名字就搞怪至极。学了昆曲以后，兆和也不爱演娇滴滴的小姐，不喜欢她们尽唱些文绉绉的词儿。

花园的花厅，还是姐妹们的戏台。她们像模像样地敷粉涂脂，画眉点唇，在额头上贴片子，把花帕子围在腰上，打扮得花团锦簇，一个个粉墨登场。

张充和的昆曲剧照

下面来的看客也不少，父母、老师、保姆、厨子、车夫都来看热闹。演《风尘三侠》，大姐元和演红拂女，兆和就演李靖，坐在一张"龙椅"上，两条小腿晃啊晃，还是个稚气未脱的孩子模样。

有一次，开蒙老师刚教会了三姐妹《百家姓》，大姐元和就带头组织了家庭剧社，三姐妹自编自导自演起来。一天，大姨家的表姐来做客，元和给每个人安排了角色：

大姐端坐客厅正中唱：赵钱孙李——把门开。

三妹兆和忙开门迎客：周吴郑王——请进来。

表姐迈四方步进门来：冯陈褚卫——请客坐。

小丫头允和风风火火：蒋沈韩杨——倒茶来。

四小姐充和十六岁之前都跟叔祖母住在合肥，在老宅的藏书楼里，她看了许多古典文学，其中有《桃花扇》、《紫钗记》、《牡丹亭》等。豆蔻年华的她，手握书卷，独自念着"如花美眷，似水流年，似这般都付与断井颓垣"，偶尔回头看看窗外，只见一道深黑的裂缝爬在高高的院墙上，便觉得"我仿佛有许多不能告诉人的悲哀藏在那缝里面"，仿佛懂得杜丽娘深闺的寂寥。后来回到苏州，她跟着父亲去戏园看昆曲，才知道这些曲本都是可以唱的。也许正是这种熟悉的感觉影响了她，充和很快就迷上了昆曲。后来，姐妹们就联手演起了《游园惊梦》。大小姐元和演书生柳梦梅，四小姐充和演春闺中的杜丽娘，二小姐允和则演小丫鬟春香，至于三小姐兆和呢，就不常有她的份了。

如父亲所愿，昆曲不仅让女儿们身段美好，音韵婉转，也让她们一生都拥有了古典的情怀和优雅的心态。四姐妹中，元和、允和、充和不仅终生热爱唱昆曲，而且都造诣颇深。大小姐元和端庄秀丽，永远是舞台上的主角，常常演的是闺门旦；二小姐允和精干活泼，常常演古灵精怪的小丫头，比如红娘、春香；四小姐充和眉目有致，演多情小姐顶妩媚。相对来说，兆和对昆曲的感情最浅，不及另外三位姐妹那般痴迷，她只将昆曲作为兴趣爱好，闲着没事的时候才哼唱几句。

兆和虽性子顽皮，可也是老老实实的时候居多。长大后，也并没有和另外三姐妹那样在昆曲雅正的"水磨腔"里浸淫太久，所以后来的性格就没怎么朝着旖旎多情的一面发展，更多的是一份素朴，一份淡泊。也许，正是她这冷傲淡漠的一面，使沈从文觉得既伤人又迷人，欲罢不能。

乡下人的笑话

我所需要于人，是不饰的热情，是比普通一般人更贴紧一点的友谊，要温柔，要体谅。我愿意我的友人脸相佳美，但愿她的灵魂还超过她的外表更美。

——沈从文《Láomei, zuohen!》[1]

1929年沈从文来到上海吴淞的中国公学教书，没料到第一堂课就闹出大笑话。下课后，同学们立刻七嘴八舌议论开了，在老师中间也立刻传开了，还有人告到校长那里。不过胡适的宽容是出了名的，他只笑笑说，上课讲不出话来，学生不轰他，这就是成功了。后来，沈从文曾在课堂上这样说起胡适："适之先生的最大的尝试并不是他的新诗《尝试集》。他把我这位没有上过学的无名小卒聘请到大学里来教书，这才是他最大胆的尝试！"

原以为来到中国公学，有了一份稳定的工作，自己可以过得好一些，没想到出师不利，闹了一个大大的笑话，一时间让他信心大失，苦恼不已。但在"伯乐"胡适寄予的厚望之下，沈从文这匹"千里马"也只好硬着头皮走下去。

虽然教书的日子不太好过，但比起从前"北漂"的时候可强多了，起码衣食有了保障。但沈从文打心底里还是很自卑，他始终觉

---

① 沈从文：《Láomei, zuohen! 》，见《沈从文全集》第11卷，第56页。"Láomei, zuohen"是注音苗语，意思是"妹子，真美啊"。

一半儿温馨
一半儿冷

YIBANR
WENXIN
YIBANR
LENG

似水情缘
沈从文与
张兆和的

得，女人只会喜欢出国留过学的男子，自己一文不名，没有哪个女子
会爱上他，甘愿做他的爱人，更不用说做他的妻子了。每每走在安静
的校园里，见处处都是青春的影子、无虑的笑脸，沈从文既羡慕又忧
伤。上课时，许多女生在台下叽叽喳喳，标致而可爱，却没有一个可
以给他爱情的。课余之暇，也总是有一群天真的学生向他聚拢过来，
找他谈心，一会儿七嘴八舌聊文学，一会儿大谈特谈爱情。可这些过
于年轻的学生哪里会知道，他们所请教和倾诉的对象，自己也正陷于
诸多不可解的苦恼之中呢！沈从文当面不能说什么，背地里只有苦笑
的份。

　　没有爱情的青春，即便是名利双收，光辉夺目，也难免如一抹血
色残阳，透着凄凉。情的空虚，欲的逼仄，如同千万只千足虫，无时
无刻不在咬噬着那颗无人问津的心。此时的沈从文，同写《沉沦》时
的郁达夫是极像的，自尊时睥睨一切，自卑时却低到尘埃里。他多么
需要一个爱人，一个可以让他去爱、去珍惜甚至去痛的人，哪怕万劫
不复也好，只要能在荒野里开出一朵花来。

　　或许，也只有在涉世未深的女学生中，才真有可能出一个符合沈
从文心中理想的爱人。

　　短短的头发，微黑的皮肤，文文静静的样子，笑起来温顺而明
媚，总是坐在教室前排认真地听课——这名叫张兆和的女生，很快吸
引了沈从文的注意。见了她，沈从文回想起那些长在故乡的女孩，她
们也被日头晒出健康的微黑皮肤，还有一双青玉似的眼睛，像山间的
小鹿那样充满灵气。甚至，这位女生的眉眼，有意无意地会让他想起
泸溪县城里那家绒线铺的女儿翠翠，想起芷江古城里那个细腰长身的
马家女孩。可能正是这种似曾相识的感觉，使沈从文在一群花样年华
的女孩中，独独注意到了她。

　　心中期盼已久的爱人，不再是一个虚幻的影，也不再是一个模糊
的梦，而是一个真实的女子，灵与肉的结合！他的爱，终于在张兆和
身上找到了落脚点。

　　有人说寻找爱情的人其实是在寻找自己的影子，也有人说，是带
着一种互补心理。张兆和看起来阳光健康，沈从文则文弱多病，说

起话来轻声细语。或许从一开始，沈从文就在她身上发现了自己所缺少和向往的特质，也正因如此，她才会如此迅速地引发了他强烈的爱慕。看见她，沈从文只觉得很想走过去，同她聊天，跟她接近，似乎认定她一定会懂得自己一样。虽然一切似乎来得太快，可在她含笑低头的神态中，沈从文分明感觉到，她就是那个要和自己的一生发生关联的人。

兆和是和二姐允和一起作为中国公学招收的第一批女生而入学的，第一年读的是预科。那时候，大学里收女生还是新鲜事，男生对于女生自然是爱护有加，递情书也是常有的事。兆和面目清秀，由于皮肤微黑，因此得了个外号叫作"黑牡丹"，还被推为校花。她看起来含蓄文静，却曾出人意料地在校运动会上夺得女子全能第一名，可谓静若处子，动若脱兔。

三弟定和还保存了一张她当时的留念照片，照片中的她留一头短发，黑色的眼睛闪着光泽，头上扎着白色护额，身穿短袖运动衫和短运动裤，脚穿篮球鞋，双手叉腰，好一派男儿气概。

走过千万里路，渡过千万条河，任青春渐渐枯萎，原来，只是为了遇见这样一位正当最好年龄的人。

从此以后，沈从文上课的时候只要看到她，心就会怦怦直跳，讲课也更紧张了。漫步校园，也不知怎么就走到了张兆和宿舍楼下，却又不敢上去敲门。他第一次敲开张兆和宿舍的门时，紧张兮兮地说："噢，原来你就是那个'笑话'。"原本一心想要恭维中国公学有名的"校花"，给这位女生留下好的印象，却不料，一开口又闹了个"笑话"。

沈从文的声音轻而细，是夹着四川口音的凤凰口音，

张兆和参加中国公学校运动会时的留念

一半儿温馨
一半儿冷
YIBANR WENXIN YIBANR LENG
似水的
沈从文与
张兆和情缘

糙糙糯糯，旁人听起来会比较费力。钱锺书的小说《猫》中有沈从文的影子，里面形容他的声音极为贴切："举动斯文的曹世昌，讲话细声细气，柔软悦耳，隔壁听来，颇足使人误会心醉。但是当了面听一个男人那样软绵绵地讲话，好多人不耐烦，恨不得把他像无线电收音机似的拨一下，放大他的声音。"这样的声音条件做老师自然是个劣势，而在追求女孩方面也说不上是个优势。

尽管内心深处充满了深深的自卑，可是沈从文的心已如一颗日渐饱满的核桃，强烈地只想挣破那层坚硬的果壳，呼吸那扑面而来的清新空气。日思夜想，沈从文终于决定，是时候向张兆和表白了。

当时，沈从文的九妹岳萌跟着哥哥一起来上海，她在中国公学借读，与张兆和住在同一个宿舍。有一天，沈从文特意去女生宿舍，说是来看九妹，实际上一边故作镇定地跟妹妹说话，一边紧张地酝酿着该怎么把情书递出去。挨了许久，终于不得不下楼了，可沈从文握着门把手，半天不肯走。张兆和见了，问他怎么了。沈从文结结巴巴地说，我要拿个古怪的东西给你，说完掏出一封信，递给了她。

沈从文走后，张兆和好奇地展开信纸，上面只一句话：

不知道为什么，我忽然爱上了你……

看到这发痴的情话，她愣住了。

这并非她第一次收到老师写的情书。在这之前，她的中学老师也曾写信向她示爱，他是等到兆和上大学后向她表白的，问她是否考虑嫁给他，因为还有另一位女子对他表示了好感，他想知道张兆和的意思。张兆和给这位中学老师的回信写得不留余地："拜读尊翰，不知所云。"这回又收到作家兼老师沈从文的情书，张兆和感到的不是那种"满堂兮美人，忽独与余兮目成"被眷顾的自喜，而是吃惊：这位讲课结结巴巴、看起来腼腆羞涩的沈老师，竟然会这样大胆地突然给女学生递起了情书！

自从上过沈从文失败的第一堂课后，张兆和并不觉得他是可尊重的老师，不过是个会写写白话文小说的青年人而已。所以起初，张兆和对沈从文根本谈不上有多大好感。况且正处于学生时代，她的心思全然在学习上，早就立志要好好念完大学，一点也不想谈恋爱，更何况是跟自己的老师！虽然民国时提倡恋爱自由，师生恋已不再像从前那样受到打压禁止，甚至成为一种流行的社会风气。但张兆和可一点不想跟自己的老师有扯不清的关系，惹来风言风语，到时候势必影响学习。别无他法，她只能照例默默将信收进抽屉，不作答复。

或许，他们是遇见得早了些。此时张兆和还是含苞待放的少女，只想着好好念书，而沈从文却处于急需成家立业的年纪。沈从文要吃苦头，应该说是一开始就注定了的。

在湘西，那些陷入情网的男子，总是喜欢扯开歌喉为意中人唱山歌，来表达自己心中的爱意。土家族有"踏歌节"、"摆手节"，苗族有"四月八"、"赶秋节"，是男女青年尽情歌唱的盛大节日。这时候，谁的歌唱得越动人，就越能博得心上人的欢心。湘西山歌热烈而直白，大胆而多情，一点也没有文绉绉的酸腐气，比起现代人遮遮掩掩的欲望，实在率真得多。沈从文自己也很中意那些山歌，虽然自愧歌喉不佳，但有时真想像苗家小伙儿那样，扯起喉咙对张兆和大声唱一首放肆的山歌：

> 天上起云云起花，苞谷林里种豆英。
> 豆英缠坏苞谷树，娇妹缠坏后生家。

> 娇家门前一重坡，别人走少郎走多。
> 铁打草鞋穿烂了，不是为你为哪个？

可惜，这里不是湘西，这样动听的山歌，只能在梦里唱。

昼白夜黑，每每想到张兆和，沈从文就忍不住铺开信纸，提起笔给她写信。写得一手好文章的他，写起情书来自是堪比夜莺，动听至极。他还常常自言自语一般，在信上同她说起自己从小到大的故事，湘西的吊脚楼，辰河上的船夫，常德的小旅店，军队里的奇闻怪事，北京漂泊的酸甜苦辣，内容丰富无比。歌德写《少年维特之烦恼》，余杰写《香草山》，是把小说当情书写，而沈从文却是把情书当小说来写。在纸与笔的亲吻中，他感到一种倾诉的满足。

于是，相同笔迹的情书一封接一封飘来，像秋日里簇生的火棘果子，将一片柔红爬满了张兆和小小的抽屉。可是沈从文在信里所写的见闻故事，全是生长于江南深闺的张兆和所陌生的，一点也引不起她的兴趣。

张兆和一封信也不回，沈从文的信却越写越长，越写越多，有时候一天好几封，有的从邮局寄信得得超重了，信里的疯话痴话却好像永远也说不完。每天被这些纷纷雪片所扰，她满心惊讶，奇怪自己竟会引发了一位先生如此疯狂的爱情，这不但让她感到害怕，甚至让她有些愤怒，觉得这着实失礼了，这哪是一位老师对学生该做的事，更加不予理睬。

每回将信送出，沈从文总是盼望着这一次可以收到回信，哪怕只言片语也好。可是每一次，等来的都是失望。那些有去无回的情书，近乎他一个人的独白了。

正如梁实秋所言："凡是沉默寡言的人，一旦堕入情网，时常是一往情深，一发而不可收拾。"得不到回信，沈从文只好暗中打听她的家世出身，了解她喜欢什么，不喜欢什么。旁人一句无心的话，若是有她的蛛丝马迹，也会令他狂喜而牵挂。他有很多话想当面同她说，却又怕被拒绝，只能默默地躲在一旁，看着她跟同学们一起上体育课，看她一个人在操场上吹口琴。

对于沈从文的穷追不舍，张兆和只有采取逃避战术。

有一天，张兆和左手拿着两本书，右手拎一盒鸡蛋糕，正要进书店，忽然一抬头，看到柜台后边的萧克木先生，戴个黑边眼镜，同沈从文像极了，结果她慌里慌张，鸡蛋糕掉在地上也不管，立马逃出了书店。

以前，沈从文小说里的女孩多是"白脸长身善作媚笑"的，后来的故事里，有意无意多了许多脸晒得黑黑的女孩。因为在他心里，到处都是张兆和的影子。只有在自己的小说里，她才可以同自己靠得那样近！

徐志摩说："一生至少该有一次，为了某个人而忘了自己，不求有结果，不求同行，不求曾经拥有，甚至不求你爱我，只求在我最美的年华里，遇到你。"能遇见已是奢侈，要同行只能是奢望。也许此时，沈从文这时的心情，可以用他自己作于1926年的一首旧诗《我喜欢你》来表达，虽然那时他还不曾遇见张兆和：

> 你的聪明像一只鹿，
> 你的别的许多德性又像一匹羊，
> 我愿意来同羊温存，
> 又耽心鹿因此受了虚惊，
> 故在你面前只得学成如此沉默；
> （几乎近于抑郁了的沉默！）
> 你怎么能知？
>
> 我贫乏到一切，
> 我不有美丽的毛羽，
> 并那用言语来装饰他热情的本能亦无！
> 脸上不会像别人能挂上点殷勤，
> 嘴角也不会怎样来常深着微笑，
> 眼睛又是那样笨——
> 追不上你意思所在。
>
> 别人对我无意中念到你的名字，
> 我心就抖战，
> 身就沁汗！
> 并不当到别人，
> 只在那有星子的夜里，
> 我才敢低低喊你底名字。①

---

① 沈从文：《我喜欢你》，见《沈从文全集》第1卷，第166—167页。本书所引《沈从文全集》均为北岳文艺出版社2002年版。

一半儿温馨
一半儿冷
YIBANR
WENXIN
YIBANR
LENG
似 张 沈
水 兆 从
情 和 文
缘 的 与

痴人书简

如果我爱你是你的不幸，你这不幸是同我生命一样长久的。

——沈从文致张兆和

许多年后，已然青丝变白发的二姐张允和，回忆起1969年沈从文下放农村前一天，她去看望他时见到的情景：

> 屋里乱得吓人，简直无处下脚。书和衣服杂物堆在桌子上、椅子上、床上……到处灰蒙蒙的。我问他："沈二哥，为什么这样乱？"他说："我就要下放啦！我在理东西。"可他双手插在口袋里，并没有动手理东西，他站在床边，我也找不到一张可坐的椅子，只得站在桌子边。我说："下放!?我能帮忙？"沈二哥摇摇头。我想既帮不了忙，我就回身想走。沈二哥说："莫走，二姐，你看！"他从鼓鼓囊囊的口袋里掏出一封皱头皱脑的信，又像哭又像笑对我说，"这是三姐（他也尊称我三妹为三姐）给我的第一封信。"他把信举起来，面色十分羞涩而温柔。我说："我能看看吗？"沈二哥把信放下来，又像给我又像不给我，把信放在胸前温一下，并没有给我。又把信塞在口袋里，这手抓紧了信再也不出来了。我想，我真傻，怎么看人家的情书呢，我正望着他好笑。忽然沈二哥说："三姐的第一封信——第一封。"接着就吸溜吸溜哭起来，快七十岁的老头儿像一个小孩子哭得又伤心又快乐。①

这一幕，读来也不禁令人泫然。沈从文当年，等得该是怎样痛苦、怎样望眼欲穿才等到如此珍贵的一封信啊！近半个世纪风雨过去了，那第一封信上的字迹，仿佛还如初展时那样，笔墨犹新，字若珠玉，令收信人激动不已，捏着它辗转难眠。当年，沈从文若非一番情痴如此，传奇故事也许就会戛然而止，从而演变成为另一个截然不同的版本。

---

① 张允和：《从第一封信到第一封信》，见张允和：《最后的闺秀》，三联书店1999年版，第67页。

说起来，沈从文年轻时不光自己写情书，还给别人写过，做了一回月老，也堪称传奇。

　　话说钱财被骗并且失恋的沈从文逃出芷江后，跑到常德找到了表哥黄书玉。两人在郊外晃荡时，遇见了一位漂亮的女老师，叫杨光蕙。这个女孩子的漂亮不是"翠翠"、"萧萧"那种湘西固有的山水气的美，而是带着新潮感的干净利落的现代美。她乌黑的头发剪得短短的，下面穿着短短的裙子，露出了极好看的一双白腿，走起路来像山鹿一样活泼。在当时的湘西，这样打扮的女孩子可以说是绝无仅有的。表哥一下子就爱上了这个气质特别的女孩，女孩对英俊的黄书玉也心下属意，两人于是鸿雁传书，传递起相思之情。后来黄书玉发现，身边这个跟着他白吃白喝的表弟文采出众，比自己强得多，干脆叫沈从文替他代笔。钱锺书先生把写情书比喻成炊饮，平时自己下厨，有重要宾客时，还得请厨子下馆子。沈从文乐得当这个"厨子"，就哗哗啦啦地替表哥写了许多情书。可是每次沈从文写完，表哥大大表扬他一番后就迫不及待送到杨小姐手里。看着自己一字一句写出的情书署的都是别人的名，沈从文心里说不出是什么滋味。沈从文离开常德后不久，这位颇有胆识的杨小姐就嫁给了黄书玉，后来还生下了一个小男孩，就是后来有名的大画家黄永玉。黄永玉同表叔沈从文关系也极好。

　　昔之比今，那真是一个再也回不去的抒情年代。

　　鱼雁传书，是传递思念最美也最深刻的方式。誓言可以遗忘在天黑以后，透着湃骨之凉，而一纸情书，却是时时可重温的契约。诚如卡夫卡所言："写信是与灵魂交往，不仅是与收信人的，也是与渗透在字里行间的自己的灵魂的交往。写在纸上的吻是不会达到它们的目的地的，但这些灵魂已经在路上陶醉了。"假如那时的人们也像现在的我们一样，人手一部手机，想了，发一条短信，念了，拨一通电话，世间将会少了多少美丽情书？思念若立刻得解，便不会有人将那缕缕思念书写下来，保留此时此刻的心绪，封存如酒酿，以慰藉未来之荒凉岁月。

　　自从沈从文在1929年的冬天爱上张兆和，并写下第一封情书后，

一半儿温馨
一半儿冷
YIBANR
WENXIN
YIBANR
LENG

沈从文与
张兆和的
似水情
缘

半年来他一直不停地"投之以信笺",可得到的却依然只是"报之以沉默"。佳人分明近在咫尺,却总是瞻之在前,忽焉在后,难以靠近。所以每天,沈从文的情绪都像是风中的纸鸢,忽上忽下,忽悲忽喜,见到她时,觉得她千好万好,待一想到似乎永远得不到她时,又要找些理由说服自己不要去爱。可是,爱这件事,一旦有了,便是粘骨附肉,脱不去也解不开。沈从文一颗心枯涩如晒干的莲子,急切渴盼有一场甘霖降临,却连一滴雨的消息也没有收到,苦闷至极的他只好继续向友人倒苦水:

> 但近来因爱了这里一个人,我打算死了。一面又觉得把我九妹留到这里可怜,一面又真像自私的缘故,想死不去也即当离去一切生活,再到军队中去鬼混,心上纠纷无法解决,一生没有比这几日更觉可怜了。我在此事上感到烦闷太深。[①]

站在缱绻星光下,没有山歌嘹亮,以慰寂寥,也没有乡野村夫,可与操舣为筋。记忆中故乡的夜空,仿佛近得手可摘星辰,而都市的苍穹,却看起来那么遥远。有着湘西人一贯韧劲的沈从文,对任何事都不肯轻言放弃,在"情"字面前,却感到了一种从未有过的挫败感,他绝望了。

这年5月,胡适经校董会同意,辞去了在中国公学的校长职务。见最支持自己的胡适先生走了,沈从文不禁也心生离意。反正,爱情已经没有希望,留下来教书肯定也是教不好,反正没有意思,不如一走了之,离开这个伤心地。

于是,沈从文找到胡适,告诉他自己预备辞职。胡适觉得很突然,于是问他理由,沈从文只说要刻苦自己,再多做点成绩出来。不过这哪里瞒得过胡适这个过来人,禁不住追问,沈从文还是把实情说出来了。胡适听完,劝他先别急着辞职,好好地继续留在学校教书。胡适以为张兆和不肯答应是因为家庭方面的阻力,他认为自己可以出

---

① 1930年6月28日,吴淞,沈从文致王际真,见《沈从文全集》第18卷,第76页。

面帮忙，愿意做一切可做的事，帮助解决沈从文的难题，因为胡适跟张兆和的父亲张武龄同属教育界，也是相识的。于是胡适劝沈从文，先把张兆和的态度弄明白再说不迟。

听了胡适的指点，沈从文开始行动了。因为此时已经放了暑假，张兆和回苏州去了。他便找到张兆和的闺蜜王华莲，想从她这里打探清楚，就写信约王华莲见面。等到终于见到了王华莲，沈从文当面却问不出口，只把写好的一封信交到她手里，然后自己在一旁等着。王华莲接过来，打开信，只见信一开头他就切切地问了三个问题，来势汹汹：

> 我想问你一件事情，在过去B.C.①同你说过什么话没有？
>
> 她告诉你她同谁好过没有？
>
> 她告诉你或同你谈到关于谁爱她的事没有？
>
> 问你这事的理由是我爱他，并且也为这事，我要离开此地了。
>
> ……
>
> 因为爱她，我这半年来把生活全毁了，一件事不能作。我只打算走到远处去，一面是她可以安静读书，一面是我免得苦恼。我还想当真去打一仗死了，省得把纠葛永远不清。不过这近于小孩子的想象，现在是不会再做去的。现在我要等候两年，尽我的人事。我因为明白你是最可信托的朋友，所以这件事即或先不知道，这时来知道也非常好。我已告诉B.C.因为恐怕使她难过，不写信给她了。可是若果她能有机会把她意思弄明白一点，不要我爱她，就告诉我，要我爱她，也告诉我，使我好决定"在此"或"他去"。我想这事是应当如此处置好一点的。
>
> ……②

沈从文整封信的意思，无非是想从张兆和那里要一个明确的答案——爱，或者不爱，或者以后有没有可能爱，这样好让他决定是留，还是走。

---

① 此信因抄录于张兆和日记中而保留下来，B.C. 是张兆和的代号。

② 1930年7月1日，吴淞，沈从文致王华莲，见《沈从文全集》第18卷，第80—81页。

一半儿温馨 一半儿冷

YIBANR
WENXIN
YIBANR
LENG

似水情缘
张兆和的
沈从文与

等王华莲看完了信，沈从文就迫不及待地问了她许多关于张兆和态度的问题。王华莲对沈从文说，这学期自己没跟张兆和住在一个宿舍，也没听她谈起你沈从文，所以不知道她的具体态度，只知道张兆和日理万信，早已不胜其扰。她还举例说，有一位国民政府派出去留学日本的男生，经朋友介绍，张兆和曾与他通过两三封信，待他提出进一步交往要求的时候，张兆和对他采取"书信冻结"的手段，那头信一封封寄来，这厢再不回一个字。男生慌了手脚，请友人斡旋，张兆和就是不理……意思是说，这是张兆和的一贯作风，对你沈从文也不例外，谁也奈何不了。

王华莲没有给沈从文一个幸福的答案，还狠狠地打击了一下他的自信，沈从文受不了了。一个小有名气的作家，一个大学老师，就在一个小女生面前一次又一次伤心地哭了起来。沈从文边哭还边说，既然她不爱我，那就请她把我写给她的信还给我。要解决这个纠纷，最好的办法是让她把信还回来。说的时候，间或又说了几句要死要活的话。

见沈从文哭得像个孩子，王华莲也不忍心太打击他，只好劝说他努力做好事业，事业成功了，就是爱的成功，就是一切的成功。沈从文听了好过了一些，便告诉王华莲，假如兆和能爱他的话，他会努力做好事业，使自己伟大一些。

待到沈从文终于走后，王华莲便立刻写信给张兆和，把他们谈话的情形一五一十说了出来。最后，她还把沈从文刚才给自己的信放进信封，一同寄给了张兆和。

接到王华莲寄来的信以后，张兆和的心再也不能平静了。虽然她很反感沈从文的死缠烂打，也反感他在王华莲面前说些要死要活"恐吓"的话，但当她获悉沈从文将离开中国公学，而其中有一半是因为自己时，还是受到了震动。想到这半年多来，沈从文一直攻势不减，写起长长的信来就像一个高烧病人的呓语，自己却一个字不回，他也实在可怜。因此在日记中，她不免有些动情地写道：

我到这世界上来快二十年了……我也不是个漠然无情的木石，这十年中，母亲的死，中学里良师的走，都曾使我落下大滴的眼泪过；强烈的欺凌，贫富阶级的不平，也曾使我胸中燃烧着愤怒的斗争之火，透出同情反抗的叹息过；在月夜，星晨，风朝，雨夕中，我也会随着境地的不同，心中感到悲凉，凄怆，烦恼……各种不同的情绪。但那也不过是感到罢了，却不曾因此做出一首动人的诗来，或暗示我做出一桩惊人的事来。可是我是一个庸庸的女孩，我不懂得什么叫爱——那诗人小说家在书中低回悱恻赞美着的爱！以我的一双肉眼，我在我环境中翻看着，偶然在父母、姐妹、朋友间，我感到了刹那间类似所谓爱的存在，但那只是刹那的，有如电光之一闪，爱的一现之后，又是雨暴风狂雷鸣霍布的愁惨可怖的世界了。①

张兆和觉得，事情到了必须有个了断的时候，要是自己还不给出一个明确的态度，沈从文肯定还会没完没了下去。闹不好哪天逼急了他，真做出什么过分的事情，那可如何是好！无奈之下，张兆和决定请教校长胡适先生，或许他可以劝阻沈从文的一意孤行。

7月8日这天，张兆和带着沈从文写给她的信，只身离开苏州，来到胡适在上海的家中。

张兆和见到胡适后说明了来由，没想到胡适开口便说："他崇拜密斯张倒是崇拜到极点。"张兆和吃了一惊，她想不到这位校长大人会这样说。于是，她拿出沈从文的"罪证"——一摞厚厚的情书，告状说："沈从文老师给我写这些不好！"并且请胡适先生帮忙把这些信还给沈从文。原本以为这位德高望重的校长、大学者、青年导师会为她这受困扰的小女子抱不平，说几句公道话，结果让张兆和没想到的是，胡适不仅没说沈从文的不是，还笑着说："有什么不好！我和你爸爸都是安徽同乡，是不是让我跟你爸爸说说，做个媒？"

这，简直是沆瀣一气！

那时的张兆和还是个小女生，她可能不知道，胡适虽是留洋博士，民国时期的风云人物，但他是奉父母之命成婚的，本来就没有什么感情基础，加上夫人江冬秀醋意浓浓，家中时常上演"狮吼记"，

① 张兆和1930年7月4日日记，见沈从文、张兆和著：《从文家书》，上海远东出版社1996年版，第11—12页。

一半儿温馨
一半儿冷
YIBANR
WENXIN
YIBANR
LENG
沈从文与
张兆和的
似水情缘

因此两人并不情投意合。自己婚姻不够美满，所以胡适特别乐于成人之美，还撮合过许多名人的婚姻。他手里有一本特制的"鸳鸯谱"，上面签名的有赵元任夫妇、徐志摩夫妇、千家驹夫妇等。所以，见沈从文爱情受阻，胡适当然是乐意当说客的。

张兆和听了，不作声。胡适又说："他顽固地爱着你。"张兆和有点恼了，她倔强地说："我顽固地不爱他。"

见这小姑娘不能"动之以情"，胡适便"晓之以理"，开始猛夸沈从文是天才小说家，以后一定大有前途。还说对于这样的天才，人人应该帮助他，使他有发展的机会，希望张兆和能有点惜才之心帮助他，不要打击他。末了，胡适还劝她不妨同沈从文通信。听了这"得寸进尺"的话，张兆和又惊又气地对胡适说："若对个个人都这样办，我一天还有工夫读书吗？"胡适听了，不禁怃然。他大约是不知道，这位小巧玲珑的张家三小姐，虽生得不是粉白的"荷花三娘子"，却实在是有许多人追求的"黑牡丹"。那些给她递情书的男子，还被张兆和编成了"青蛙一号"、"青蛙二号"、"青蛙三号"……至于那位痴痴的沈从文，倒被二姐允和取笑说大约只能排为"癞蛤蟆第十三号"，张兆和实在没能看得上他。

这次谈话的结果令张兆和很不满意，所以从胡适家回来后，她在日记中有些孩子气地写道："我没觉得已和一位有名的学者谈了一席话，就出来了！"

第二天清晨，张兆和睡意尚未全消，便起来写信给沈从文，并于次日返回苏州老家后寄出。这封信，就是那封后来让沈从文哭得像个孩子似的"三姐给我的第一封信"。

沈从文从王华莲那儿得知张兆和对自己的明确态度后，终于肯接受这一次的失败，7月9日这天，他接连写了两封信给张兆和，第一封信上写道：

> 从王（指王华莲）处知道一点事情，我尊重你的"顽固"，此后再也不会做那使你"负疚"的事了。若果人皆能在顽固中过日子，我爱你你偏不爱我，也正是极好的一种事情。得到这知会时我并不十分难过，

因为一切皆是当然的。很可惜的是若果你见到胡先生时，听到胡先生的话，或不免小小不怿，这真使我不安。我是并不想从胡先生或其他方面来挽救我的失败的，我也并不因为胡先生的鼓励就走所谓的"极端"。我分上是惨败，我将拿着这东西去刻苦做人。我将用着这教训好好的活，也应当好好的去爱你。你用不着怜悯或同情，女人虽多这东西，可以送把其他的那一群去。我也不至于在你感觉上还像其人一样，保留着使你不痛快情形的。若是我还有可批评的地方，可怜处一定比愚蠢处为少，因此时我的顽固并不因为你的偏见而动摇。我希望一些未来的日子带我到另一个方向上去，太阳下发生的事，风或可以吹散。因爱你，我并不去打算我生活，在这些上面学点经验，我或者能在将来做一个比较强硬一点的人也未可知。我愿你的幸福跟在你的偏见背后，你的顽固即是你的幸福。[①]

后来接到这封信，张兆和在日记中大呼："字有平时的九倍大！例外地称呼我'兆和小姐'！"大约是因为沈从文写这封信时心情大不同以往。在信中，他虽然承认了自己在恋爱上的失败，可却似乎还是未说尽心中款曲。过了几日，沈从文却又不由得拿起笔给张兆和写信，说起痴情的话来。明明此时自己那颗受伤的心仍在滴血，却还劝张兆和不要因此事觉得内疚，让她安心：

> 你不要向我道歉，也不必有所负疚，因为若果你觉得这是要你道歉的事，我爱你而你不爱我，影响到一切，那恐怕在你死去或我死去以前，你这道歉的一笔债是永远记在账上的。在人事上别的可以博爱，而爱情上自私或许可以存在。不要说现在不懂爱你才不爱我，也不要我爱，就是懂了爱的将来，你也还应当去爱你那所需要的或竟至伸手而得不到的人，才算是你尽了做人的权利。我现在是打算到你将来也不会要我爱的，不过这并不动摇我对你的倾心，所以我还是因这点点片面的倾心，去活着下来，且为着记到世界上有我永远倾心的人在，我一定要努

① 1930年7月9日第1封，吴淞，沈从文致张兆和，见《沈从文全集》第18卷，第84—85页。

第一帧　心动—痴人书简

一般儿温馨
YIBANR
WENXIN
YIBANR
LENG
似水兆和的
张兆和与
沈从文情缘

力切实做个人的。①

过了两天，张兆和收到了这封长信，拿在手中，掂量着觉得分量不轻，取出一看，竟长达六页，洒洒万言！看完信，她的心不再只是泛起浪花点点，而是涌起了层层波浪，明明自己已经伤心到如此地步，却还处处为她着想，这不能不令她觉得可怜又可敬。在日记中，她感动而不安地写道：

> 谁知啊，这最后的一封六纸长函，是如何的影响到我！看了他这信，不管他的热情是真挚的，还是用文字装点的，我总像是自己做错了一件什么事因而陷他人于不幸中的难过。我满想写一封信去安慰他，叫他不要因此忧伤，告诉他我虽不能爱他，但他这不顾一切的爱，却深深地感动了我，在我离开这世界以前，在我心灵有一天知觉的时候，我总会记着，记着这世上有一个人，他为了我把生活的均衡失去，他为了我，舍弃了安定的生活而去在伤心中刻苦自己。顽固的我说不爱他便不爱他了，但他究竟是个好心肠人，我是永远为他祝福着的。我想我这样写一封信给他，至少能叫他负伤的心，早一些痊愈起来。但再一想，自己是永久不会爱他的（自己也不知为什么），而他又说过永是爱着自己，这两个极端的固执，到头来终会演成一场悲剧，与其到那时再来叫他或自己受更大的罪，还是此刻硬着一点心，由他去悲苦，不写信去安慰她，不叫再扩大这不幸好些。②

她虽顽固地不爱他，却也深深地被他顽固的爱感动了。

胡适先生自那天见过张兆和后，不久就写了一封信给沈从文，谈了那次两人交谈的情况，且为表行事磊落，还将信的副本寄给了张兆和。在信中，胡适满是劝沈从文罢休的意味：

---

① 1930年7月12日左右，吴淞，沈从文致张兆和，见《沈从文全集》第18卷，第91—92页。
② 张兆和1930年7月14日日记，见沈从文、张兆和著：《从文家书》，上海远东出版社1996年版，第24页。

我的观察是，这个女子不能了解你，更不能了解你的爱，你错用情了。

我那天说过，"爱情不过是人生的一件事（说爱是人生唯一的事，乃是妄人之言），我们要经得起成功，更要经得起失败。"你千万要挣扎，不要让一个小女子夸口说她曾碎了沈从文的心。

张兆和读了胡适寄给沈从文的信的副本后，在日记中同胡博士辩论了起来，语气既严肃又不乏稚气：

胡先生只知道爱是可贵的，以为只要是诚意的，就应当接受，他把事情看得太简单了。被爱者如果也爱他，是甘愿的接受，那当然没话说。他没有知道如果被爱者不爱这献上爱的人，而只因他爱的诚挚，就勉强接受了它，这人为的非由两心互应的有恒结合，不单不是幸福的设计，终会酿成更大的麻烦与苦恼。胡先生未见到这一点（也许利害的观点与我们不同），以为沈是个天才，蔑视了一个天才纯挚的爱，那这小女子当然是年纪太轻，生活太无经验无疑了。但如果此话能叫我相信我是一个永远不能了解他的愚顽女子，不再苦苦追求，因此而使他在这上面少感到些痛苦，使我少感到些麻烦，无论胡先生写此信有意无意，我也是万分感激他的。①

此时的张兆和，一颗年轻的心还未经打磨，但对于爱情，却并不是一派天真，她有一番自己的独立见解。就在不久前，她和二姐张允和因为爱情观点的不同而起了争执，两个人互不相让。也在读大学的张允和，因为正与年轻的周有光处于热恋中，她认为爱情是可以无条件的，没有互相利用。而兆和则不同意二姐的观点，她坚持认为，爱也是不能免于利用的，虽然这种利用不一定是动机，却存在于感情关系当中。不过，张兆和毕竟还是没有恋爱经验的少女，二姐的一番说法，实际上也让她对自己的看法产生了一些动摇，所以后来她在日记上还写道："我一直怀疑着这'爱'字的存在，可是经了她们严厉的

① 张兆和1930年7月14日日记，见沈从文、张兆和著：《从文家书》，上海远东出版社1996年版，第22—23页。

第一帧 心动—痴人书简

一半儿文心
一半儿冷
YIBANR
WENXIN
YIBANR
LENG
沈从文与
张兆和的
似水情缘

驳难（尤其是允）后，我又糊涂了，虽然她们所见的爱的存在的理由和我一样，只是片面的。"

胡适当然不会知道，他眼中这位稚气未脱、看似不懂爱情的少女，对感情却自有一番不乏深刻的理解。加之她性格里自小培养的那点倔强，更不愿意因为胡适的鼓励和闺蜜的劝说而点头。

她懂得，同情并不是爱情。自由无羁的少女心，最终没有因为这献上爱的人足够诚挚而接受沈从文。

也许，在爱情没有真正来临之前，人可以聪明而清醒，独立而潇洒，可是等到真正陷入其中时，却反而糊涂了，或者说无所顾忌了。或许，一切正如胡适所写的诗句：

> 醉过才知酒浓，
> 爱过才知情重。
> 你不能做我的诗，
> 正如我不能做你的梦。

我极希望用我的痛苦换给你一点幸福快乐。

——沈从文致张兆和

海边的思念

我明白你会来，所以我等。

——沈从文《雨后》

沈从文打探清楚张兆和对自己的明确态度后，选择离开上海吴淞的中国公学，告别这片伤心地。

离开后，沈从文应武汉大学文学院院长陈源之聘，来到武大中文系担任助教，开设的课程有"新文学研究"和"小说习作"。

此前在中国公学讲课，沈从文"首战"虽然出师未捷，但经过一年的磨炼，沈从文已渐渐形成了自己的教学风格，在学生中也开始受欢迎，胡适在1934年2月14日日记中曾称赞道："北大国文系偏重考古，我在南方见侃如夫妇皆不看重学生试作文艺，始觉此风气之偏。从文在中公最受学生爱戴，久而不衰。"但沈从文来到武汉大学后，发现文学系风气守旧，以考据小学为正统，教授们对新文学大多持有偏见，认为不过是肤浅之术，因此教新文学的沈从文、陈西滢、凌叔华等多不大被看得起。学生中虽有不少欢迎沈从文来上课的，但始终是舒展不开拳脚，因此武大珞珈山虽风景怡人，他在那里过得却并不

如意。

　　而且，沈从文原以为离开了上海见不到张兆和，就可以慢慢忘掉她，不再为她苦恼。却不料，那个影子还是在心头盘旋不去，引得他心烦意乱，好像有一把火在心头日夜燃烧，焚起一堆无用的思念。苦闷之余，他只好写信给在美国的朋友王际真倒苦水：

　　　　因为在上海我爱了一个女人，一个穿布衣，黑脸，平常的女人。但没有办好，我觉得生存没有味道。……①

　　1931年，胡也频不幸遇难，留下夫人丁玲和幼子蒋祖林。沈从文不顾危险，以丁玲"丈夫"的名义，护送丁玲母子回到老家湖南常德。由于来去花了大量时间，误了回武大教书的时间，沈从文只好辞职离校，来到了北平。

　　到北平之后，沈从文仍不忘给张兆和写信：

　　　　三三，你是我的月亮。你能听一个并不十分聪明的人，用各样声音，各样言语，向你说出各样的感想，而这感想却因为你的存在，如一个光明，照耀到我的生活里而起的，你不觉得这也是生存里一件有趣味的事吗？

　　　　……

　　　　三三，莫生我的气，许我在梦里，用嘴吻你的脚。我的自卑处，是觉得如一个奴隶蹲到地上用嘴接近你的脚，也近于十分亵渎了你的。②

　　后来，沈从文将这封信以《废邮存底（一）》为题发表在了当年的《文艺月刊》杂志上。在当时，名人公开发表情书是一种流行风气，热门的有徐志摩和陆小曼的《爱眉小札》、鲁迅和许广平的《两地书》。在这封有"真正的情书"之美誉的信里，其中最为人称道的

　　① 1930年11月5日，武昌，沈从文致王际真，见《沈从文全集》第18卷，第111—112页。
　　② 沈从文：《由达园致张兆和》，见《沈从文全集》第11卷，第91页。（发表时称呼原皆作"××"，本书引用时改"三三"。）

莫过于那句："我行过许多地方的桥，看过许多次数的云，喝过许多种类的酒，却只爱过一个正当最好年龄的人。"虽然此时的张兆和仍然没有接受沈从文，但想来，当她收到这封信时，一定曾将目光落在这行字上，久久不舍得移开。她虽不爱这写信的人，却几乎爱上了这些过分美丽的信！

三三，是沈从文为张兆和取的昵称，因为她是张家的三小姐，"三三"听起来仿佛是在唤青梅竹马的邻家小女儿。

爱人的名字，既是唯一的，也是无穷尽的。多情诗人徐志摩对陆小曼的爱称，像是一罐蜂蜜：眉、小龙、我唯一的爱龙、眉爱、眉眉至爱、爱眉亲亲……鲁迅看起来是如此冷面傲骨之人，写信给恋人许广平的称呼却也可亲可爱：广平兄、小鬼、小刺猬、乖姑……众人眼里孤僻而沉闷的嘉兴才子朱生豪，写信给爱人宋清如时却是无限柔情，变换着各种孩子气的称呼：宋姑娘、青女、阿宋、小鬼头儿、婆婆、宋神经、宋家姐姐、女皇陛下、你这个人、清如夫子……不胜枚举。

沈从文娶了张兆和之后，也给她发明了许多专有称呼：三姐、小妈妈、兆和三毛姐、张铁人、文法专家、乌金墨玉之宝等等。时光渐老，而三三，这个清澈如水的昵称，仿佛永远如在水之湄的青青翠竹，不曾老去。

在北平无业逗留终非长久之计，这年8月，经好友徐志摩推荐，沈从文来到由杨振声担任校长的青岛大学担任中文系教师，九妹岳萌也随哥哥来到青大插班读书。

在水一方的三年青岛岁月，成为日后沈从文经常缅怀的一段桃源时光。

沈从文住在位于福山路3号的青岛大学教师宿舍，这是一座砖混结构的三层小楼，融合了德式和日式两种风格。这座小楼临海而建，位于八关山麓下，绿意盎然，看起来格外安静雅致。由于房子所在地势比较高，站在楼上窗台上望去，层次不同的明绿即如画一般铺展开来，周围高树满院，近处翠色的中山公园尽收眼底，稍远处，大海铺展出一片碧波，更远处则是翻滚的云海。

沈从文初到青岛时，楼前花园的花木尚未完全栽好，只几丛珍珠

一半儿温馨
一半儿冷
YIBANR
WENXIN
YIBANR
LENG
似水情缘
张兆和的
沈从文与

梅在阳光下开出缕缕细碎的白色花朵，看起来别有清韵。比起过去北平潮湿阴冷的"窄而霉小斋"，这里简直堪比天堂。

福山路是青岛的老街道，到处是枝繁叶茂的法国梧桐，庭院深深锁人家，翠蔓横斜的爬山虎占领了墙壁屋檐，碧色深深。沈从文时常漫步其间，见绿荫照眼，心中积郁的烦恼仿佛也被层层光影过滤得所剩无几。

海边流动的空气清柔而微涩，不仅使人皮肤润泽，灵魂也仿佛变得无限柔软。沈从文最爱看的，是天上的云和海中的水，它们时时刻刻变换着各种颜色，有时五色相渲，如一张图案新奇的锦毯，勾起人青春的无尽狂想；有时素净如玉，温柔而轻快，使心灵也变得熨帖。在云影天光之下，面对那一片永远不停止创造美和惊奇的海，沈从文的心也变得活泼起来。

当时在青岛大学中文系，沈从文负责讲授"小说史"、"散文写作"等课程。由于有了之前在中国公学和武汉大学的教学经验，沈从文讲起课来已经很有条理了。虽然还是一口不大容易让人听懂的湘西话，但内容总是不落俗套，很有见地。

青岛气候宜人，山青海碧，很容易让人感觉身心舒畅。那些日子，沈从文每天只睡三四个小时，精力特别充沛。所以在青岛的三年，沈从文一共写了《从文自传》、《八骏图》、《月下小景》、《凤子》等八本书，收获颇丰。闲暇时，沈从文就走到海边吹吹风，看那碧波涌起，一边随手拾些贝壳把玩，一边沉浸在故事的酝酿中。回到宿舍，就把酝酿好的故事写在稿纸上，一页又一页。在碧水清风的滋养下，沈从文手里的那支笔也前所未有地成熟起来，逐渐洗去了过去的浮夸、生硬习气，文字变得越来越接近自然，从而贴近水的姿态了。

听着浪花轻拍海岸，看着海鸥飞掠过碧色的海面，在静谧的潮涨潮落中，倾诉成了一件再自然而然不过的事。即使佳人无情，爱情无望，向来爱写信的沈从文，也是无论如何无法抵御在纸上飞舞心事的诱惑——也不想抵挡，他仍一如既往地给张兆和寄出一封封的信。

选伴侣，有人希望找一张长期饭票，有人希望找一个好看的花瓶，徐志摩则说："我一辈子只想找一个理想的通信员。"与其说诗人想要的是纸上的爱情，不如说他想找一个灵魂的伴侣。能有一个一辈子同自己写信的人，是一件多么幸福而奢侈的事啊。沈从文想要的，也正是这样一个理想通信员吧。即便此刻心意不被听见，但只要写下去，相信总有一天会有转机。这样想着，沈从文的忧愁也随之落进温柔无边的大海，被稀释得淡了，变幻成一个个蓝色的梦。

八九月的青岛，天显得格外的蓝，海风盛情地吹着，裹挟着咸腥的气息掠进小楼的窗户，空气里布满了湿润的水分子。

书桌前的沈从文有点坐不住了，恰好此时，楼下响起了友人叶公超叫唤的声音。于是，他放下手中的笔，轻轻地搁在了写了一半的稿纸上。碧蓝的天，海水也美得让人想落泪，随时定格，都是一帧极完美的画面。呼吸着这迷人的海风，想着手边的小说《三三》也快完成了，还有那位在上海中国公学读书的兆和姑娘，不禁觉得爱情也不那么遥远了。海总是容易让人产生希望的，他不禁微微笑了。

花岗岩筑的窗台显得厚实而大气，上面摆放着几盆植物，阳光略斜地照在沈从文脸上，他半卷起衬衫衣袖，将左手臂横放，右手臂自然地垂下，目光望着楼下举相机的人。照片中那含而不露的微笑，仿佛是从心底溢出来，再蔓延到眼睛上、脸上，甚至爬到了眼镜上。相比沈从文年轻时的其他照片，这一张似乎显得格外有精神。这个已到而立之年的男子，依然戴着一副圆圆的眼镜，而镜片背后的那双眼睛，却还可显出孩子气。对于这世界，他看得还嫌不够，对于那尚未得到的爱情，他也还没有失掉信心。

张兆和虽然嘴上不说，但沈从文写给她的每一封信，她都是从头看到尾，

1932年沈从文在青岛福山路别墅 叶公超摄

第二帧 执手——海边的思念

47

一半儿温馨
一半儿冷
YIBANR
WENXIN
YIBANR
LENG

沈从文与
张兆和的
似水情缘

还给它们标上记号，收藏到一个小箱子里去了。风华绝代的民国影星阮玲玉，也曾有一只小藤箱，里面装满了男子写给她的信，或吹捧，或暗恋，或追求，绝大多数的信她是无从回应的，又不忍心将这些信毁弃，就把它们藏进了藤箱，并加了把锁，还贴上一张纸，上面写着"小孩子的信"。因为有了蝴蝶的爱慕与留恋，花儿知道了自己有多美丽，她又何忍嘲笑那些奉上赞美的人？

其实沈从文也早就看出来，张兆和虽然不爱理人，也极少回信，可是对于收信却是不反感的，甚至可以说带着些隐秘的、不肯让人知晓的乐趣。对于那些收到的情书，她当作是青春生命里的故事，她觉得自己有权保管，所以虽不去回信，却一一收好。这做法倒有些像杂志社的投稿声明："请作者自留底稿，恕不退稿。"倘若她决绝一些，把信全都扔了或者退还沈从文了，他兴许也没有更多勇气写下去了。将这点看来，张兆和的沉默倒是一种轻微的鼓励了，不过这也是她唯一的鼓励。

在爱情里，只要还能表达，只要心还能被听见，就意味着不是死路。天各一方所拉开的距离，并没有让两人愈行愈远，反倒为沈从文原本绝望的爱情增添了希望，带来了一些别样的色彩。

漫步沙滩，海浪拍岸的声音显得那么悦耳，沈从文的思绪也随着潮水起伏着。脚下时时出现各式各样的螺蚌贝壳，它们是海洋生物死后留下的衣服，在再也无法畅游的时刻，就这样懒懒地卧在沙滩上洗澡晒太阳，同心事满腹的小说家一起看碧海蓝天。每次散步，沈从文都留心看着，常能得到许多诗意的收获，有时是好看的螺蚌、精美的贝壳，有时是特别的小石头。回到住所，沈从文轻轻拂去上面的沙土，然后连同信笺一起装进信封，从青岛海边寄给在上海吴淞海边读书的三三：

> 寄来一点石头，放入一个小小碟子里用水泡湿，你就可以来想像它们在海边时躺到水中的情形。这边的海水永远透明，不像你那边昏浊，所以石子也非常干净。它们是晒了无数太阳，过了无数寂寞日子，如今

在一种意想不到的命运里，又才休息到你的桌子上来的。[①]

平常一些的女子总是易为贵重礼物所动，而张兆和却不同，这些随信寄来的小东西，令她感动而欢喜。把那些螺贝石子泡在清水里，欣赏着它们天然而巧致的模样，她感觉自己仿佛也来到了那座海滨小城，站在柔软的沙滩边，听海浪在耳边唱歌。

张兆和虽是名门闺秀，却对华服丽色从不感兴趣。对她来说，自然的素朴之美才最为可贵。它既不造作，又有韵味，宛如绿野上细碎而清香的紫花地丁，不失为一种迷人的点缀，她一生都倾心于此。沈从文的这封信，的确使她的心突然有了不同以往的感觉。她太爱这些小小的奇迹了，以至于二十年后还念念不忘，给当时出差在外的沈从文写信时叮嘱："有好看的小贝壳拣一点回来。不要那种顶普通的，又粗糙又笨大的。好看的小石子也要，冬天压水仙花。"那些贝壳和石子，一定让她回想起了青岛的碧海蓝天，想起了那一去不返的青春岁月。

躺在湖水中的鹅卵石，是被柔弱的水亲吻了无数次过后，才会变得如此圆润可人。沈从文像水一样，一点点轻轻地抚平着张兆和心上的棱角。

1932年的夏日的一天，绿衣邮差将一封信送到沈从文手中。信是从上海寄来的，他一眼认出是张兆和的笔迹，而且破天荒地摸起来很厚！沈从文拿着信，心怦怦直跳：她终于不再惜字如金了，铁树终于开花了！他迫不及待地用颤抖得厉害的手拆开了信封，抽出来一看，里面果然有五张写得满满的信纸！但仔细一瞧，沈从文方才明白，原来这称不上一封真正意义上的"信"，而是一篇小说的创作手稿。在小说顶头空白处，倒是有一句话是给沈从文的："寄来篇习作，若能看得下去的话，麻烦给改一改。"

虽然离自己想象中的奇迹还有点差距，但沈从文照样如获至宝，

---

① 此函原载杭州1933年8月1日《西湖文苑》第1卷第4期，原题《废邮存底》，署名"甲辰编"，"甲辰"是沈从文的笔名之一，信上署的时间是民国"二十年、十一月"。据解志熙考证，这封信是沈从文写给张兆和的一封情书，但在发表的题识中故意写"一个三十岁的女人，寄给一个十九岁的男子"，还有信中"你是一个男子"等说法和称呼，可能是沈从文有意设置的一种障眼法，目的是保护张兆和不被暴露。详见解志熙的考证文《遗文疑问待平章——新发现的沈从文佚文废邮考略》。

一半儿温馨
一半儿冷
YIBANR
WENXIN
YIBANR
LENG
沈从文与
张兆和的
似水情缘

不管怎么说，这信纸上的每一个字都是她写的，横看竖看都觉得美丽极了。

没过多久，这篇名为《玲玲》的小说就发表在1932年6月30日的《文艺月刊》上了，署的却是沈从文的笔名"黑君"，只不过在文后注明了"改三三稿"。修改学生的作文，倒署了老师的名，还光明正大地宣告改的是三三的稿，这意味着此时两人的关系确实有了进一步发展。至于沈从文究竟改了哪些文字，旁人就不得而知了。许多年后，已成为沈夫人的张兆和谈到此事，不禁笑着说道："他有点无赖，不知怎么就把我的小说收到他的集子里。"不论是此时还是当时的她，在这嗔怪中，自有一份唯有两人悉知的甜蜜。

其实，沈从文以前也"偷"过一篇别人的文章拿来发表。那是早在1925年，沈从文还是一个蹲在北平写小说的苦闷青年。有一晚月华如水，清辉适人，他夜游香山，竟在半山亭拾得一无名氏的手稿。上面的句子读来美丽醉人，沈从文原以为这是哪位男子献给心上人的，不禁有些羡慕他的好运气，再仔细一看，却见最后一行写着"待人承领的爱"，这才明白，原来这位妙人也是一位在月下独自消受着寂寞的失意之人。后来，沈从文便将这篇文章以《西山的月》为名发表在《晨报副刊》上，并在文后道明原委。文中句子，读来却浑然是沈从文的手笔：

> "求你将我放在你心上如印记，带在你臂上如戳记。"我念诵着《雅歌》来希望你，我的好人。
>
> 你的眼睛还没掉转来望我，只起了一个势，我早惊乱得同一只听到弹弓弦子响中的小雀了。我是这样怕与你灵魂接触，因为你太美丽了的原故。
>
> ……
>
> 我要在你眼波中去洗我的手，摩到你的眼睛，太冷了。
>
> 倘若你的眼睛真是这样冷，在你鉴照下，有个人的心会结成冰。①

---

① 沈从文：《西山的月》，原载《晨报副刊》1925年9月7日第7—8页，收入《沈从文全集》时改名《月下》，见第1卷第111页。

而今，那双青玉似的眼睛不再冷如冰，而是泛出了些许温暖的光。月光下，柳芽已吐嫩黄，只等微风轻吹，霎时绿遍江南岸。

九如巷的新来客

我极希望用我的痛苦换给你一点幸福快乐。

——沈从文致张兆和

两百多年前的姑苏古城，曾见证过沈复与芸娘的爱情。夏日炎炎，他们携手于沧浪亭内乘荫，共读诗书，浮白载酒，足可尽兴。中秋之日，于亭中席地而坐，临池赏月，别有幽趣。沈复一部《浮生六记》，给苏州城平添了几分古典的浪漫情致。时光流转到了民国时期，姑苏城又有一则佳话，因另一个"沈才子"而流传开来。

去青岛教书之后，沈从文对张兆和依旧痴心不改，书信连绵，但他越来越感到，信写得再多再好，终不及见面来得直接，于是决定趁热打铁，趁放暑假时，去苏州看望张兆和。

1932年7月的一天，盛夏的骄阳遍照姑苏城，"东方威尼斯"被一团火焰包围着，唯有路边大树上的蝉噪声带来丝丝凉意。

上午十点左右，五卅路上的九如巷三号的张公馆，突然响起了敲门声。

这位年轻的不速之客，身穿灰色长衫，鼻梁上架着一副近视眼镜，站在石库门黑漆大门外踟蹰着。在烈日的炙烤下，沈从文的额头渗出了一排亮晶晶的汗珠。

张家的看门人听到敲门声后打开门，看到了沈从文，于是问他找哪位，他忙用焦急的口气回答，我是从青岛过来的，来找张家三小

一半儿温馨
一半儿冷
YIBANR
WENXIN
YIBANR
LENG

似水情缘的
张兆和与
沈从文

姐。看门人摇摇头说三小姐现在不在家，刚才出去了，请他进来等。

听到这个消息，他不但不进门，反而一下子退到了大门对面的墙边，站在太阳底下发起愣来。

由于父母还有大小姐元和都不在家，二小姐允和就成了弟弟妹妹的"头头儿"，所以一听到动静，她就一马当先，"得、得"地下了"绣楼"。到了门口，她好奇地望是谁来了，只见一位年轻人站在巷子里，看起来文绉绉的，问罢方知，原来这就是三妹兆和口里缠人的老师沈从文。

见他在太阳底下站着，带着掩饰不住的紧张，允和一面心想着真是个书呆子，一面抱歉地说：沈先生，三妹到图书馆看书去了，一会儿回来，请先进屋里坐坐吧。

听到这样的回答，沈从文以为是张兆和故意躲着不见他，更觉尴尬了。他吞吞吐吐地说：不用了，我先回去了。然后写下自己所在旅馆的地址，交给面前的姑娘后，便低着头匆匆离开了。

此时的张兆和，正在公园路的图书馆看书。这个夏天，她终于以

张家四姐妹，左前允和，右前元和、左后充和、右后兆和

优异的成绩从中国公学顺利毕业了。毕业之后，她打算继续读几年书，因此暑假里也经常往图书馆跑。

中午，张兆和从图书馆回家吃午饭。刚一进门，有"快嘴李翠莲"之称的允和二姐就蹦了过来，立刻向她报告了一个"好消息"：沈从文来看你了！

她的心突然颤动了一下。是意外，是紧张，还是惊喜？她说不清。虽然这些年沈从文写来的情书有上百封，但两人平时并没有什么实际的接触，因此听说他来过，心里并非没有一点感觉。

见兆和愣着不说话，允和就打趣她说：三妹你知道他要来，还跑到图书馆假用功，故意躲着不见人家呢！兆和一听，急了，忙解释说：这可是冤枉，谁知道他会招呼不打就突然来了呢！

兆和左思右想不知该怎么办好，心直口快的允和就替她拿起了主意：来而不往非礼也——你去旅店找沈从文吧！她听了连连摇头，去旅馆，这哪里是姑娘家能做的事啊！但知他用心良苦，特地过来苏州看望，必是费了一番功夫，若果真不去，又怕冷落了他，毕竟是自己的老师，难不成要他"三顾茅庐"？心下纠结了一番，兆和还是依了二姐的话，记下了他旅馆的地址和房间号，出了门。

回到旅馆，沈从文坐立不安，一会儿把门开了一条缝瞧了又瞧，一会儿坐在床上傻傻地想了又想。不知道这样挨了多久，终于听见屋外响起了敲门声。想到自己在苏州只认识张兆和，沈从文立刻从床上跳了起来，开了门。来的果然是她！沈从文又惊又喜，一下子竟然呆住了。兆和也显得很是局促，只快快地吐出一句话："沈先生，我家有好多个小弟弟，很好玩，请到我家去！"这句话是二姐教她的，她竟然一字不落背了出来，便不再多说了。若不是有个"临时先生"教她这样说，只怕她要变成哑巴了。

于是，一前一后，保持着不远不近的距离，沈从文跟着张兆和回到了张家。

兆和把五个小弟弟叫过来一起陪沈从文，虽然是初次见面，见了新来的大哥哥，五个男孩眼睛里个个放着好奇的光。

说起孩子的心思，小时候是个不折不扣顽童的沈从文是再清楚不过的了，小孩顶讨厌的就是读书，能玩能闹才最好不过，还有听故事，也过瘾。天气热不能出去玩，那就只好讲故事了。教书不是沈从文的强项，可编故事，他可太在行了，尤其是在心上人面前，肚子里的故事更是比平时翻了几倍还多。于是，沈从文便开始滔滔不绝起来：上山打猎碰到了什么野兽，下河玩水捞到了什么大鱼，寨子里的苗女怎样用巫术蛊惑人，坐船时碰到了怎样多好笑的人……这一招果然奏效，孩子们个个听得入迷了，一下子就喜欢上了这个会讲故事的大哥哥，尤其是小五弟张寰和，听得最起劲，很晚了还不肯去睡，姐姐们催了他好几次才去睡觉。

沈从文早就听说张家四姐妹多才多艺，今日一见另两位，果然不凡。二小姐允和生得标致，二十岁就登上了杂志，成为"封面女郎"，而且谈吐不凡。四小姐充和从小受教于名师，诗词曲艺样样精通，在众姐妹中古典文化功底最为深厚。而且张家兄妹都喜欢新文学，家里订有《小说月报》、《新月》等刊物，他们还组织了一个"家庭文学团体"——"水社"，起初是四姐妹办了一本《水》杂志，五兄弟办了一本《九如巷》，后来《水》实力日渐雄厚，把《九如巷》的成员们也都拉拢了过来。《水》每月出一期，发行范围虽然只限于张家成员以及为数不多的亲朋好友，但大家都踊跃为它投稿，并积极地刻版、油印、装订、分发，忙得不亦乐乎。后来因战乱爆发，全家人离散各地，《水》也就被迫停刊了。直到1996年，《水》才在张允和的倡议下复刊，现在仍由张寰和以及沈从文的大儿子沈龙朱负责编辑。这份小小的家庭刊物《水》，被出版家范用先生誉为"本世纪一大奇迹"。

张家的素质教育做到这个程度，不可谓不是一桩奇迹。联想到19世纪英国著名的勃朗特三姐妹，夏洛蒂、艾米莉、安妮，加上弟弟勃兰威尔，四姐弟一起办了一个手抄的家庭刊物。这份小小的手抄刊物是三姐妹珍贵的创作园地，后来，夏洛蒂写出了《简·爱》，艾米莉写出了《呼啸山庄》，安妮写出了《阿格尼斯·格雷》。勃朗特三姐妹在年幼时就不幸失去了母亲，能具备不俗的文学修养，多得益于有一位学识渊博的穷牧师父亲。他亲自教孩子们读书看报，不干涉他们的兴趣，三姐妹后来能取得巨大的文学成就，与这位父亲的深刻影响有很大关系。

此番来苏州，沈从文本想当面向张兆和的父母提亲，不过因为他们此时都在上海，就暂时不提。为这次见面，沈从文还特地准备了一大包礼物送张兆和，全是绿色封面的英译精装本的俄国小说，有托尔斯泰、陀斯妥耶夫斯基、屠格涅夫等人的著作。另外还有一对书夹，上面有两只有趣的长嘴鸟，衬得这套书更别致了。这些礼物，都是在上海时新结识的朋友巴金替沈从文挑选的。当时有朋友来上海组稿，他俩一起受邀在一家俄国西菜馆吃饭，两个年轻人一见如故。沈从文不懂英文，巴金就为他在书店挑选了这些外文书。为了买这些书，沈从文还卖了小说《都市一妇人》的手稿。

虽说鲜花配美人，红粉赠佳人，可是在沈从文眼里，最能配得上秀外慧中的三三的，是书籍。书之印刷精良，恰似她亭亭玉立；书之油墨淳淳，恰像她香远益清；书之营养丰富，恰如她修养甚佳。

当张兆和听说他为了买这些礼物而不惜卖了一部小说的版权时，觉得礼物太贵重，自己不能承受，便退了大部分书，只收下了一套《契诃夫小说》。

知她家教甚好，不会因着爱慕者送厚礼而自喜，沈从文便不再多说。

在苏州，沈从文一连住了一个星期，每天都去九如巷同张家姐弟聊天，好像总是聊不够。张兆和虽然话依旧不多，但比起在中国公学，也自然多了。她的姐弟们对沈从文的印象都很不错，也乐意看到他跟三姐好。十八岁的大弟张宗和在日记里写道："沈从文来苏州一次，他算是得到了一点胜利。我倒很愿意他们好。个个人都有这些事。感情的事，连自己都不容易解决。"[①] 当时还在上初中的小五弟张寰和，还从自己每月两块钱的零用钱中拿出钱来买了一瓶汽水给沈从文，令他极其感动，于是当下许诺说："我写些故事给你读。"后来，沈从文便根据佛经故事写了本小说集《月下小景》，每篇都附有"为张家小五哥作"字样，履行了诺言。

① 张宗和1932年8月8日日记，见张允和、张兆和等著：《水：张家十姐弟的故事》，安徽文艺出版社2009年版，第241页。

一半儿温馨
一半儿冷
YIBANR
WENXIN
YIBANR
LENG

似水沈
张从
兆文
和与
的
情
缘

这次与张兆和相见，虽然是一次十分勉强且羞怯的晤面，但迈出的却是极重要的一步。断断续续写了三年的情书，几乎不见多大进展。由此次看来，信写得再多再好，但回音甚少，几乎等同于独白，远不及见面聊天能拉近两个人的距离。沈从文心下决定，以后有空，就要经常来看看她，同她说说话。

在张家，沈从文感受到了久违的家庭温暖。这种其乐融融的感觉，自打他离开故乡后就极少体味到了。想到自己和九妹年纪轻轻也都离家千万里，心中觉得有些难过。在外漂泊多年，如今已到而立之年，此时想同心爱的人组织温暖家庭的愿望，也变得分外强烈起来。他深深地感到，自己需要一个爱人，需要一个家，就像一只飞倦的鸟儿迫切渴望有一个巢。

在回青岛的路上，想着在张家的点点滴滴，心不禁也变得温柔起来。

一封蜜电

乡下人，喝杯甜酒吧!

——张兆和致沈从文

1932年9月的青岛，海边来了一位客人，他就是应沈从文之邀而来的巴金。两个月前在上海，巴金在书店替沈从文挑选了送给张兆和的见面礼，临走时，沈从文邀请巴金有空来青岛小住，告诉他那里风景宜人，说不定可以给他带来许多灵感呢。果然，没过多久，巴金就来了。沈从文将巴金安顿在自己的宿舍里，然后去学校另外找了个地方住。

那几天，巴金安静地写文章、写信，累了，倦了，便来到窗口，像沈从文经常做的那样，眺望不远处的海景：

一只白色的小艇，支持了白色三角小蓬，出了停顿小艇的平坞后，向作宝石蓝颜色放光的海面滑去，风极清和温柔，海浪轻轻的拍着船头船舷，船身侧向一边，轻盈的如同一只掠水的燕子。①

沈从文和巴金虽然相识没多久，却仿佛老朋友一般。平时，沈从文除了上课，就是在房间里写作，两人互不相扰。当海面的清风诱惑得心痒痒时，两人便往海边去去，听海浪声声，看白鸟点点，数白帆片片。又走到附近的中山公园，在樱花林中从容穿梭，毫无拘束地聊天。这时节，樱花虽然未曾开，但一面闲谈一面望望头顶变幻的光影，却是再美好不过的了。巴金的老家在四川成都，他受五四运动影响离家出走，和沈从文的经历有些相似，只不过沈从文是去北平的"社会大学"进修，而巴金是去法国留学。在个性上，沈从文像水，温和谦逊；巴金如火，热情奔放。两人也时常因观点不同起争执，过后却从来都心无芥蒂。

沈从文喜欢跟巴金聊起一些老朋友，只不过，他们中有的已经去了另一个世界。自从离开上海后，沈从文先后痛失了两位极为珍视的好友——胡也频与徐志摩。去年年初，胡也频为了革命的信仰，失去了自己年轻的生命。去年年底，徐志摩因飞机失事突然离世，更让沈从文深感悲痛。这位诗人中的诗人，朋友中的朋友，带着不尽的遗憾，匆匆离开了他热爱的世界，甚至来不及说声再见。他的一生，比一颗流星还要短促，还要夺目，还要美丽。正当最好的青春年华，却敌不过命

青年巴金

① 沈从文：《若墨医生》，见《沈从文全集》第9卷，第163页。

第二帧　执手——一封蜜电

一半儿温馨
一半儿冷
YIBANR
WENXIN
YIBANR
LENG

沈从文
张兆和的
似水情缘

运无常，生命竟是如此薄脆，不得不令人感叹"世间好物不坚牢，彩云易散琉璃脆"。沈从文在海边同巴金温习着那些业已成泡影的往事，却分明感觉到，他们还不曾走远，青春在生者的心中继续延续着。

海边的风，吹得人头脑极清醒。在青岛的短短几天，巴金不仅创作了短篇小说《爱》，还为中篇小说《砂丁》写了序。谢过沈从文的招待之后，巴金便告别了这片碧海蓝天，约定下次再见面。

送走了巴金，从友情中回过神来，沈从文不免又更多地想起了心上人。

在离开苏州之前，沈从文曾问兆和，毕业后将作何打算。她低着头，静静地说，一直想去北平，去看看古老的宫殿、高高的城墙，还想穿上学生装，扮成男孩子的模样，再读几年书。比起张爱玲笔下那些急着物色夫君的"女结婚员"，张兆和是不一样的。在中国公学的时候，她就极用功，心思都花在了学习上，即使身边有许多人追求，也从不为之所动。别的同龄女孩子聚在一起，叽叽喳喳讨论喜欢了谁的时候，她多半是沉默的。这几年沈从文的情书连绵，学校里也几乎人尽皆知，但姐妹们偶尔八卦想问出点什么，她也是一丝儿也不肯透露出来。这番保守的性情，着实让她的二姐允和觉得奇怪了，想我家三妹以前可不是这样羞答答的啊，可调皮着呢，什么时候变了一个人？

后来，张兆和果真去了北平，一边在北京大学听课，一边备考研究生。

沈从文知道新地址后，依旧像以前那样写信给她，而他收到的回信也仍是她惯有的风格，礼貌的，温和的，却不曾表现出更大的热情。闲暇时，沈从文便抽空去北平看她，可是见了，也仍是一种矜持的晤面，带着不安与羞涩，仿佛仍隔着一段遥遥的距离。

张兆和的矜持，让沈从文怀疑自己上次特意去苏州看她没有一点效果。

此时对于沈从文，张兆和应是比以前在意了，只是感情含蓄内敛的她，仍是惯有的被动态度。有一次，弟弟悄悄看了沈从文写给张兆和的信，被她发现后，姐弟俩闹脾气差点到了绝交的地步，冷战了许多天才罢。

冷淡也好，失落也罢，沈从文的信心并未丧失。所以1933年元旦一过，他又一次来到苏州，敲开了九如巷张家的大门。这次会面的情形，张充和在《三姐夫沈二哥》中回忆得很生动：

> 第二次来苏州，是同年寒假，穿件蓝布面子的破狐皮袍。我们同他熟悉了些，便一刻不离的想听故事。晚饭后，大家围在炭火盆旁。他不慌不忙，随编随讲。讲怎样猎野猪，讲船只怎样在激流中下滩，形容旷野，形容树林。谈到鸟，便学各种不同的啼唤，学狼嗥，似乎更拿手。有时站起来转个圈子，手舞足蹈，象戏迷票友在台上不肯下台。可我们这群中小学生习惯是早睡觉的。我迷迷糊糊中忽然听一个男人叫："四妹，四妹！"因为我同胞中从没有一个哥哥，惊醒了一看，原来是才第二次来访的客人，心里老大地不高兴。"你胆敢叫我四妹！还早呢！"这时三姐早已困极了，弟弟们亦都勉强打起精神，撑着眼听，不好意思走开。真有"我醉欲眠君且去"的境界。①

一番相见欢，情意渐浓。

此时，张兆和的父亲张武龄同继母韦均一仍在上海。沈从文便同张兆和一起，坐了车去看他们。会见后，张武龄同沈从文很谈得来，他很是欣赏这位有文采有勇气的年轻人。

沈从文来访之前，兆和曾将一封沈从文的信拿给二姐允和看，信中婉转地说，要请她为他向爸爸妈妈提亲，并且说，如果爸爸妈妈同意，求兆和早点打电报通知他，让他这个"乡下人喝杯甜酒吧"。允和对爱情向来大胆，她跟穷小子周有光相爱多年，要谈婚论嫁之时，周有光写信说"我一无所有，恐怕不能给你幸福"，她立刻回了一封长信鼓励他说"幸福不是你给我的，是我们自己创造的"。沈从文的痴心与勇敢，允和一直看在眼里，很是欣赏，因此也老是在三妹耳边说些他的好话。得知这个乡下人的请求，允和当仁不让，立刻向爸爸妈妈说了一大堆夸奖沈从文的话。听到家中孩子们异口同声夸奖沈从

① 张充和：《三姐夫沈二哥》，见荒芜编：《我所认识的沈从文》，岳麓书社1986年版，第5—6页。

第二帧 执手——一封蜜电

59

一半儿温馨
一半儿冷
YIBANR
WENXIN
YIBANR
LENG
似
水
张
沈
情
兆
从
缘
和
文
的
与

青年时的周有光

文，很快，张武龄就答应了这件好事。

得知这个好消息后，张兆和心里又惊又喜，她想立刻打电话告诉沈从文，只可惜青岛大学的宿舍还没有安装电话。不过，也正因为那时电话还没有普及，才有了后来有名的"半个字的电报"。

电报按字计费，所以拟文多用言简意赅的文言。当时在苏州只有一处电报局，远在阊门外，离张家很远。允和坐着人力车出门了，路上想，这个喜报该怎么发才好呢？想到电报末尾要具名，她心想，自己名字里的"允"字，不就是"同意"的意思嘛！一个字当两个用，既省钱又好玩！到了电报局，她很快写好了电报稿："山东青岛大学沈从文允"，然后得意扬扬地回去告诉兆和。

兆和听了，默不作声，心中却很不放心，万一那个书呆子看不明白呢，岂不白费功夫？于是，她又悄悄地坐人力车去了电报局，拟了一封电报稿"乡下人喝杯甜酒吧兆"。这封电报虽是白话文，但和古文一样没有断句和标点，就差在"吧"字后加个感叹号了。电报员见了这奇怪的内容，疑心是什么特务密电，便问兆和是什么意思，她不好意思地涨红了脸，说，你照发就好了。说了半天，电报员才同意发。这位敬业的电报员哪里会知道，这不是一封"密电"，而是一封"蜜电"，装的是甜蜜的密码。也许，这也可算是张兆和写给沈从文的第一封可以称为情书的情书了。沈从文用了三年多的时间，才换来这封弥足珍贵的电报情书。

在当时，电报是最为便捷的时髦通讯方式，不仅政客、贵族以及地下工作者爱使用它，普通人有紧急之事也往往依靠电报。更有许多热恋中的新潮男女，也爱拟一封封的电报情书，不消多时，心意就传达到了。徐志摩和陆小曼《爱眉小札》里出现"电报"的频率就很高："明天我想给你一个电报，叫你立刻写信或是来电，多少也给我点安慰。""龙呀，你好吗？为什么我心里老是怔怔的？我想你亲自给我一个电报，也不曾想着——我倒知道你又做了好几身时式的裙子！"他们每每写情书嫌慢的时候，就靠电报催了，真是心急得很。

收到电报，沈从文的心终于松了一口气。原本他还十分担心，自己一穷二白，与声名显赫的张家没法门当户对，会被她父母亲看不起，没料到张武龄很开明。对于儿女的婚姻大事，这位做父亲的向来不干涉，只管"自由"二字。过去，曾有一位邻居遣媒人向张武龄提亲求娶大女儿元和，他哈哈一笑说："儿女婚事，他们自理，与我无干。"从此以后，就再也没有媒人到张家来提亲了。民国时期自由恋爱的风气虽然很盛行，但是家长能对儿女婚事持有如此开明态度的，还是十分少见。民国才女萧红、谢冰莹、白薇都曾为反抗包办婚姻而离家出走，她们像一只只关不住的鸟，渴望挣脱牢笼，到属于自己的天空自由飞翔。鲁迅、胡适、徐志摩尽管都是不折不扣的五四新青年，但都没能违抗父母之命，最终还是娶了他们本来不爱的女子。鲁迅因为娶了自己不爱的朱安，在很长一段时间里他的感情都如同荒漠，直到遇见许广平，才迎来了一个爱情的春天，在给恋人的信中，鲁迅写道："我先前偶一想到爱，总立刻自己惭愧，怕不配，因而也不敢爱某一人，但看清了他们的言行思想的内幕，便使我自信我决不是必须自己贬抑到那么样的人了，我可以爱！""我可以爱！"——这掷地有声的宣言，不禁让人为之一颤，为之感动。沈从文最终能毫无障碍地成为张家女婿，实也亏遇到了张武龄这位好岳父。另外，沈从文还要感谢的当然还有后来常被他笑称为"三姑六婆中的媒婆"的张允和了。

喝够了苦茶，沈从文终于等到了这梦中的甜酒！那树丁香，终于为他开出了一簇簇小小的馨香。再迟的春天，也还是春天，没有人能抵挡得住春光的诱惑。或许，对于在爱情里企望太久的沈从文来说，一切不是来得太迟，而是正当其时，此时唯用英国玄学派诗人安德鲁·马维尔的一首《致他娇羞的女友》，才足以表达沈从文的心情：

一半儿温馨 一半儿冷
YIBANR
WENXIN
YIBANR
LENG
沈从文与
张兆和的
似水情缘

假如我们有足够的世界和足够的时间，

女士啊，你这样的娇羞便算不得罪愆。

我们可以坐下来，想想该在哪条路上

消磨我们漫长的爱恋。

你可以在恒河的岸上寻觅宝石，

我可以在亨伯河边幽幽哀叹；

我可以在灭绝世界的洪水来临之前

爱上你，你可以拒绝，或者接受，

就在末日审判的当天。

我那植物的爱情缓慢滋长，

超出了所有伟大帝国的辉煌版图。

让我用一百年赞美你的眼，凝视你的眉，

用二百年崇拜你的胸，

用三万年的时间慢慢爱遍你身上的每一寸肌肤。

偏偏把你的心留待最后触摸，

只有这样的排场才不致把你辱没。

为君洗手作羹汤

胡先生说恋爱是人生中的一件事，说恋爱是人生唯一的事乃妄人之言；我却以为恋爱虽非人生唯一的事，却是人生唯一重要的一件事，它能影响到人生其他的事，甚而至于整个人生，所以便有人说这是人生唯一的事。

——张兆和日记①

年轻时的沈从文，眉清目秀，戴一副圆眼镜，一身素色长衫，斯

---

① 张兆和1930年7月18日日记，见沈从文、张兆和著：《从文家书》，上海远东出版社1996年版，第35页。

斯文文的模样。在他身上，仿佛流淌着江浙一带男子的气质，柔软如水，温润如玉，给人感觉是胡适、徐志摩那一派的，但又不是单纯书卷气的。湘西的秀水八百，赋予了他楚人丰富的想象力和浪漫精神；而奇峰三千，则给了他"诚既勇兮又以武，终刚强兮不可凌"山一般的侠义性格。他的性子，是七分像水，显在外面；三分似山，藏在骨子里，柔而不弱，屈而不折。如果要用一种植物来形容沈从文，那非虎耳草莫属，这也是他最喜爱的植物。在故乡凤凰，到处长满了这种会开出小白花的茸茸草。虎耳草从拉丁语直译过来，是"割岩者"，因为它们喜欢生长在井旁岩壁上，日久天长，或许真的可以把坚硬的岩石割开，因此虎耳草的花语是"持续之爱"。沈从文正是这样一株耐性超强的虎耳草，为文耐烦，才写出了那样多的好作品；为爱耐心，持之以恒，方才守得云开见月明。

而年轻时的张兆和，微黑的皮肤，留着一头干净利落的短头发，健美中不失柔媚。她爱穿阴丹士林旗袍，一身单纯的青蓝色，素雅中带点鲜嫩。她原是许多人梦寐以求的丁香，馥郁芬芳，在江南轻烟细雨的滋养下，渐渐褪去了年少时的顽皮，多了几分素朴。她不需要娇贵的土，也不在乎众星拱月般的呵护，她想要的，只是以自己的姿态盛开，自然而然地。沈从文的痴情最终打动了她，她愿意在他身边，与他并肩而立。

或许，最好的爱情就如植物一般，缓缓生长，开花结果，瓜熟蒂落。1933年初春，沈从文与张兆和在青岛订婚了，他们的恋爱这才真正开始。

彼时，杨振声已辞去了青岛大学校长职务，新任校长赵太侔为了成人之美，特意请张兆和到青岛大学的图书馆来工作，恰免去了这对恋人的两地相思之苦。

刚到青岛，沈从文就迫不及待带着张兆和去了崂山游玩。在此之前，他已经和朋友去过好几次了，那里风光奇秀，如神仙居所，给他留下了很好的印象。那时，沈从文曾许多次梦想着能牵着她的手，带她跋山涉水，寻访仙人的足迹，而今，梦终于不再是梦了。

雨后新晴，天空仿佛是刚从海里捞起来的一样，湿湿的蓝。快到

一半儿温馨
YIBANR
WENXIN
YIBANR
LENG
一半儿冷

沈从文与
张兆和的
似水情缘

1933年春沈从文与未
婚妻张兆和在青岛

北九水时，见有溪水泛滥到路上，沈从文与张兆和便蹲下来一边说话，一边洗手玩水。这时，忽然有女孩子的哭声传来，两人抬头一望，只见在溪的对岸，有一位穿白色孝服的姑娘，十四五岁的样子，手上正执了个小小的白纸幡，在岸边边哭边化纸钱，然后从溪水中打了一罐水，摆船走了。见到这情形，沈从文便知，这是她家中有人过世，按风俗要去附近向"土地"告庙。这使他想起了故乡"起水"的风俗：在凤凰，有长辈们去世时，小辈要到附近的河里或者井里去取一些水，象征性地洒在死者的脸上，表示洗净亡者在尘世间的污秽，可以安心地进入天堂。

澄明的青山绿水之间，那一片飞舞的白色纸幡，那小小的渐渐远去白色身影，显得飘零而凄清。这不相识的女孩，却也似曾在哪里见过一般，美丽之中，却仿佛有一种难以言说的忧愁。这份朦胧却跳跃的灵感，如爬山虎的细脚一般爬进了沈从文的心，他预感一片从未有过的绿意就要蔓延开来，于是立即对身边的张兆和说：三三，我要写个很好的小说给你看。

她听了，只是微微一笑，并没有很放在心上。

此时的张兆和不会知道，正是这看似不经意的一刻，酝酿出了日后沈从文笔下如夜明珠般完美的《边城》。

平日里，沈从文去学校上课，张兆和在图书馆工作，两人一起上班下班。闲暇时，手牵着手漫步沙滩，看海面上的白鸥点点，归帆片片。可以说，这段时间，才是他们最甜蜜的恋爱时光。姗姗来迟的爱情，像一枚挂在枝头的红果，经过一个又一个的霜染季节，反而更加醉人了。

民国时不光是电影明星八卦引人注意，作家的生活也是个焦点。当时功成名就的沈从文订婚时，有本叫《老实话》的杂志立刻刊载了一篇《最近的沈从文》，报道热恋中的沈从文与张兆和在青岛如何甜蜜，仿佛亲自目睹一般：

> 先来谈谈他的她吧，在他称呼她：黑猫，或小猫中，便使我想象到这位张兆和女士是如何的温柔和活泼，三四年前张兆和女士在中公时代是一位用功而常常获得学业优等的学生，一部分男士，曾私谥之为皇后，她会运动，时报上常有她的照片……

> 张兆和的面庞并不白嫩，现在被青岛的海风吹得更黑了，但却更透出健康的美，我们常常看见她偎傍着沈从文在海滨走过，踱着一种轻快悠适的步调。①

许多年后的一个夏天，沈从文来到大连，面对碧海蓝天，不由得想起年轻时在青岛海边度过的幸福时光。此时，他写信已不常叫她"三三"了，而多称"三姐"或"小妈妈"，至于"乌金墨玉"，则是因了她微黑的皮肤：

> 从小石子让我回想起卅年前在青岛种种，上白云洞时你的尴尬处，到北九水洗手时我告你写小说的事，——也捡了好些青红圆石子，和这里的竟差不多，特别是在一处崖边得到的硬度较高的长长的石子，这里也有，和宝石差不多。有些近似"乌金墨玉"。小妈妈，你那时多结实年青！我因此特别捡了些近于"乌金墨玉"的石子作个纪念，别人看来无意思，给你却有意思！②

---

① 式烨：《最近的沈从文》，见民国杂志《老实话》1933年第3期，第12—14页。
② 1962年8月1日，大连，沈从文致张兆和，见《沈从文全集》第21卷，第224—225页。

一半儿温馨
一半儿冷

YIBANR
WENXIN
YIBANR
LENG

沈从文与
张兆和的
似水情缘

此时，沈从文的九妹沈岳萌也跟着哥哥来到了这座海滨小城，在青岛大学当插班生。沈从文自己一个人时生活上就过得马马虎虎，经常弄得一团糟，带着这个自小娇生惯养的小九妹，更是雪上加霜。两人一有钱便去看电影、吃饭馆，结果弄得连九妹的学费也交不起，沈从文为了赚稿费供九妹上学，逼得不到一个月就把《从文自传》写完了。张兆和来到青岛后，见兄妹俩把日子过成这样，又是好笑又是心疼，于是一有空就帮着收拾房间，做些饭菜，沈从文和九妹的生活才井井有条起来。

他真的是太需要有一个人来照顾了。

很快，夏天来临，青岛大学开始放暑假。这时，老友杨振声邀沈从文来北平，同他一起为华北中小学生编写教材。于是，沈从文辞去了青岛大学的教职，带着未婚妻一起去了北平。但由于手头不宽裕，暂时无处落脚，两人便暂寄住在杨振声家。

一天，杨家大司务①送沈从文的裤子去洗，却发现口袋里有一张当票，于是立刻交给杨先生。原来，为了应付开支，张兆和甚至将姑母送给自己的一枚玉戒指都拿给沈从文当掉了。得知此事后，杨振声便预支了五十元薪水给沈从文，让他先救救急。后来杨振声半开玩笑地说："人家订婚，都送给小姐戒指，哪像沈从文，不单没送新娘戒指，还因为缺钱，把新娘的戒指都给当了。"语气里实有些为张兆和叫屈的意思。

多数女子看重的，张兆和却不以为意。戒指手镯是有价之物，但沈从文曾送她世上独一无二的情书作礼物，她感到一种满足。何况她追求的，只是一种独立而朴素的生活，如果自己还能再认真多读些书，那是再好不过。想到这，一个思索已久的问题又在张兆和心上盘旋了：今后，是去到一个学校继续读书当学生呢，还是去到一个家庭当主妇？两者不可兼得，必得选择其中一个才行。

拿出旧箱子，一封一封读那些编了号的信，张兆和的心又一次变得柔软起来。此生除了他，是再也没有人会为她写这般美好的信了。

---

① 大司务，旧时对家中厨子的尊称，负责买菜、做饭、管账等家务。

她所有的青春岁月，都因这些痴傻的信笺而增添了一些光芒。她还想起上次同沈从文到上海去见父亲时，他身上穿着一件蓝布面的旧狐皮袍，衣襟上满是油渍，不禁满心怜惜。还有刚去青岛时，她见九妹没钱交学费，便把带来的两百块钱交给了沈从文。她不知道自己是否已经完全爱上了他，她只知道，想到他和九妹一塌糊涂的生活，心里很是不忍。也许像胡适先生曾经对她说的那样，她应该好好地照顾这个马马虎虎生活惯了的天才。她又怎么会不知道，接受了他，就等于接受了一百种未知的困难。她不慕什么高官贵爵，也不要什么家财万贯，不过是愿得一心人，白首不相离。愿一生读他的信，受他的爱慕，是她唯一的虚荣。

张兆和终于决定，为了她的司马相如，去到一个家庭里。自此长裙当垆笑，为君洗手作羹汤。

张兆和曾在日记里写下反驳胡适先生的话："如果被爱者不爱这献上爱的人，而光只因他爱的诚挚，就勉强接受了它，这人为的非由两心互应的有恒结合，不单不是幸福的设计，终会酿成更大的麻烦与苦恼。"年轻的她有着不同寻常的冷静和理智，一直顽固地拒绝着沈从文。可沈从文偏爱硬碰硬，费了三年多的时间，终于挖通了一条通往她心灵的运河。那个曾经对爱情充满了怀疑的冷感女孩，最终被沈从文在纸上制造的绚丽烟花感动了，厚厚的冰雪，终于开始消融。她先爱上了那些信，那些美得不可思议的字句，才渐渐对那个献上诚挚的爱的人有了爱。或许，被爱本来就是一种恩惠。这世间，有多少感情是这样的：从拒绝到可怜，从可怜到怜爱，进而生出爱恋，如登曲折迂回之山径，越过飞峡，攀过峭崖，殊不知哪一天就遇到了一潭深泓澄碧，于是索性在此临流结庐，看落英缤纷，望倦鸟还巢。时间终于证明，顽固的不爱也可以被推翻。

定好婚期，沈从文忙着张罗婚事，虽然有很多事要忙，写信给大哥，却再没有一点"苦闷青年"的影子：

> 结婚以后兆和每日可过北大上课，我则每日当过杨家编书，这编书
>
> 工作，报酬每月虽只一百五十元，较之此时去作任何事收入皆少，但所

一半儿温馨
一半儿冷
YIBANR
WENXIN
YIBANR
LENG
沈从文与
张兆和的
似水情缘

编之书，将来版权则为私有，将来收入，必有可观。并且每日工作，时间不多，欲作文章，尚有余暇，故较之在青岛尚好。近来此后天津大公报即邀弟为编副刊，因条件不合，尚未谈妥。若将来弄得成功，人必忙些，也更有趣些。近来也真稀奇，只想作事，成天作事也从不厌倦，每天饮食极多，人极精神，无事不作，同时也无一事缺少兴味，真所谓人逢喜事精神爽耶？[①]

位于北平西城的达子营二十八号胡同，是沈从文为张兆和挑选的新居所。这是一座明净而单纯的传统四合院，院落、客厅、书房、卧室、堂屋、厨房等应有尽有。虽然面积比较窄小，但比起沈从文以前一塌糊涂的单身宿舍，实在是好多了。

朴素厚重的两扇小小黑漆门，迎面是一扇小巧的影壁，走进去是一个不大的长方形院子。大门有一屏风，长方形的院子里有一棵大槐树、一棵枣树，沈从文称它为"一枣一槐庐"。还有一个更小的院子，可以用来晾晒衣服。雕花的堂屋隔扇与客厅隔扇，用黄布裱糊，正屋用白色纸裱糊，客厅书房用包皮纸背面纸裱糊。还有一个厨房，虽然小，却还干净。

为了安排这个新家，一对新人跑遍了北平城，从东城到西城，过天桥，穿小街，他们手牵着手，说着笑着，吵着闹着，商量着埋怨着，把床铺碗柜一点点弄到新房里来，还挑选了许多仿古式样的木器、碗盏。从上海来的大姐张元和，从苏州来的张家表亲，还有正在念书的充和、岳萌，以及三五朋友，也都时不时过来帮忙打点，一大家子忙得团团转。当纱窗、红灯笼、红双喜剪纸、赏下人用的红纸包封、收礼物用的洒金笺谢帖、新衣新鞋等一一备齐后，好日子也终于临近了。

---

① 1933年8月24日，北平，沈从文致沈云麓，见《沈从文全集》第18卷，第184页。

并蒂莲开

有翅膀的鸟虽然可以飞上天空，
没有翅膀的我却可以飞进你的心里。
我不必问什么地方是天堂，
我业已坐在天堂门边。

——沈从文《月下小景》

1933年9月9日，在北平中央公园的水榭，沈从文与张兆和举行了一场简单的婚礼。是年，新郎三十一岁，新娘二十四岁。婚礼时，沈从文和张兆和没有穿西装披婚纱，穿的是传统的中式服装，新郎穿一件蓝毛葛夹袍，斯文而儒雅，新娘着一件浅豆沙色绸旗袍，典雅之外，别有几分娇媚。来参加婚礼的客人不多，大约五十人，多是北方几所大学及文艺界的朋友。到场的男女双方的亲属，张家中除大姐元和、大弟宗和与四妹充和之外，还有晴江三叔一家、二叔张禹龄一家，沈家有沈从文的表弟黄村生、姐夫田学曾，还有九妹沈岳萌。张兆和的二叔张禹龄代表女方家长致证婚词，胡适当证婚人。没有锣鼓喧天，也没有大宴宾客，这天正值北平天高气爽的秋日，虽不是桃花烂漫的春天，却是沈从文与张兆和轻盈的桃夭时节。这一天，他们结下同心之约，许下白首之盟。

好友巴金因有事未到场参加沈从文与张兆和的婚礼，于是给这对新人发了"幸福无量"的祝福贺电。周作人也在报纸上刊登了一则《沈从文君结婚联》为友人贺喜："国历重阳日，沈从文君在北平结婚，拟送一喜联而做不出，二姓典故亦记不起什么，只想到沈君曾写一部爱丽思漫游中国记，遂以打油体作二句云：倾取真奇境，会同爱丽思。"[①]

婚礼中，沈从文和张兆和的"媒婆"张允和也没有到场。原来，就在这年的4月30日，她与相恋多年的周有光结婚了，此时两人正在外国度蜜月呢。向来快人快语的允和，嫁人也快人一步，是姐妹中结婚

---

① 知堂：《沈从文君结婚联》，见民国杂志《艺风》，杭州，1933年第1卷第11期，第28页。

一半儿温馨
一半儿冷
YIBANR
WENXIN
YIBANR
LENG

沈从文与
张兆和的
似水情缘

最早的一个。

热闹了一天后，夜深了，宾客散去，大姐元和哄着几个小妹妹到厢房客厅睡觉去了。院子里静静的，星月亦无言。

新房里，满是枣花、桂圆、糖果、糕饼的香气，但却是四壁空空，没放什么东西。床上罩着一锦缎百子图的罩单，是梁思成和林徽因夫妇送来的结婚贺礼，看起来很喜庆。明净的玻璃窗户上，精致的红双喜剪纸像一个个探头探脑的小娃娃，仿佛要偷听新郎新娘的悄悄话。

红烛高高照红妆，沈从文望着新娘子，鬓发温柔地打着微微的卷，羞红的脸儿像两颗红莓，细瘦的身子裹在旗袍里，像一朵半开未开的百合花。她眉如青山，眼似秋水，轻轻一眨，碧波万顷就荡漾开来。他想起过去在故乡凤凰，寨子里的苗族新嫁娘总是穿着一身艳丽的彩色服饰，上面绣满了各式各样的花鸟图案，她们还从头到脚戴满了白晃晃的银饰，很是耀眼，走起路来银饰互相碰撞着还会发出好听的声音。而眼前的新婚妻子，素雅中却比平日更添几分娇媚，沈从文握着她的手，甚至有些怀疑：这是梦吗？

可不是梦。三年前，她是话也不肯多同他说一句的，大有"低头向暗壁，千唤不一回"之小女儿态。过去，为着要爱她，他在心里不知道骂了自己多少回，他还曾说过自己预备等十年，却不料只等了三四年。为了等这杯甜酒，他嚼了许多黄连，而今甜滋味一入喉，把过去满肚子的苦水也全变成了甜汁。

沈从文看着新娘轻轻依偎在自己身边，万般柔情，涌上心头。

她的眼睛，曾是冷冷的月光，他望一眼，心都结成了冰。而今，她的眼眸里装着两颗小太阳，满满的都是暖暖的光，照亮了他的心，整个屋子，甚至整个世界。

日后，沈从文为纪念结婚三周年写了一篇小说《主妇》，其中有一细节颇为有趣，不妨当作他们新婚的实录来读：

> 她一面整理衣物，一面默默的注意到那个朋友。朋友正把五斗橱上一对羊脂玉盒子挪开，把一个青花盘子移到上面去。
>
> 像是赞美盘子，又像是赞美她："宝贝，你真好！你累了吗？一定

累极了。"

她笑着，话在心里："你一定比我更累，因为我看你把那个盘子搬了五次六次。"

"宝贝，今天我们算是结婚了。"

她依然微笑着，意思像在说："我看你今天简直是同瓷器结婚，一时叫我宝贝，一时又叫那盘子罐子作宝贝。"

"一个人都得有点嗜好，一有嗜好，总就易积久成癖，欲罢不能。收藏铜玉，我无财力，搜集字画，我无眼力，只有这些小东小西，不大费钱，也不是很无意思的事情。并且人家不要的我来要，……"

她依然微笑着，意思像在说："你说什么？人家不要的你要……"

停停，他想想，说错了话，赶忙补充说道："我玩盘子瓶子，是人家不要的我要。至于人呢，恰好是人家想要而得不到的，我要终于得到。宝贝，你真想不到几年来你折磨我成什么样子？"①

他爱她，成一种痴，正如爱那些小古玩，成一种癖。有许多男子也爱过她，但如他这般把情书当长篇小说来写，总也不肯罢休的，他是唯一一个。

她呢，半年前还想着再次穿上学生装进北大读研究生，而今却甘心嫁给了这个书呆子。

说沈从文呆，可是没有冤枉了这个勤奋的乡下人的。

还是在婚礼前，刚把几件必需物件搬入新居的一晚，四妹充和发现一个小偷正在院子里解网篮，便大声呼喊起来："沈二哥，快起来，有贼！"沈从文闻言，立刻大叫起来："大司务，有贼！"大司务也应声吆喝，一时间屋里屋外人声四起，乱作一团，把小偷吓得爬树上房一溜烟趁黑跑了。惊魂甫定之际把灯拧亮，大家这才发现，"大侠"沈从文手里紧紧抓着的武器，竟然是一把牙刷！

大约凡得了特别智慧的人，上天总要想办法拿走点什么。沈从文写得一手好文章，生活上却同小学生一样，什么都是马马虎虎凑合着

① 沈从文：《主妇》，见《沈从文全集》第8卷，第354页。

一半儿文心一半儿冷

YIBANR
WENXIN
YIBANR
LENG

似水情缘的
张兆和与
沈从文

过。如今家有贤妻，一切都不用他操心了，里里外外、大大小小，张兆和都收拾得井井有条。一切近乎完美，沈从文的心情比"春风得意马蹄疾，一日看尽长安花"的新科状元郎还要好，他在给大哥沈云麓的信里这样写道：

> 兆和人极识大体，故家中空气极好，妈若见及弟等情形，必常作大笑不止，因弟自近年来处处皆显得十三四岁时活跳，家中连唱带做，无事不快乐异常，诚意料不到之情形也。……
>
> 六弟若可来北平，当来此一视，必可得一极好印象而归。[①]

　　诗人写诗，爱写不可实现的梦。而爱说故事的沈从文，却是把人生当小说来写，非要那一个完美结局不可。这个乡下人认定了张兆和是自己的月亮，即使知道自己同她是两个星球的人，也要当堂·吉诃德去闯一闯：他跨上一匹瘦马，义无反顾地闯进了丛林，以情书为剑，披荆斩棘三年零九个月，终于娶到了意中人。他们的结合不仅在今天被传为美谈，就在当时，也是轰动一时，被当作一则传奇。就在他们结婚那年，《老实话》杂志登出长篇特载《记沈从文之新夫人：未下嫁前之吴淞皇后》，1936年《红绿》杂志登出《沈从文的恋爱故事：他追求女性的毅力在作家群中难找第二人》，1937年天津的《时代生活》登出《沈从文热恋皇后，每日上书居然成功》，光看标题就知道，他们早就红了！

　　冗长而苦闷的日子终于过去了，终于可以把旧日写满苦闷句子的稿纸揉碎，用素雅芬芳的信笺，重新写上甘如美酒的抒情诗。此时，不欢歌何以诉衷情，唯有《圣经》"雅歌"最美的篇章足以表达沈从文的快乐：

> 我以我的良人为一袋没药[②]，常在我怀中；

[①] 1933年10月4日，北平，沈从文致沈云麓，见《沈从文全集》第18卷，第191页。
[②] 没药，为阿拉伯语 murr 或波斯语 mor 的汉译，又名末药，是古代西方最重视的香料和药膏，在《圣经》中象征高贵。

我以我的良人为一棵凤仙花，在隐基底葡萄①园中。

我的佳偶，你甚美丽！你甚美丽！你的眼好像鸽子眼。

我的良人哪，你甚美丽可爱！我们以青草为床榻，以香柏树为房屋的栋梁，以松树为椽子。②

---

① 隐基底，犹太地名，意为"山羊泉"，是一个肥沃富庶的地方。
② 见《旧约圣经》第66卷《雅歌》第1章。

我就这样一面看水一面想你。

——沈从文致张兆和

第三帧　聚散

当闺秀成为主妇

写在沅水上的情书

你是灵感的来源

离乱书

为何你不来与我相见

当闺秀成为主妇

兆和人极好，待人接物使朋友得良好印象，又能读书，又知俭朴，故我觉得非常幸福。

——沈从文致沈云麓

1933年的秋天，北平的天空仿佛格外蓝。

燕尔新婚，如兄如弟。在北平达子营胡同二十八号民房小院中的一枣一槐，见证了沈从文与张兆和蜜月时期的温馨与甜蜜。为沈从文铺床叠被，煎茶煮饭，拈针拿线，张兆和每一件家务都做得自然而完满，从一个刚踏出校门的青涩女学生蜕变为一个善于操持家务的贤妻，沈从文的生活也大不同于前，变得井井有条。

正是新婚得意之时，沈从文的文学事业也蒸蒸日上。婚礼后半个月，由沈从文和杨振声主编的天津《大公报·文艺副刊》也创刊了。沈从文负责将稿件编辑好，然后寄到天津《大公报》的总部。由于过去多年的积累，沈从文在文坛上已有了不少人脉，因此吸引了不少人投稿，并很快聚集了朱自清、周作人、废名、冯至、俞平伯、林徽因、冰心、凌叔华等知名作家。

在达子营寓所的院子里，沈从文经常和这群热爱文学的伙伴聚在

林徽因在北平北总布胡同三号居所客厅

一起，聊天喝茶晒太阳，探讨创作。他之所爱，是一片纯粹的文学天空，不愿其成为政治、商业等势力的依附；他之所求，是多出一些好作品，而不是费力气争些名利装点自己。有年轻的朋友亲自来送稿件的，沈从文总是笑着鼓励，认真替他们修改，有时候也推荐给别的报刊。沈从文忘不掉自己以前缩在"窄而霉小斋"里苦苦写稿四处求发表的情形，他很能理解投稿者的心情，愿意多给他们一点信心，一点帮助。

在沈从文的带领下，《大公报·文艺副刊》很快就以不俗的实力站稳了脚跟，成为与上海《申报·自由谈》比肩的重要文学园地，并且培养出了萧乾、沙汀、艾芜、卞之琳、王西彦等一批优秀的年轻作家。

北平北总布胡同三号居所客厅，是沈从文的好友林徽因有名的"太太的客厅"，它是京派文学最重要的沙龙。那里聚集着许多文人，沈从文、萧乾、朱自清、金岳霖等都是那里的常客。聚会时，大家文学、建筑、绘画、音乐无所不谈，而才貌出众的林徽因总是最耀眼的主角。她读诗、辩论、朗诵，神采飞扬，时刻吸引着所有人的注目。她是众人心中的文艺女神，也是永远蓬勃朝气的人间四月天。据说有一次在酒席上，向来爱说话的叶公超忽然沉默了，梁宗岱一进屋子，四处看了看，也不作声了。原来，他们都发现，那位多才多艺的"林下美人"正在座中。杨振声一看，笑了："公超，你怎么尽吃菜？"叶公超放下筷子，指了指口若悬河的林徽因。一位客人又笑道："公超，假如徽因不在，就只听见你说话了。"叶公超听了，提出抗议："不对，还有宗岱。"

然而，在达子营胡同二十八号"沈太太的客厅"里，主角从来都不是张兆和。

沈从文和朋友们有时聚在客厅商谈工作，闲话聊天，她总是进进出出，忙前忙后，负责端茶倒水，含笑招呼客人。朋友们见了，无一不称赞她贤淑得体。

生活虽然过得有些忙碌，但张兆和感到满足，又有些遗憾。原本她是特别希望结婚后有空能去北大听听课，继续读点书，但是忙碌的家庭生活占据了她太多时间，这个愿望也落空了。

不过，兆和没能去北大读研究生，她的四妹张充和却考进了北大，成了本科一年级的新生。

充和来北平，本是为了参加姐姐兆和的婚礼，见到了北平的天空，是南方所少见的高远湛蓝，颇为喜爱。当时充和没有别的事要忙，于是决定参加第二年夏天的大学入学考试。她住在姐姐姐夫的新居里，开始在北大旁听。

由于那时沈从文已经颇有名气，个性独立的充和不想让别人知道自己与张兆和、沈从文的关系，同时也为免落榜后丢脸，她报考的时候用了"张旋"这个假名，还请弟弟张宗和的一个朋友为"张旋"开

1934年张充和在北平

一半儿温馨
一半儿冷
YIBANR
WENXIN
YIBANR
LENG

似水情缘
张兆和的
沈从文与

了一张高中文凭。考试内容包括国文、历史、英语和数学，前三门张充和都没问题，唯独对于数学，她根本一窍不通，因此考了个无可争议的零分，但同时她的国文却得了个满分。当时，胡适在北大文学院担任院长兼国文系主任，看到"张旋"的作文，他不禁大声喊道："这个学生我要了！"可是，按北大规定，考生有任何一科为零分都不能被录取。向来爱才如命的胡适不服气，便跑到数学批卷教师那里，想让他"找"出几分来，哪怕一分也好，只要能击破这个"零分"的障碍。可是这位教师很有原则，坚持一分也不给。最后，胡适只好直接找到校务委员会，又吵又闹，最后才同意了录取充和。因此，张充和成了北大中文系当年录取的仅有的两名女生之一。她的这番曲折经历，后来还上了报纸，成为热议一时的新闻。好玩的是，开学后，胡适还找到这位受他提拔的才女，说："张旋，你的算学不大好！要好好补！"张充和听了，就在心里暗笑：都进来了，还补什么补！因为那时候文科生进了大学，就再不用学数学，胡适不过是做做样子罢了。后来，胡适才知道，这位叫"张旋"的姑娘，原来就是张兆和的四妹，沈从文的姨妹。

在新居里，除了沈从文夫妇二人，还有九妹岳萌，四妹充和住到9月北大开学，就搬到学校宿舍去了。不久，好朋友巴金也应沈从文之邀，提着一个藤包，住进了沈从文的家，且一住就是三个月。

像以前在青岛那样，沈从文又一次把自己的书房让给了巴金，自己则到院子的"一枣一槐庐"里摆上桌子，先后写了《记丁玲女士》和《边城》，巴金则在书房里埋头创作，完成了长篇小说《雪》。闲时聊天，两位好朋友照例会争论起来，一个用四川话激情演讲，一个用湖南话低声争辩，一高一低，实在有趣。不过不管争得怎样激烈，每次到了吃饭时间，沈从文都一定要请巴金坐上座，说这是湘西人的礼节，把巴金弄得既感动又不安。

这个豪气的湘西人不光待老朋友好，对许多不甚熟识甚至素不相识的新朋友，也无不热情接待。此时沈从文已经盛名在外，因此时常有不少穷困学生和文学青年跑来向他求援。每见此情形，沈从文常常是来者不拒，尤其是逢年过节之时，更不想让他们失望。

家中积蓄除了用于日常生活开支、接济朋友，最多的就是花在了沈从文的个人爱好——收藏上了。新房原本四壁空空，不过没过多长时间，柜子、橱子、桌子上就摆满了沈从文搜罗来的"宝贝"：各种新旧书籍、古旧字画、陶瓷漆器。他尤其喜欢搜罗瓷盘，今天买一个，后天淘两个，虽然每个都不算值钱，但是攒多了也费钱。因此，沈从文虽然又当主编又出书，还和杨振声一起编教材，收入加在一起不算少了，但手头常常还是紧巴巴的。据说有一次，张宗和进城邀四姐张充和同好友章靳以一起看戏，约定在达子营沈从文家集中。这时候正好有人来沈家告急，沈从文见了他们，逮着便说："四妹，大弟，戏莫看了，把钱借给我。等我得了稿费还你们。"姐弟俩见三姐夫开口，只好把口袋所有的钱都掏给了他。后来靳以来了，还被沈从文教育了一顿："他们是学生，应要多用功读书，你年长一些，怎么带他们去看戏！"可怜的靳以被沈从文说得眼睛一眨一眨的，不知道该说什么好，所以以后三个人想看戏都不敢从达子营过了。

　　自从沈从文接管《大公报·文艺副刊》后，张兆和手头又多了一项工作，那就是当"文秘"。她替沈从文看稿、改稿，然后寄到天津总报社发稿。另外沈从文的手稿很多，东一堆西一堆的，凌乱无章，也是她负责整理和誊抄。很多人都知道沈从文写得一手好看的章草，知道张家四小姐充和的小楷灵秀异常，却多不知张兆和也写得一手好字。沈从文曾经写信给大哥夸赞妻子的字比自己还好："这些日子尚可要兆和写些字来，彼写字比弟有希望，端庄秀雅，恰如其人。"不过兆和的一手好字，多半用于替沈从文在绿格子纸上誊抄作品了。

　　沈复与芸娘的爱情，历来被视为文人爱情的理想典

沈从文与张兆和1934年春摄于北平达园

第三帧　聚散——当闺秀成为主妇

范。既有闺房燕昵之情意，共游山水之逍遥，又有家庭米盐之琐屑，一对神仙眷侣，一双寻常夫妻，实在令人羡慕。而芸娘之可亲可爱，也成了许多文人心中的理想爱人。林语堂深爱《浮生六记》，称芸娘是中国文学上一个最可爱的女人，鲁迅先生也坦言："像《浮生六记》中的芸，虽非西施面目，并且前齿微露，我却觉得是中国第一美人。"沈从文有沈复之才俊，张兆和亦有芸娘之慧美，才女嫁给才子，自是相宜。然而即便再如何是一对璧人，终归是升斗小民，逃不过柴米油盐酱醋茶，沈从文与张兆和也不例外。张家女儿出嫁，父亲张武龄本是要给兆和陪嫁的，二女儿允和结婚时，他不仅没有要彩礼，反而给了新女婿周有光两千块。但迎娶张兆和之际，沈从文却写信给岳父大人拒绝要陪嫁，张武龄知道后很高兴，逢人便夸。因此，兆和的唯一嫁妆，就只有之前父亲因她成绩优秀而奖励的一本王羲之的《宋拓集王圣教序》。为操办结婚事宜，沈从文与张兆和前前后后总共花去了一千两百元，而沈从文自己只有四百元的积蓄，其余的都是兆和带来并收礼所得，因而两人婚后的日子将如何拮据，也就可想而知了。

难为世间才子妇，张兆和就这样一边细心地经营家庭，一边充当着沈从文事业最忠实的帮手。随着《大公报·文艺副刊》的影响力渐增，以及《记丁玲女士》、《边城》等作品的相继问世，沈从文在北平的名声越来越高了。"乡下人"的光芒越来越亮，而站在他身后的那位大家闺秀，却越来越朴素低调了。

也许，在婚姻这台戏中，本就难以容得下两个主角争彩。最好其中有一个肯让步，甘当配角，这戏才能好好演得下去。若两人都争着抢当主角，只怕难免卸了脂粉妆，丢了锦绣裳，拆了台，散了场。奇才钱锺书，学富五车，自视甚高，没几个人能入他法眼，娶了无锡才女杨绛为妻。亏得杨绛把里里外外打点得一丝不漏，钱锺书才能全心全意地看书写作。两人过着"琴瑟和弦，鸾凤和鸣"的纯读书人的生活，与世无争，好不惬意。钱锺书的小说《围城》，写尽世间百态，将恋爱婚姻的尴尬处全露了出来。一支妙笔讽尽俗尘男女，几近无情，唯独对一个叫唐晓芙的女孩，却不吝用最好的词语，因为据说这是以杨绛为原型的。在他心中，她是"最贤的妻，最才

80

的女"，为心疼妻子忙里忙外做灶下婢，写诗《赠绛》："卷袖围裙为口忙，朝朝洗手作羹汤。忧卿烟火熏颜色，欲觅仙人辟谷方。"若吃空气就能管饱，普天下爱书如命的夫妻，想来也就如愿了。

沈从文曾在情书中对张兆和说："三三，你是我的月亮。"然而，当闺秀成为主妇，天上再美再亮的月亮，也只能收藏进屋子里，敛起了那无限清辉，成为床头的一盏灯。张兆和就是这样，结婚后，把自己的光都照在了沈从文身上。

写在沅水上的情书

我就这样一面看水一面想你。我快乐，就想应当同你快乐，我闷，就想要你在我必可以不闷。我同船老板吃饭，我盼望你也在一角吃饭。

——沈从文致张兆和

1934年元旦刚过，新婚才四个月的沈从文突然接到母亲病危的消息。1月7日，沈从文匆匆打点行装，踏上了回凤凰老家的路。

黯然销魂者，唯别而已矣。这是沈从文与张兆和结婚后，两人面临的第一次分别。为免张兆和在家担心，两人约好，每天必写一两封信报平安，同时把路上的一切见闻巨细无遗全记下来。

送走沈从文的第二天，张兆和清晨醒来，见枕边空空，心里好像缺了一块似的，思念顿时如海浪席卷上心头。她匆匆起了床，坐在桌边，开始写第一封信：

乍醒时，天才蒙蒙亮，猛然想着你，猛然想着你，心便跳跃不止。我什么都能放心，就只不放心路上不平靖，就只担心这个。因为你说的，那条道不容易走。我变得有些老太婆迂气了，自打你决定回湘后，就总是不安，这不安在你走后似更甚。不会的，张大姐说，沈先生人好

一半儿文心
一半儿冷

YIBANR
WENXIN
YIBANR
LENG

沈从文与
张兆和的
情缘
似水

心好，一路有菩萨保佑，一定是风调雨顺一路平安到家的。不得已，也
只得拿这些话来自宽自慰。虽是这么说，你一天不回来，我一天就不放
心。一个月不回来，一个月中每朝醒来时，总免不了要心跳。还怪人担
心吗？想想看，多远的路程多久的隔离啊。[1]

四妹充和见三姐在给沈二哥写信，便在一旁伸头缩脑的，想逗逗
这个忍受着相思之苦的小新娘。九妹岳萌也跑过来，笑嘻嘻地问嫂子
要不要吃鸡蛋，惹得张兆和直笑。笑完了，她就告状似的写给沈从
文，好像在说：瞧，沈二哥你不在，小丫头们都来欺负我了，快回来
救救我呀！

第二天，时辰尚早，她忽然从梦中又醒了，比前一天更早。这
三四个月来，她从不曾这样早地睁开眼睛过。躺在床上，想到火车载
着她的二哥越跑越远，她的心里一阵空虚。此时，每一丝声息，每一
个墙外夜行人的步履声，都在耳边放大了声息，变成了敲锣似的声
响，又空洞，又沉闷。听着听着，便睡不着了，她干脆爬出暖和的被
窝，不再睡了。

自君之出矣，明镜暗不治。张兆和第一次连头也不梳，脸也不
洗，就拿起笔写信：

> 我计算着，今晚到汉口，明天到长沙，自明天起，我应该加倍担着
> 心，一直到得到你平安到家的信息为止。听你们说起这条道路之难行，
> 不下于难于上青天的蜀道，有时想起来，又悔不应敦促你上路了。倘若
> 当真路途中遇到什么困难，吃多少苦，受好些罪，那罪过，二哥，全数
> 由我来承担吧。[2]

此时沈从文才去了两天，离到家还有好长一段时日。她絮絮叨叨
地写了一大串的问话，要她的呆二哥收到后一一回答：家里是怎样欢

---

[1] 1934年1月8日，北平，张兆和致沈从文，选自《湘行书简》，见《沈从文全集》第
11卷，第109页。
[2] 1934年1月9日，北平，张兆和致沈从文，选自《湘行书简》，见《沈从文全集》第
11卷，第112页。

迎你来着？老人家精神好不好？有没有替我和九妹向大哥大嫂问好？见到妈的时候，有没有把身上脏抹布似的袍子换下来？把古城都走遍看了一道没有？同以前有什么不同吗？……恐怕连张兆和自己也想不到，向来惜字如金不爱回信的自己，有一天也会像所有恋爱中的傻瓜一样，有担不完的心，问不完的话。

时钟走着，永远是一个节奏、一个步伐，可人心上的那个时钟，一旦有了担忧牵挂，却只会越走越慢，越是着急越走不快。早晨起来刚刚写过信的张兆和，当天晚上又写了一封。想想从前，沈从文有时一天连写好几封信给她，却得不来半个字回信。沈从文收到这些信时，大约要得意地想：风水轮流转，我的好三三终于得到"报应"了！

换我心，为你心，始知相忆深。恋爱的意义，大约一半在于两人在一起的感觉，一半在于两人分开来咀嚼的那味儿。

1月12日，沈从文到了常德，坐上了一辆新式黄色公共汽车，沿着平坦的沿河大堤公路去往桃源县。同沈从文一起坐在汽车上的，是一位叫曾芹轩的老朋友。这位朋友个性鲜活，人很幽默，有人称他英雄，有人叫他坏蛋，还喜欢戴一顶水獭皮帽子，沈从文《湘行散记》第一篇《一个戴水獭皮帽子的朋友》就是专门写他的。十年前，他还是当地有名的风流小伙，同沿河近百里水路的娘儿们特别熟悉，凡有撒野的机会总不放过，现在已经在常德开了家旅馆，规规矩矩做起老板了。

由于在桃源县再往前便没有公路了，沈从文只能坐船才能到凤凰。于是，两人便一起去河边看船，最后选定了一只，跟船夫说定价钱包了下来。这只船是新打的，干干净净，六尺见方，船用桐油涂得金黄黄。这种船叫"桃源划子"，形状犹如一片细长的竹叶，首尾两头向上尖尖翘起来，非常好看。因为船轻身巧，所以在水上行船轻捷稳当，"君看一叶舟，出没风波里"，你能想象它过浪闯滩有多灵活。水手一共有三人，一个五十三岁的人在后面掌舵，他十六岁就开始划船，顺便管篷管纤索；前面有两个人撑篙，一个大人，一个小孩。

早料到船上的日子又长又难打发，沈从文不但带来了写信用的纸、墨汁和自来水笔，还准备了一套彩色蜡笔以及一个老式的照相机。另外，他还带了一个重要的东西，就是用来看时间的小表，方便

一斑儿温馨
一斑儿冷
YIBANR
WENXIN
YIBANR
LENG
沈从文与
张兆和的
似水情缘

沈从文手绘：桃源上五十里

计算行程。沈从文乘着这只竹叶小舟，就这么滑溜溜地在清明透澈的
沅水上漂过，漂出了一部最美的水上情书——《湘行书简》。

13日，小船溯沅水而上，沈从文坐在小船上，给远在北平的张兆
和写信：

> 山水美得很，我想你一同来坐在舱里，从窗口望那点紫色的小山。我想
> 让一个木筏使你惊讶，因为那木筏上面还种菜！我想要你来使我的手暖和一
> 些……①

白天天气好一些的时候，沈从文就拿出蜡笔，对着两岸的风景画
画。画了还嫌不够，又在画上写上几行字：

> 在这种光景下听橹歌，你说使人怎么办。听了橹歌可无法告给你，
> 你说怎么办。三三，我的……
> 橹歌太好了，我的人，为什么你不同我在一个船上呢？②

当晚，船歇在了曾家河。天气很冷，沈从文缩在船上睡，一夜冻
醒了好几回，醒了以后就许久不能睡去，直后悔当初不肯听三三的话
把垫褥带来。他只好把一件皮袍子搭在身上盖，还是冷得睡不着，于

①② 1934年1月13日，沈从文致张兆和，选自《湘行书简》，见《沈从文全集》第11
卷，第119—122页。

是心想着下点雪兴许好一些，化了雪南方的天就晴了。

14日天亮时，沈从文醒来，果然听见船篷顶上有沙沙的响声，真的下雪了。两岸已被雪覆盖得一片白，像两条长长的缎带。

遇了风雪，行程又得慢下来。沈从文心里急得很，但见船夫也冷得怪可怜，就不好意思催，为了讨好他们早点开船，便去买了几斤鱼犒劳他们。得了犒赏的船夫于是撑起篙桨，缓缓带动小船前进，在清明如玉的河面上搅起水花。

外面冷得很，沈从文只能坐在船舱里，拥着被盖着，把纸本子搁在膝盖上写信。可一面写，一面是不高兴。一会儿想，路这样远，船却这样慢！一会儿又想，镜子里的自己这样瘦，见了家人可怎么办！这边已经这样冷，北平必定是更冷了！于是在信里写道：

> 三三，我今天离开你一个礼拜了。日子在旅行人看来真不快，因为这一礼拜来，我不为车子所苦，不为寒冷所苦，不为饮食马虎所苦，可是想你可太苦了。①

下午时，船停泊在桃源一个叫兴隆街的地方。远村背后的高山上积着皑皑白雪，比画上还美得多。沈从文想拿着照相匣子上岸给这妙景拍个照，可因为天上下着毛毛雨，只好作罢。

傍晚了，船夫水手们在船上煮饭，弄得浓烟满船都是，呛得人厉害。想到船行得这样慢，在家住的日子照例又被剥夺了一点，沈从文的心又开始发急了。好在今天，有一件特别的事值得纪念。原来，三十二年前的今天，是他来这个世界报到的日子。数一数，自己离开湘西已经有十五个年头了！刚到北平时，自己还是个一无所有的毛头小子，可现在，偌大的北平城里，却多了一个他爱的也爱他的妻子，命运竟是如此有趣！天极冷，让人快要冻僵了，沈从文没有蜡烛，没有蛋糕，只有满满一船的思念。于是，他就在这熏人的烟味里给三三写起信来：

---

① 1934年1月14日，沈从文致张兆和，选自《湘行书简》，见《沈从文全集》第11卷，第128页。

第三帧　聚散｜写在沅水上的情书

一米儿温馨 一半儿冷
YIBANR
WENXIN
YIBANR
LENG
似水张兆和
沈从文与
情缘的

我还得告你，今天是我的生日！这个生日可过得妙，坐在一只小船上来想念你们，你们若算着日子，也一定想得起今天是我生日！我想同你们说话，却办不到，我想同大家笑笑，也办不到。我只有同水手谈话，问长问短，弄得他们哈哈大笑。我还为他们称三斤肉吃。但他们全不知道我如何发急，如何想我的行程。我还想自己照个小相，也无法照。我不知道怎么办就好一点。实在不知道怎么办。[①]

晚饭很丰盛，有豆腐干炒肉、腊肝，还有两个鸡蛋，大家好好吃了一顿。不过遗憾的是，船上既没有热水，也没有热汤，连青菜也都没有。不过饭后坐在小船上，听着两岸传来极好的歌声，倒不失为一道风味绝佳的点心。

15日，天上飘的不再是片片雪花，而是下起了密密的雪粒子，落在船舱船篷上像撒豆子一样。天气比前一天更冷了，船上到处起了一层薄薄的冰，冷冷地泛着哑光。船走走停停，大约有上百个大大小小的险滩得上。先是过了沅陵边境美丽的柳林岔，接着泊在了缆子湾。眼目所及，是一片典型的湘西图景。烟云深处，吊脚楼人家若隐若现，毛竹林里织起一片青色的雾，不远处传来鸟声啾啾，更添几分幽静。

对着美景，沈从文吃了一顿丰盛的晚餐：一碗饭，三个鸡蛋，一碗米汤，一段腊肝。吃得舒服了，便点了两只蜡烛开始写信。微光抖抖，想起在千里之外的一盏灯下，也有一个人同自己一样发着呆，或者写着信，他感动着，却又惭愧了。因为这次回乡路远花费多，钱没带够，沈从文拍了电报向远在北平的三三"请求支援"。沈从文想到结婚以后她一直跟着自己过着捉襟见肘的日子，难过得很：

三三，我想起你中公时的一切，我记得我当年的梦，但我料不到的是三三会那么爱我！让我们两个人永远那么要好吧。我回来时，再不会使你生气面壁了。我在船上学得了反省，认清楚了自己种种的错处。只

---

① 1934年1月14日，沈从文致张兆和，选自《湘行书简》，见《沈从文全集》第11卷，第130—131页。

有你，方那么懂我并且原谅我。[①]

　　当初在中国公学，沈从文因为爱上了张兆和吃尽了苦头，而今却都通通化作了相知相爱的甜蜜，证明过去所受的一切痛苦都是值得的!

　　16日，船仍在沅陵境内行。大雪覆盖了一切，苍山林野都白了头。越是孤绝，越是萧然，沈从文的思念越来得强烈。他躲在船舱里，抖着冻得发紫的手又开始写起信来。早上本来打算只写两页的，结果一天下来，竟然断断续续写了十几页：

　　　　我不是说今天只预备写两页信吗，这不成的。两岸雀鸟叫得动人得很，我学它们叫，文章也写不下去了。现在我已学会了一种曲子，我只想在你面前装成一只小鸟，请你听我叫一会子。南边与北方不同的地方也就在此，南方冬天也有莺，画眉，百舌。水边大石上，只要天气好，每早就有这些快乐的鸟，据在上面晒太阳，很自得的啭着喉咙。人来了，船来了，它便飞入岸边竹林里去。过一会，又在竹林里叫起来了。从河中还常常可以看到岸上有黄山羊跑着，向林木深处窜去。这些东西同上海法国公园养的小獐一个样子，同样的色泽，同样的美而静，不过黄羊胖一点点罢了。[②]

　　下午，船到了一个叫"梢子铺"的长潭，是沅陵县的一座小镇。"梢子铺"在当地人的口语中，叫作"烧纸铺"，原因是在这座小镇旁边，有沅水数百险滩中最长最险恶的一段滩流——青浪滩。青浪滩礁多水深，风高浪急，无数驾船人曾在那里沉船殒命，因此有"船过青浪滩，闯出鬼门关"的俗语。凡在沅水上往来的人，无不对青浪滩充满了畏惧。所以每次有船经过青浪滩时，弄船人都会上岸烧大量纸钱，祈求神灵庇佑行船平安。

──────────
① 1934年1月15日，沈从文致张兆和，选自《湘行书简》，见《沈从文全集》第11卷，第140—141页。
② 1934年1月16日，沈从文致张兆和，选自《湘行书简》，见《沈从文全集》第11卷，第146页。

第三帧　聚散｜写在沅水上的情书

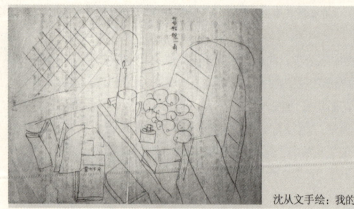

沈从文手绘：我的船舱一角

　　傍晚，小船泊在了鸭窠围。鸭窠围是个深潭，两面是高高的山岸，颜色之翠，像是刚上了颜料。河上全是大石头，石头上生着密密的细草，如翠玉一般，又为柔雪所覆。高处矗立着成排的吊脚楼，屋瓦也全落成了白色的。同《边城》中翠翠的家乡一样，美得不可思议。沈从文感动得想叫，又说不出话，心又生出满满的寂寞，想着若是三三同四丫头见了，一定一辈子都忘不了。夜静了，细碎的声音响起来。远处有狗在叫，还有人喊着"再来，过了年再来"，便知是吊脚楼的女人送水手下河。

　　长潭中，除了停着他们的小舟，还泊了二十几只浅黄色的木筏。夜深了，沈从文把船舱各处透风地方用围巾、书本、长衫塞好后，就是一个安乐窝了。本该闭上眼睛去梦里找他的三三的，却又睡不着。想着与其躺在冷被里听水声，还不如拥被坐着，继续给三三写信。借着烛光如豆，在摇摇的船舱一角，沈从文在信上画了一张速写：简陋的"桌子"上，一堆苹果，一个杯子，一瓶墨汁，几本书凌乱地放在一边，其中一本是他自己的《月下小景》。一支蜡烛闪着一圈微光，把简陋的船舱照成了天堂。他弓着腰，就着微弱的光写信，抬头，仿佛看见心爱的人就在烛光里含笑望着自己，于是一面想象着千里之外的三三在做什么：

　　　今夜里风特别大了些，一个人坐在舱里，对着微抖的烛光，作着客中怀人的神气，也有个味儿。我在为你计算，这时你同九妹也许还在炉边同张大姐谈话……也许在估计我的行程，猜想我在小船上的生活，但你绝想不到我现在还正在为你写信！我希望你记得有日记，因为记下了些你的事情，到我回来时，我们就可以对照，看同一天你做了些什么，想了些什么，我又做了些什么，想到些什么……①

这一段文字，倒会让人想起诗人朱湘写给妻子刘霓君的信："你来信我封封都收藏起，上面注明那天寄的，那天收到，是第几封。预备将来回国时候，把我两人来往的信对着看，那一定十分有趣。将来老年，我们回头观看时候，这些信便是我们爱情日记。"②

17日清晨，一阵鸟鸣声把沈从文从睡梦中唤醒。鸟声滴溜溜的圆，那么清晰明快，他才明白，自己还是在船上，而不是在别处。温习起昨夜的梦，记起来是自己和三三在订婚请客，在一个花园的梅花树下摆了酒，来了十个客人。后来又梦见一头狮子，吃完肉翻筋斗给他们看。可惜再美丽的梦也是无凭无据的，醒来就什么都没有了，好在还能写信，把它们一一捉来写在纸上，就什么梦也跑不掉了，留存下来，就可以随时温习。多好啊！

天色渐渐亮了，船夫水手们也已起了床，开始一边烧水扫雪，一边照旧说几句粗话野话醒醒神。沈从文坐在船中，听水鸟扑棱棱地掠过河面，橹桨摇动时的咿呀声，哗啦啦的搅水声。突然，小船在滩上歪了一下，一下子船里就进了水。把桌子上的墨水都泼尽了，书、本子、牙刷、手巾上尽沾了墨水，最可惜的是掉了一支笔，于是向三三报告灾情：

那支笔我觉得有点可惜，因为这次旅行的信，差不多全是它写的。现在大致很孤独的卧在深水里，间或有一只鱼看到那么一个金色放光的笔尖，同那么一个长长的身体，觉得奇异时，会游过去嗅嗅，又即刻走

---

① 1934年1月16日，沈从文致张兆和，选自《湘行书简》，见《沈从文全集》第11卷，第155页。
② 朱湘：《孤高的真情》，上海人民出版社2007年版，第61页。

一半儿温馨
一半儿冷
YIBANR
WENXIN
YIBANR
LENG
沈从文
与
张兆
和的
情
缘
似
水

开了。想起它那躺在深水里慢慢腐去，或为什么石头压住的情形，我这时有点惆怅。凡是我用过的东西，我对它总发生一种不可言说的友谊，我不知道这是什么原因。①

这一天，小船连续过了很多大大小小的滩，所以行程走得很慢，用来折磨慢性子的人倒是极好的处罚。一逢着大浪，水流很急，船身便倾斜得厉害，沈从文坐在船上，就像高高荡秋千但没扶手可抓似的，感到好一阵惊险。可是弄船的人却极有智慧，对这些旋涡急流都极熟识，无论什么情况都能化险为夷。看水手们避开水浪的技巧如此高明，比三三当年躲避自己的法子还要高明，沈从文不禁在信上打趣道："你实在还应当跟水手学两年，你到之江②避暑，也就一定有更多情书可看了。"

18日，小船接连过了几个大滩，水渐渐变得平和了，离沅陵县城也越来越近。天没有下雪，也没有太阳，两岸的黛青浅绿山色，却是一片明朗。河边有做船补船的敲打声，岸边有小孩的哭声，鸡叫的声音，还有人呼喊的声音。已是中午吃饭的时辰，岸边人家升起了炊烟，米饭鱼肉的香气隐隐约约扑鼻而来。沈从文想起在北平达子营胡同的家，这个点总是有人会送信来的，便想着家里人这时一定也在想着他，等他的信：

> 可是一面呢，积存的信可太多了。到辰州③为止，似乎已有了卅张以上的信。这是一包，不是一封。你接到这一大包信时，必定不明白先从什么看起。你应得全部裁开，把它秩序弄顺，再订成个小册子来看。你不怕麻烦，就得那么做。有些专利的痴话，我以为不妨让四妹同九妹看看，若绝对不许她们见到，就用另一纸条粘好，不宜裁剪……④

---

① 1934年1月17日，沈从文致张兆和，选自《湘行书简》，见《沈从文全集》第11卷，第165页。
② 之江，指当时浙江杭州的之江大学。
③ 辰州，即沅陵。
④ 1934年1月18日，沈从文致张兆和，选自《湘行书简》，见《沈从文全集》第11卷，第183页。

这"三三专利读物"写得太好了，连沈从文自己也想拿出来分享一下。不过张兆和向来害羞，怕是不好意思把信给四妹充和、九妹岳萌这两个小妮子看，让她们得了取笑自己的机会。

上完了一个又一个大大小小的滩，下午两点钟，小船终于泊定在了一个深潭里。潭水深碧，如一面光滑的镜子，山明水秀，比西湖还美。太阳也出来了，照得四处一片明媚。沈从文拿出相机，为一群拉纤的人照了相，接着又进了船舱开始写信：

> 我已快到地了，假若这时节是我们两个人，一同上岸去，一同进街且一同去找人，那多有趣味！我一到地见到了有点亲戚关系的人，他们第一句话，必问及你！我真想凡是有人问到你，就答复他们"在口袋里！"①

不多久，船到了辰州的河岸，也是沈从文小说《柏子》里那位名叫"柏子"的水手泊船的地方。当晚，沈从文上了岸，去沅陵县城尤家巷的"芸庐"找大哥沈云麓，顺便把几天累积下来的信都拿去邮局里发了，恐怕再不发，北平那边有人真要急死了。

芸庐是沈云麓的一座新宅，是一幢横卧山腰的小楼房，楼上有一排宽敞的走廊，对面是青山怀抱的沅水。屋前用矮矮的黄土墙围起一个三角形的狭长院落，种着紫竹和无花果树，一排绿色花架上放满了花盆。这座新居是沈云麓凭着前两年在青岛、上海瞎跑一气，从一大堆记忆中掏摸出一个楼房印象并设计出来的，还带着意大利风格，看起来典雅而精致。这座新居原是他体念母亲一生辛劳而建的，本想接她来安度晚年，不料新居刚落成，母亲却病重了。当晚，沈云麓便拍了一个无线电报回家去，沈从文马上到家的消息这才传到了凤凰，给了病中的母亲好大一个惊喜！

在沅陵住了一夜后，沈从文好不容易推掉亲戚好友的挽留，天亮吃过早饭，19日上午就上了船，继续赶路。

---

① 1934年1月18日，沈从文致张兆和，选自《湘行书简》，见《沈从文全集》第11卷，第187—188页。

一半儿温馨
一半儿冷
YIBANR
WENXIN
YIBANR
LENG
沈从文与
张兆和的
似水情缘

天气好得很，两岸山树秀丽。河床平而宽阔，船下河水既清且浅，水中石子历历可数，小而圆的如棋子，大石头上则挂着浅绿色草丝，在水中摇曳生姿，说不出的温柔。

下午时候，小船离了沅陵，就快到了泸溪县，那是沈从文十五岁时看到的绒线铺女儿翠翠的家乡。黄昏时分，落日把泸溪县城的城墙和城楼照得轮廓分明，在黄颜色的布景之下，显出静穆而潇洒的样子。披着彩练的河面上，处处漂浮着好听的橹歌，有的轻而缓，有的重而急，调子听起来各不相同，却都极动人，沈从文一边听着一边写信：

> 我到家中见到一切人时，我一定因为想念着你，问答之间将有些痴话使人不能了解。也许别人问我："你在北平好！"我会说："我三三脸黑黑的，所以北平也很好！"不是这么说也还会有别的话可说，总而言之则免不了授人一点点开玩笑的机会。母亲年老了，这老人家看到我有那么一个乖而温柔的三三，同时若让这老人家知道我们如何要好，她还会更高兴。我在辰州时，云六说："妈还说'晓得从文怎么样就会选到一个屋里人？同他一样的既不成，同他两样的，更不好。'可是如今可来了，好了，原来也还有既不同样也不异样的人！"家中人看到我们很好，他们的快乐是你想不出的。他们皆很爱你，你却还不曾见过他们！①

20日早晨，各船上吹起天明号音，把沈从文弄醒了。十几年前当他还是一个小兵时，就天天听着这号音跟伙伴们一起从热被窝里爬起来，然后到大坪中站成一排等着点名。温习着这点旧梦，好像又有说不尽的话，却是太多了，写信也无从说起，只能说点眼前事：

> 我早饭吃得很好，你放心。我似乎并不瘦，你放心。我还有三天在路上过日子，这三天之中我将吃得饱饱的，睡得足足的，使家中人见到，皆明白这是你给我一切照料的结果。②

---

① 1934年1月19日，沈从文致张兆和，选自《湘行书简》，见《沈从文全集》第11卷，第195—196页。
② 1934年1月20日，沈从文致张兆和，选自《湘行书简》，见《沈从文全集》第11卷，第199—200页。

23日下午，沈从文包定的小船终于到了凤凰老家，这段水路行了整整十天。

回了老家，终于见到了母亲，此时她的身体已经十分衰弱，但见到多年未见的儿子，也一下子变得精神了许多。沈从文很希望在家能多陪陪老母亲，但由于当时湖南形势吃紧，加上沈从文与革命人士胡也频、丁玲有深交，且发表过文章指责国民政府，被家乡当局视为危险人物，沈从文怕连累家人，不敢在家久留，只待了短短四天。26日这天，适逢母亲黄英的生日，沈从文陪着母亲在家过完了她人生最后一个生日，第二天就匆匆踏上了返程之旅。在家期间，沈从文还对老上司陈渠珍作了礼节性拜访，又到乡下给亲人上了一次坟。

返程时，由于是顺沅水而下，因此船行很快，四五天就重抵桃源。2月9日，火车终于载着沈从文回到了北平，回到了达子营二十八号胡同温暖的家。就在沈从文返京后不久，这月的13日，母亲黄英便在凤凰病故了。这位含辛茹苦将五个孩子养育成人的母亲，终于在故乡永远地歇息了，而沈从文的此次湘西之行，也果真成为与母亲最后的诀别。

沈从文与张兆和的这次短暂分离，催开了一朵水莲花般的《湘行书简》，里面不仅收录了沈从文从1934年1月8日到3月5日写给张兆和的三十四封信，还包括了画在信上的十二幅速写。沈从文是水边的抒情诗人，一派清波之于他，是自然的馈赠，亦是灵感的源泉，当他的心贴近水时，写给张兆和的信尤其好看，因而《从文家书》中最耐读的一部分，莫过于这一叠《湘行书简》。一程山水一封书，篇篇醉如酒，句句美如诗。读徐志摩与陆小曼的书信集《爱眉小札》，由于缠绵至极，可能会有一种喝完蜂蜜后略嫌其腻的感觉，而读《湘行书简》，则仿佛跟着沈从文一起顺流而下沅水，舟摇摇以轻飏，风飘飘而吹衣，令人两颊生凉，有饮清凉山泉后思其甘的回味感。如果沈复的《浮生六记》是一面雕花铜镜，映出他和芸娘朝夕相处、心心相印的鸳鸯影，那么《湘行书简》则是沈从文与张兆和的一匣水云私语，寄存在时光村落中，无论翻检多少次，都柔情不减。

一半儿温馨 一半儿冷

YIBANR
WENXIN
YIBANR
LENG

沈从文与
张兆和的
似水情缘

你是灵感的来源

对于这些文章我不觉得骄傲，因为等于全是你的。没有你，也就没有这些文章了。

——沈从文致张兆和

"爱，是上帝造人的时候，为使世界生物在日月无情的转轮下不至灭亡的原故，同时颁给人的。"[①]当一个生命真正浸入另一个生命时，往往会出现许多不可思议的奇迹。而爱情，则是蕴藏在其中最深的催化剂。自1933年9月9日沈从文与张兆和在北平结婚后，他写出了堪称一生中最好的作品，包括中篇小说《边城》、书信集《湘行书简》以及散文集《湘行散记》。在沈从文笔下，蓬蓬的荷叶如绿萝裙轻轻旋开，花朵蔓延了整个荷塘，散发着令人沉醉的清香。

而这一切，都离不开她：张兆和。

歌德在《浮士德》里说："永恒女性，领我们飞升。"著名心理学家荣格说每个男人心里都具有一个永恒的女性心象，即"阿尼玛"原型，据说当他遇到符合自己心中"阿尼玛"原型的女性时，会体验到极强烈的吸引力。在古典艺术中，这样的女性要么是完美无缺的仙女神女，如中国的洛水之神宓妃、仙女嫦娥，要么是美与罪并在的巫女艳女，如古希腊神话中的海妖塞壬、美女海伦。在民国，是集美貌与才华于一身的林徽因；在电影中，是《西西里的美丽传说》中冷艳忧伤的少妇玛莲娜，是《阳光灿烂的日子》里青春活力的少女米兰……

认识张兆和之前，沈从文还没有遇见这样一个可以使他仰望的女子，因此创作时，他脑海中只有一个虚幻的完美女子形象，如巫山神女，可望而不可即。在现实中无从恋爱的沈从文只能在幻想中化身为完美王子，并获得心上人的注目，如小说《龙朱》里的白耳族王子龙朱，他皎如天上月，堪比希腊神话中的阿波罗神，后来用歌声征服了黄牛寨寨主女儿的芳心。在幻想中，沈从文的忧郁也得以排遣。这些"作家的白日梦"，是沈从文渴望爱情却又无从恋爱的心灵见证。

在上海吴淞的中国公学，沈从文遇见张兆和并且爱她爱得几乎发

---

① 沈从文：《给低着头的葵》，见《沈从文全集》第11卷，第22页。

狂，但写了无数的信都没有得到回音，每天过得很苦闷。也就是在这种抑郁的情绪中，沈从文写下了《丈夫》，一个极有湘西特色的故事。写一个年轻女子"老七"在花船上涂脂抹粉，同水手们过夜，把得来的钱寄给乡下的丈夫，用来养家。丈夫从乡下进城前来探望妻子，内心充满了痛苦："两只大而粗的手掌捂着脸孔，像小孩子那样莫名其妙的哭了。"可以说，这篇小说承载了沈从文当时追求张兆和得不到回应的情感体验，是他"苦闷的象征"。

自沈从文第一次到苏州九如巷看望张兆和后，两人的关系有了进一步发展。半为兑现他对她的小五弟张寰和许下的诺言，半为取悦心上人，沈从文写了一本据佛经故事改写而成的短篇故事集《月下小景》，被称为"新《天方夜谭》"，读来极有趣味。对于这本小书沈从文是满意的，他在给张兆和的信中曾写道：

> 《月下小景》不坏，用字顶得体，发展也好，铺叙也好。尤其是对话。人那么聪明！二十多岁写的。这文章的写成，同《龙朱》一样，全因为有你！写《龙朱》时因为要爱一个人，却无机会来爱，那作品中的女人便是我理想中的爱人。写《月下小景》时，你却在我身边了。前一篇男子聪明点，后一篇女子聪明点。我有了你，我相信这一生还会写得出许多更好的文章！有了爱，有了幸福，分给别人些爱与幸福，便自然而然会写得出好文章的。对于这些文章我不觉得骄傲，因为等于全是你的。没有你，也就没有这些文章了。而且是习作，时间还多呐。[①]

小说《边城》，是沈从文笔下一颗璀璨的明珠，于时间的长河中淘洗千遍，亦不减其光辉。它的孕育和诞生，也同样离不开张兆和。

1933年的秋天，沈从文在写完《记丁玲女士》后，打算写一篇好看的小说，献给新婚的妻子张兆和，实现当初在青岛崂山时对她许下的诺言。新小说的名字，取名叫作《边城》。

从10月开始，每天早晨阳光初上，张兆和在厨房里做早餐，沈从

---

① 1934年1月16日，沈从文致张兆和，选自《湘行书简》，见《沈从文全集》第11卷，第143页。

1933年秋沈从文在
北京达子营新房

文则推门而出，抬头一看：又是一片纯蓝！这蓝色，使沈从文想起故乡蓝底白花的蓝印花布，仿佛正是从这片天空中裁下一块再撒上些白色花朵做成的。一身蓝影的女子或行走在故乡翠黛色的山野中，或徜徉于玉色的水边，皆相得益彰。望着北平湛蓝的天，沐浴着暖暖的阳光，呼吸着清新的空气，这一切都让沈从文感到头脑清醒，精神百倍。他从屋子里抬出一张八腿的小方桌，摆在小院的老槐树下，桌上放一叠稿纸，然后坐在一个小竹几上开始写《边城》。小说一共六万字，沈从文写得不快，每星期只完成一章，一边写一边在《国闻周报》上连载，期间因为母亲病重返乡而耽搁了一个多月，也中断了连载，因此直到次年2月才完成。

北方晴朗的阳光透过层叠的槐树叶洒下来，漏下点点的白光，踩在稿纸上，像雀儿跳跃的小脚。沈从文的心宛如一泓碧水，蓄着满满的澄澈，缓缓地流动着。一字一句从笔下撒播下去，先是抽出柔嫩的春笋，再长成一片新篁，舒展如一卷古画。

故事发生的背景放在川湘边境一座叫茶峒的小城，那里山清水秀，宛如世外桃源。一条云雾瀚然的小溪在青黛与浅绿的丘阜间若隐若现，溪边有一座白色小塔，塔下住了一户人家。一个老爷爷，一个小鹿样的女孩子翠翠，一只大黄狗，每天就在渡船上悠然度日。城里有个船总叫顺顺，大儿子叫天保，二儿子叫傩送，都是茶峒人见人夸的人物。端午节翠翠去看龙舟赛，偶然遇见相貌英俊的老二傩送，互相产生了好感。可巧的是，后来老大天保也喜欢上了翠翠，并先弟弟一步向翠翠的爷爷提了亲。老大自知唱歌赛不过弟弟，赢不了翠翠的心，于是驾船远行去做生意，却不幸船翻命殒。老二傩送因为哥哥的死而十分内疚，于是也坐船下桃源去了。有一天夜里下了大雨，水把渡船冲走了，屋后的白塔也倒了，爷爷也在这夜永远地闭上了眼睛。

好心的杨马兵可怜翠翠，就过来陪伴翠翠，两人一起摆渡。后来，白塔也修好了，翠翠继续等待着傩送的归来。他也许永远不回来了，也许明天就会回来……

从来没有人用这样明净如水的文字，写一个这样美的地方，讲一个这样动人的故事，与其说这是一篇小说，不如说这是一首浑然天成的诗。翠翠也不像是一个虚构的女孩，她活生生的仿佛就在眼前。在她身上，有沈从文十五岁从军时在泸溪县城所见的那个绒线铺里女孩的眉眼，有九妹岳萌小时的天真神色，有身边新婚妻子张兆和的温和性格，还有在青岛崂山见到的那个执白幡女孩子的美丽忧愁。《边城》在《国闻周报》上连载时就受到了许多读者的追捧，人们不仅被这个朴素而忧伤的故事打动了，甚至爱上了这个叫翠翠的女孩子，每周都在迫不及待地等着下一期的连载。

沈从文的表侄、著名画家黄永玉曾在《太阳下的风景》中写道："城里多清泉，泉水从山岩石缝里渗透出来，古老的祖先就着石壁挖了一眼一眼壁炉似的竖穴，人们用新竹子做成长勺从里头将水舀起来。年代久远，泉水四周长满了羊齿植物，映得周围一片绿，想起宋人赞美柳永的话：'有井水处必有柳词'，我想，好诗好词总是应该在

一半儿文心
一半儿冷馨

YIBANR
WENXIN
YIBANR
LENG

似沈张
水从兆
情文和
缘的与

这种地方长出来才好。"① 而《边城》之后，则湘西凡有水的地方，必有沈从文的文章，有翠翠的影子："边城山色碧罗裙，小翠歌声处处闻。"后来，李健吾评论《边城》说："这不是一个大东西，然而这是一颗千古不磨的珠玉。"林徽因对这篇小说也特别钟爱，即使是躺在病床上她有时候也会读，甚至读着读着会激动地喊："这才是小说！"对于《边城》，沈从文也是自信而骄傲的，他曾经说"《绿玉》青春永不磨"，而《绿玉》正是《边城》的英译名。

世人多是先知道沈从文，再知道张兆和的。

结婚后，张兆和在闲暇之余也会写小说。1934年1月1日，巴金主编的《文学季刊》创刊，上面刊登了一篇张兆和的小说《费家的二小》，这篇故事和《边城》一样具有牧歌情调，同时也充满了凄美的哀伤。在《文学季刊》第2卷第2期上，又发表了她的小说《湖畔》，据巴金说，《湖畔》很受读者的欢迎。1934年2月7日出版的《大公报·文艺副刊》第40期发表了张兆和的小说《小还的悲哀》，署名均为"叔文"。她的小说多以十五六岁的女孩为主角，演绎出一个充满童心与梦幻的世界，却又在现实中遭遇这样那样的阻碍，变得岌岌可危。可以说，1934年是沈从文和张兆和小说创作共同的黄金时期。后来，张兆和的这几篇小说以《湖畔》为名在桂林结集出版，成为她一生中唯一的一部小说集。

从这几篇为数不多的小说中，我们可以看出张兆和不俗的文学天分，她的小说风格就像她本身的气质，"清水出芙蓉，天然去雕饰"，其文笔清新处与沈从文的小说很接近，且多了几分女性特有的细腻感。假若她能继续创作下去，必然会有更多的成果，更好的成就。可惜的是，家庭生活的烦琐与逼仄占据了她大部分的时间与精力。只有在后来与沈从文的通信中，我们才又再次看到她那清淡的文笔。

除了小说创作，张兆和还翻译了一些英文作品，且都集中在与沈从文恋爱新婚的1933年和1934年。沈从文很希望张兆和能在英文翻译上继续发挥自己的才华，可惜后来家庭琐事加上战乱纷纷，她没能将

---

① 黄永玉：《太阳下的风景》，见黄永玉：《太阳下的风景》，百花文艺出版社1984年版，第145页。

这一爱好继续下去。

可以说，张兆和牺牲了自己的时间与才华，才使得沈从文能更从容地创作，得以写出更多的好作品。沈从文也深知这一点，因此在给朋友彭子冈的信中曾写道：

> 她是个相当家常可又一脑子理想的人物，样子比文坛消息上传说得坏一点，头脑却比传说中更稍好一点。学什么都快，糟的是嫁给我那么一个生命永远不成熟的人，因此除在家事中被称为好妻子，别方面发展都滞住了。即手中一支笔，也像是照俗话说的"一山不能藏二虎"，搁下了。①

2007年，张兆和的作品集《与二哥书》出版，副标题是"一个叫三三的女子"。樊国宾在该书的序言中写道：

> 现代文学史上，张兆和是一位被深深遮蔽掉的作家。她一生的低吟浅唱，使得她像天空缄默的飞鸟与原野缄默的百合。她温润而贵重的性灵，以及光华内敛的文字，被阻挡在现代文学那一群"巨无霸"身影的背面，特别是被阻挡在沈从文高大身影的背面——这几乎乃一切才女所命中注定的：休斯与普拉斯那样的"夫妻双璧"终于反目，而杨绛的韵味只好等钱锺书去世后才荡漾出来，李清照之灼灼文名竟不能令她摆脱被骗婚的凄怆命运。②

《与二哥书》中收录的张兆和书信、日记、小说，处处有沈从文的影子，甚至是书名，也直接与他有关，但她依然有独属于自己的光华，任谁也抹不去。也许，沈从文与张兆和本是两棵独立的树，自从命运让他们相逢后，在一片天空下长着长着，最后根相缠，叶相绕，谁也离不开谁了。

---

① 1946年12月27日，北平，沈从文复彭子冈，见《沈从文全集》第18卷，第447页。
② 张兆和：《与二哥书》，中国妇女出版社2007年版，第1页。

一米儿阳馨
一辈儿冷

YIBANR
WENXIN
YIBANR
LENG

沈从文与
张兆和的
水情缘
似

离乱书

我又欣喜你有爱写信的习惯，在这种家书抵万金的时代，我应是全北京城最富有的人了。

——张兆和致沈从文

1934年，沈从文发表了《记丁玲女士》、《边城》、《湘行散记》等颇具影响力的作品，1932年写于青岛的《从文自传》也于本年由上海第一出版社作为"自传丛书"出版，当时许多读者对这本小书都分外偏爱，著名作家周作人和老舍都将《从文自传》作为"一九三四年我爱读的书"。这本小书一出来就广受欢迎，后来也一直魅力不减。1989年台湾作家三毛回大陆访问时，也把这本书称作是她最爱读的一本。正是新婚得意、名声鼎盛之时，沈从文一扫过去忧郁烦闷的情绪，心情前所未有的舒展。这一年，沈从文除了继续办《大公报·文艺副刊》，还与李健吾、卞之琳、郑振铎等好朋友一起办了《水星》杂志。有趣的是，当时《每周评论》登了一则关于沈从文的小掌故：

> 沈从文与卞之琳（绰号冰淇淋）等办一文艺月刊，原名《虎雏》，临时又改为《水星》，以期与《北斗》《太白》后先辉映，颇有"天上有，地下无"之概。北平某小报把《水星》误排为《小星》，沈从文看了很不高兴。他的夫人张兆和女士说："这有什么要紧？"沈说，"你有所不知，'小星'是向来被用作姨太太解的，难道我们办的是姨太太刊物吗？"[1]

故事小则小矣，但给人的印象深刻，也多少能看出民国也追求所谓"名人效应"。

而这一年最令沈从文与张兆和高兴的事情，莫过于他们的第一个爱情结晶诞生了。11月20日上午，在北平的妇婴医院里，一个男孩清亮的哭声对世界宣告了他愉快的诞生。

---

[1] 佚名：《沈从文不愿做小星》，见民国杂志《每周评论》1934年第140期，第18页。

1934年沈从文与长
子沈龙朱在北平

　　第一个儿子，沈从文叫他"龙朱"，这个光华的名字取自他的小
说《龙朱》，是他以湘西风情为题材创作的一组"浪漫传奇小说"中
的一篇。在小说中，白耳族王子龙朱集所有优点于一身，从外貌到品
德到歌喉，龙朱都如神祇一般完美："族长儿子龙朱年十七岁，为
美男子中之美男子。这个人，美丽强壮像狮子，温和谦驯如小羊。是
人中模型。是权威。是力。是光。种种比譬全是为了他的美。其他
的德行则与美一样，得天比平常人都多。"① 龙朱如此完美，以至于
没有哪个女人自信能配得上他，故而无一个女人敢接近他，虽然她们
中每一个都对龙朱崇拜至极。龙朱也渴望得到爱情，却因为自己太过
完美而陷入了无尽的孤独之中。不过最终，龙朱还是凭着无与伦比的
歌声，赢得了黄牛寨寨主女儿的爱情。将这个完美王子的名字送给儿
子，沈从文对他寄予的厚望不言而喻。

① 沈从文：《龙朱》，见《沈从文全集》第5卷，第324页。

一半儿温馨
一半儿冷
YIBANR
WENXIN
YIBANR
LENG
沈从文与
张兆和的
似水情缘

初为人父，沈从文兴奋不已，很快写了封信给胡适，向这位有功于自己爱情的师长报喜：

> 兆和已于廿日上午四时零五分得了一个男孩子，住妇婴医院中，母子均平安无恙，足释系念。小母亲一切满不在乎，当天尚能各处走动。到了医院方知道女学生作运动员的好处，平时能跳跳蹦蹦，到生产时可太轻便了。家中一个老用人，兆和小时即为她照料长大，现在听说兆和又得生小孩了，因此特从合肥赶来，预备又来照料"小姐"的"少爷"。见小孩子落了地，一切平安，特别高兴，悄悄要大司务买了朱红，且说"得送红蛋"！为了让这个老保姆快乐一些，所以当真就买了些蛋送人。①

昨天的张兆和还是一个捧着笔记本上图书馆的女学生，一转眼就变成了一个捧着初生婴儿的小母亲。有了龙朱以后，他的笑声与哭声，成了她心中最大的挂念。

沈从文当了父亲以后，主要工作仍是编辑报纸和写文章。除此之外，他的大部分时间都花在扶持年轻作家，为他们看稿、改稿件上，家里每天人进人出，一片忙碌景象。沈从文本打算在写完《边城》之后，再以沅水流域的王村、沅陵、保靖、辰溪、芷江等地为背景写九篇小说，完成系列小说《十城记》，可是由于改稿费去较多时间，加之后来战事告急，这一计划终究没能完成。

很快，龙朱就两岁了，长得很健康，夫妻俩都很欣慰，沈从文在给大哥沈云麓的信里，时不时要说说孩子的近况：

> 我们这里一切都好，小龙朱精神尤好，终日大嚷大闹，天气极寒，惟彼依然想在屋外寒气中玩。……
>
> ……小龙朱每早就必需吃一个大馒头，半磅牛奶，一个鸡子，两片饼干，有时且得饶几调羹稀饭，三片咸萝卜，总拢算来，数量也就大有

---

① 1934年11月22日，北平，沈从文致胡适，见《沈从文全集》第18卷，214页。

1935年沈从文与夫人张兆和、长子龙朱、九妹岳萌在北平

可观了。中（午）时候他吃一大碗半稀不干的饭，下午啃一个大梨，晚上又是一大碗稀饭，真可说是一橡皮口袋，人小空心大！①

1937年5月31日，沈从文和张兆和的第二个儿子诞生了，三岁的小龙朱多了一个弟弟。沈从文为次子取名叫虎雏，来自他的另一篇小说《虎雏》："其实这小孩真是体面得出众的。一副微黑的长长的脸孔，一条直直的鼻子，一对秀气中含威风的眉毛，两个大而灵活的眼睛，都生得非常合式，比我六弟品貌还出色。"②在沈从文的小说里，虎雏是一个讨人喜欢的小兵，而在现实中，沈从文的二少爷也着实生得好看。孩子刚满月时，沈从文又写信给大哥，报告说：

> 小孩子大小都好，身体健康，脾气正常（惟此次系母亲自奶，故作母亲的甚累）。小的虽落地不过一月，手脚神气都如二月孩子。头发极黑，手脚极白，额门宽而高，声音壮大。只是食量太大，因此吃其母奶

① 1936年12月9日，北平，沈从文致沈云麓，见《沈从文全集》第18卷，第228页。
② 沈从文：《虎雏》，见《沈从文全集》第7卷，第15页。

第三帧　聚散｜离乱书

沈从文抗战前在北平

以外尚得补充奶粉二次，方能过瘾安睡。①

　　好一个虎儿，名字真是取对了。

　　可就在小虎落地不到两个月时，震惊中外的"七七"事变发生了，日本正式发动全面侵华战争。7月28日，北平沦陷了。战争的阴霾越来越浓重，北平原本纯蓝的天空开始布满乌云，一个最艰难的时期就要开始了。

　　此时，沈家刚刚搬迁至国祥胡同十二号，住宅原是乾隆皇帝为怀柔蒙王而建的，仿苏州园林式的庭苑风格，深巷花园，白墙黛瓦。比起原先的达子营二十八号，这里宽敞高大得多，也更为幽静。新居远离尘嚣，宛如世外桃源，很少能听到车辆过往的声音。沈从文和张兆和憧憬着日本人会很快离开，预备等战争结束后，两人能在新居里安安心心地抚养两个孩子长大。在沈从文手里，还有一大批写作计划排着队等他着手。可是此时，北平之大，早已经安放不得一张平静的书桌了。

　　8月11日晚上，沈从文接到当时教育部的秘密通知，让他随北大、清华的教师一起紧急撤离北平。得到这个消息后，沈从文立刻和张兆

---

① 1937年7月3日，北平，沈从文致沈云麓，见《沈从文全集》第18卷，第233页。

和商量怎么办。他当然不想同妻儿分开，所以劝张兆和跟他一同离开北平。此时蚊帐内的龙兄虎弟，一大一小在屋内睡得正香，张兆和朝里指了指，无奈地对沈从文摇了摇头。考虑到自己产后不久，身体状态不在最好，更重要的是，两个孩子太小，尤其是虎雏，才两个多月大，如果匆忙上路，难保不会有闪失，况且屋子里有一大堆重要东西来不及收拾，于是张兆和让沈从文先随大部队南下，自己和九妹留下来，一边照看两个孩子，一边将家里重要的东西慢慢转移出北平，然后再南下团聚。听完妻子的话，沈从文几乎要痛哭起来，他是一个女人的丈夫，两个幼子的父亲，也是岳萌的哥哥，哪里能放心撇下他们一个人走。可是，照顾孩子的事情向来是由张兆和负责，沈从文自己确实没有什么经验，如果硬带着大儿子龙朱上路，虽然减轻了妻子在北平的负担，却不一定能把儿子照顾好。想来想去，实在没有别的办法，沈从文只好点点头，和张兆和一起开始连夜收拾东西。

天很快就亮了，收拾好行装，看着还在熟睡中的孩子，沈从文不忍叫醒他们，怕告诉了他们会难过。沈从文歉疚地看了妻子最后一眼，走出了家门，踏上漫长的逃亡之旅。

此番与沈从文仓皇辞京一同上路的，还有梅贻琦、杨振声、朱光潜、梁宗岱、叶公超等一批清华、北大的熟人朋友。杨振声和沈从文一样，匆忙逃离时，也把女儿杨蔚、儿子杨起两个孩子留在了北平。为躲过日本人严密的搜查，临行前沈从文一行皆乔装打扮，各自编造了一个假身份：朱光潜是香港洋行的打字员，沈从文是洋行的文书，杨振声是卖花边的。

当他们到达天津时，已经是半夜了，第二天一早，大家在法租界找了一个住处落脚。原计划先从天津转到上海，再转南京，但打开早报一看，"八一三"淞沪战争刚爆发，海船去上海的路线已经断绝，只好等待机会。直到一周后，恰探听到一艘英国商船可以直达烟台，沈从文一行才冒险上了船，到了烟台后，再想方设法转到了南京。到南京后，住在沧州饭店内，没想到半夜里日军出动一百架飞机，轮番轰炸南京北极阁。沈从文随大家一起爬上饭店屋顶，只见北极阁方向一片火光熊熊，到处是猛烈的爆炸声。局势越来越动荡不安，南京方

一半儿温馨 一半儿冷
YIBANR
WENXIN
YIBANR
LENG
似水情缘的
张兆和与
沈从文

面各机关都在做大疏散，三天后，沈从文一行好不容易等到一条去往武汉的英国客船，但沈从文手里既没票，又文弱弱地挤不上去，亏得一位朋友好心帮忙，在开船的最后一刻不顾一切将他推上了跳板，才幸运地上了船。

沈从文的这一次别离，比起1934年年初回湘西看母亲，境况和心情可谓截然不同。那次回乡探母，虽也是匆匆而别，冒险上路，但来回不过一个月多些，况且归期有定，日日有鸿雁传书，总算是放得下心。当时虽正值南方最寒冷难耐的冬季，但躲在飘摇的小船内，就着昏暗的烛光给北平的新婚妻子写信，他心里却是说不出的温柔。可这一次却是实实在在的逃难，处处硝烟，兵荒马乱，危机四伏。在颠沛流离的逃亡路上，沈从文一面要保全自己别被鬼子的炸弹炸死、被刺刀刺死，一面也时刻为留在北平的妻儿小妹悬着一颗心。

船每向着南方多进一步，离北平更远一些，沈从文的不安就增加一分，他急切地盼望能跟家人团聚。山水迢迢路遥遥，思念却从没有停止过，他想念妻子，想念已经会写字画画的小龙，想念还在襁褓中吃奶的小虎，想念可怜的小儿妹岳萌。过去，有妻子在身边的时候，沈从文只管编杂志写文章，别的什么也不用操心。分别之后，他才发现自己是多么依赖她，简直一刻也不想离开。

从南京坐船抵达武汉后，沈从文借住在武汉大学陈西滢、凌叔华夫妇家中，并借武大图书馆编教科书。然而，武汉作为长江中游重要的城市，在军事上有着举足轻重的作用，日本人是不会放过的，日后必定会有战事发生，因此也不是安身之所，再度流离在所难免。因此到了武汉之后，沈从文仍是心乱如麻。这一路的担惊受怕，仿佛一场没有尽头的马拉松，深深折磨着他。

自从离别后，张兆和也和沈从文一样，每天在不安中度过。但难得的是，她并没有被吓倒。看着两个孩子在身边一天天长大，再大的困难她也不害怕。每天她都尽最大努力，用最乐观的态度来克服困难，为孩子们创造一个最好的成长环境。

很快，日历就翻到了1937年9月9日，这是沈从文和张兆和结婚四周年的纪念日。红笺向壁字模糊，忆共灯前呵手为伊书。这天，张兆和怀着思念，写了一封信给沈从文，将家中近况一一告知，以免他担心：

今天是什么日子？你在仆仆风尘中，不知还记得这个日子否。早晨下了极大的雨，雷击震耳惊人，我哄着小弟弟，看到外面廊下积水成湖，猛的想到九月九日，心里转觉凄凉。自你走后，日子过得像慢又像快，不知不觉已经快一个月了。自从接到你廿七日南京来信后，三日未得书，计算日程，当已过武汉到长沙了。沿途各地寄来信件，约二十五封以上，按月日视之，似未有遗失，惟次第略有颠倒而已。……我们这里一切都好，储米可吃到年底。现在我们已实行节食俭用，若能长此节省，余款亦可以支持过旧历年。……家中可不必惦念，小龙瘦而精神，问及爸爸时，总说："爸爸到上海替我买大汽车，买可可糖。"虎雏十分壮健，驯白爱人，"遥怜小儿女，未解忆长安"，他们哥儿俩你不必挂念了。有信望寄到三叔家，搬不搬寄到那里总收得到。望你保重。①

没过多久，一年一度的中秋佳节很快就到了。此时，沈从文在武昌，张兆和在北平，张家其余的人多转移去合肥，大哥沈云麓在湘西，一家人分散四处。月儿圆圆照九州，而这轮明月之下，究竟还有多少个这样不得团圆的家庭，恐怕谁也数不清。

但正是因为战争时期离散之事多得让人绝望，这年的中秋节才格外引起了大家的期盼。这天，在已是沦陷之城的北平，大街小巷到处张灯结彩，盛况空前，大家热热闹闹地庆祝着，希望节日的欢乐能冲淡战争带来的痛苦。张兆和同九妹、龙朱到三叔家过节，见西单鼓楼人山人海，热闹非凡。月亮像一个大盘子，毫不吝啬地洒着清辉。大家在廊前赏月。杨振声的儿子杨起，有一个很大很大的兔儿爷，也搬出来了。小龙朱本来早就嚷着要睡觉，结果忽然听到谁说了月饼二字，立刻精神抖擞起来，唱歌、跳舞、亲热人，逗得大家开心不已。等供完兔儿爷，尝了一点点月饼，小龙朱也就心满意足，可临去睡时，还对着咬剩的月饼告诉人：明天吃。见小龙朱一脸懵懂可爱，天真不知人事的模样，张兆和也不觉笑了。

① 1937年9月9日，北平，张兆和致沈从文，见《沈从文全集》第18卷，第238—240页。

一半儿文馨
一半儿冷

YIBANR
WENXIN
YIBANR
LENG

沈从文与
张兆和的
似水情缘

沈从文几乎每天给张兆和写信，快信慢信加电报，就差插上翅膀直接飞了。但由于交通受阻，信件往往要积压一段时间才送走，因此张兆和有时候很多天一封信也收不到，有时候一天接连收到好几封信。有一次，隔壁的大婶儿替她接了信，人未至声先到，大声喊了起来："不得了，沈先生一天来六封信！"

休言半纸无多重，万斛离愁尽耐担。在望眼欲穿的烽火岁月里，信件的命运受到了前所未有的关注，它们是无数散落在天涯的人心中的火种，甚至是最后的希望。当一封信穿越火线，躲过轰炸，逃过翻车、水害、火灾等种种劫难，终于抵达收信人手中时，收信人将那一封封穿越火线子弹的信笺贴在脸上，放进怀中，再远的距离，在刹那间也都近了。

眼看着家中财资快用尽，在北平包括梁思成夫妇在内的熟人，也多陆陆续续走尽了，张兆和一面想抬脚就走，一面又立刻冷静了下来，想到逃亡之路太过辛苦，到处瘟疫肆虐，虎雏又太小，她不敢贸然上路。况且，家中还有太多让她不舍的东西没有处理。这些东西，一大半是沈从文的，除了文稿书信，还有他多年来收集的瓶瓶罐罐。她真怕这么匆匆一走，就什么都毁尽了！在信中，她将自己的想法一一说了：

> 前两天整理书信，觉得更不愿意走了，我们有许多太美丽太可爱的信件，这时候带着麻烦，弃之可惜，这还只书信而言，另外还有你一大堆乱七八糟的书籍文稿，若我此时空身南下，此后这些东西无人清理，也就只有永远丢弃了。……你要什么东西望来信时一一注明，乘这时津浦线还能通行尽可能多寄点给你，若战事延长一年半载，则此唯一孔道，势必亦将断绝，到音书完全断绝时，那真有点急人了。前次寄包裹内有被面、被单、衬绒袍各一，家制布衬衫两件，你喜欢穿的也给寄来了。你写字的宣纸同好图章要不要？我还想寄一两个瓷盘子给你。那块花缎不日即寄，问邮局，说包裹虽寄，何日可到不得而知，路上一定耽搁极久，久一点不要紧，我真怕它丢掉。①

---

① 1937年9月24日，北平，张兆和致沈从文，见《沈从文全集》第18卷，第246页。

在那个人人只顾带着细软逃命的非常时期，张兆和却对信件、文稿、瓷盘甚至花缎子这些身外之物满心不舍，因为她深知，这些都是沈从文的心血，一旦丢掉了，就再也找不回来了。

战争爆发后，张兆和在苏州老家的父亲母亲逃到了合肥老家避难。当她听说苏州老家被日军炸毁，一些重要的东西被毁去时，不禁心痛万分：

> 有两件东西毁了是叫我非常难过的。一是大大①的相片，一是婚前你给我的信札，包括第一封你亲手交给我的到住在北京公寓为止的全部，即所谓的情书也者，那些信是我俩生活最有意义的记载，也是将来数百年后人家研究你最好的史料，多美丽，多精彩，多凄凉，多丰富的情感生活记录，一下子全完了，全沦为灰烬！多么无可挽救的损失啊！……为这些东西的毁去我非常难过，因为这是不可再得的，我们的青春，哀乐，统统在里面，不能第二次再来的！②

乱世之中，人的命运堪比漂萍，风来雨袭，不是骨肉失散，就是鸳鸯失伴，活生生的人尚且无法周全，更何况是那脆薄的信笺。那些青春岁月里的纸短情长，是两个人爱情最珍贵的见证，一直以来，张兆和都好好地收藏着，小心地护着，准备留着以后慢慢重阅、温习，还可以整理成为情书一束，放书架上如一道美丽的月牙，成为对抗时间的永恒回忆。却不料，越是小心翼翼，越是不堪一击。也许是炮弹嫉妒了这些过分美丽的信笺，才地击中了它们，那些章草写就的长长短短信笺，就此瞬间在空中化作灰烬，像绚烂的烟火，短促得让人来不及叹息一声……

①　大大，指母亲。
②　1937年12月14日，北平，张兆和致沈从文，见《沈从文全集》第18卷，第279页。

一半文心一半冷

YIBANR
WENXIN
YIBANR
LENG

似 张兆和 沈从文与
水 的
情
缘

为何你不来与我相见

爱情呢，得到一种命运，写信的命运。你倒像是极乐于延长我这种命运。

——沈从文致张兆和

1937年10月底，杨振声的儿子杨起、女儿杨蔚决定离开北平，南下往武汉跟父亲会和，他们来沈家问张兆和要不要带上孩子一起南下。有朋友同行，路上可以互相照应，这本是一个不错的选择，但考虑到此时的局势依然动荡，天上到处都在往下扔炸弹，随便走哪里都有被炸的危险，张兆和又犹豫了。与其铤而走险，不如以不变应万变，所以最终她还是决定留在北平。对于未来，张兆和甚至抱着乐观的态度，总觉得不久之后战事就会结束，希望等过完年，春暖花开以后再上路，或者等沈从文回到北平团聚。

不久，杨家姐弟启程南下，张兆和请杨蔚捎了一部楷帖、一个枕套、一条皮带，甚至还有一个大瓷盘子，塞在他们行李的囊内，收得妥妥帖帖，要她到武汉的时候带给沈从文。送走杨家姐弟后，张兆和心中感觉轻松了许多，毕竟北平非久留之地，熟人能走一个算一个，但同时，她又为他们在路上的安全挂念不已。

此时，沈从文一行住在武汉大学珞珈山下的一个小独院里继续编教材，当他得知杨家姐弟要南下后，就迫不及待发了封快信给张兆和，要她带着孩子与他们同行。但张兆和收到电报的时候已经决定了暂时按兵不动，于是回电报给沈从文说"拟缓来"。收到电报后，沈从文坐立不安，他实在不明白妻子还在顾虑什么。眼看局势越来越不稳，往后拖一天就更危险一些，沈从文心焦如焚，只恨自己没有一双翅膀，可以飞过去把他们都接到自己身边来。

像过去追求张兆和而不得时那样，沈从文一下子变得不知所措起来，那平息已久的敏感神经被触发了。沈从文知道这些年来让妻子受了许多累，吃了许多苦，见她迟迟没有南下，他慌了，以为她是厌烦了他，想趁机同他分开。沈从文甚至猜想着她是不是在北平遇到了比自己更好的人，那个人可以给她更多的保护和幸福。沈从文被这种怀

张兆和与两个儿子沈龙朱（右）、沈虎雏在沦陷的北平

疑折磨得喘不过气来，于是立刻写了一封长信给张兆和，丢了魂似的追问：

> 你是不是仅仅为的怕孩子上路不便，所以不能下决心动身？还是在北方，离我远一点，你当真反而感觉快乐一点，所以不想来？不拘那一种理由我都能了解而原谅，因为我爱孩子也愿意让你快乐。只是请告我一声，说明白了，免得我在这边发了电报写了信老盼望着，且总以为你已动身了，白着急，为你们路上经过而着急。我还得一本正经的同你说，不要以为我不明白你，或是埋怨你，疑心你，对你不肯南行就生气。我不生气。你即或是因为北平有个关心你，你也同情他的人，只因为这种事不来，故意留在北京，我也不妒忌，不生气。……我不是说笑话，不拘谁爱你或你爱谁，只要是使你得到幸福，我不滥用任何名分妨碍你的幸福。我觉得爱你，但不必需因此拘束你。正因为爱你，若不能够在共同生活上给你幸福，别的方面我的牺牲能成全你的幸福时，我准

一半儿温馨
一半儿冷

YIBANR
WENXIN
YIBANR
LENG

沈从文与
张兆和的
似水情缘

备牺牲。有痛苦，我忍受痛苦。①

他是多害怕失去她，而这种恐惧，比起当年追求她、怕得不到她时的感受更深。这几年，他是太依赖她了，根本就不能没有她。沈从文仿佛被魔鬼突然攫住了一般，陷入了一种神经质的忧虑中。他脑子里出现的假想敌，几乎要把他打垮了，他甚至想象自己失去她以后，暮年凄凉，过着一种完全绝望的生活。这时的沈从文几乎确信，张兆和真的打算不要他了。对于自己的胡思乱想，沈从文自己是明白原因的，但又没有办法，只能在信中无奈地自我剖析："我这人原来就是悲剧性格的人物，近人情时极近人情，天真时透底天真，糊涂时无可救药的糊涂，悲观时莫名其妙的悲观。"② 他还总结了一下具体的原因：一是遗传上或许有疯狂的因子；二是年纪小时就过度生活在幻想里；三是看书太杂，生活变动太大；四是鼻破血出，失血过多，用脑太过。

辗转了一个多月之后，沈从文的信终于送到了张兆和手里。读完这些心急火燎的信后，深知丈夫脾气的张兆和，对这些胡思乱想和小孩子一样幼稚的话并不想过多争辩，也不去怪他，所以针对那些空想和怀疑，她回信时只这样应了一句："来信说那种废话，什么自由不自由的，我不爱听，以后不许你讲。"

的确，沈从文是多虑了。他哪里想象得到，在自己神经紧张吃空醋的时候，张兆和一直忙得焦头烂额。自从他逃出北平后，家中已无收入，并且已经欠下了不少债，若再继续下去，根本难以为继。家用紧张，张兆和想辞掉家中佣人厨子节省些开支，可是见其近来做事极负责，一副处处小心的样子，善良的她又不忍心，只得暂且留着，想等过完年再辞。冬天来临，又是年关将近，一日三餐，添煤置衣，样样事都费钱。而且，此时一家人生活过得再困难，张兆和也不愿意开口求人。虽然她本可以向父亲求援，但考虑到继母的脾气，她不想让父亲觉得为难，也就什么也没说。钱之来难去易，再没有人比做了四年主妇的张兆和更清楚的了，沈从文平常总叫她不要太委屈自己，该

① 1937年11月6日，武昌，沈从文复张兆和，见《沈从文全集》第18卷，第262—263页。
② 1937年11月6日，武昌，沈从文复张兆和，见《沈从文全集》第18卷，第264页。

花的花，却不知道，如果不是她这样节俭，这个家根本就没法维持下去。对于现实的许多事，沈从文有时是天真的。这样兵荒马乱的时期，他还常常在给张兆和的信中提到，希望她有空时能翻译些英文书，不要浪费了自己的才华。张兆和无奈，后来回信时说：

> 你说译书，现在还说译书，完全是梦话。一来我自己无时间无闲情，再说译那东西给谁看？谁还看那个？文学也者，尤其是经过一道翻译的别人家的东西，这时候还是收敛了吧。①

没过多久，张兆和便收到杨起寄来的信，信中说他到了武汉之后身上的钱就花完了，接下来的路，大约要靠借债才行了。看了信，她一则为盘缠用尽的朋友担心，一则松了一口气，庆幸自己没有冒险跟着南下，否则不但要路费不够，加上一路颠簸，大人小孩身体吃不消，肯定都得生一场大病。她于是写信把情况说给沈从文听，语气中不无委屈：

> 希望你懂事一点，勿以暂时别离为意，我的坚持不动原早顾虑及此，留在这里也硬着头皮捏一把汗，因为责任太大，一家人的担子全在我身上，我为什么不落得把这担子卸到你身上，你到这时自可以明白，你当时来信责备得我好凶，你完全凭着一时的冲动，殊不知我的不合作到后来反而是同你合作了。②

道路阻且长，会面安可知。沈从文急切渴望见到妻儿的心情是能理解的，而更应当被理解的是一个唯恐两个幼子有所闪失而顾虑重重的母亲的心吧。

冬天很快来临了。北平的冬日不像南方那样湿冷难耐，有几天的太阳温暖如春，照得人尤其舒服。天气这般好，世界却这样乱，简直让人不能不生气。又想到沈从文此时不知身在何处，向来沉稳的张兆

---

① 1937年12月29日，北平，张兆和复沈从文，见《沈从文全集》第18卷，第286页。
② 1937年12月11日，北平，张兆和致沈从文，见《沈从文全集》第18卷，第277页。

第三帧 聚散｜为何你不来与我相见

和也变了，精神一会儿振奋，一会儿萎靡。好在，身边有两个可爱的孩子陪着，能给她带来许多乐趣，暂时忘却疲劳。

才三岁的小龙，这时已认识不少字了，吃饭的时候，一定要在垫桌子的报纸上找自己认得的字，看得极认真，却像爸爸那样不把吃饭当回事，张兆和写信说真像个小从文。自从沈从文走后，小龙也时常想着爸爸，张兆和就逗他说："我们一同回合肥，爸爸在湖南，不带爸爸去。"听了这话，小龙就伤心得哭了。至于小虎呢，虽然没有什么鱼肝油、奶粉之类的滋补食品吃，却长得分外好。他的头发黑黑的，曲曲的，眼睛又大又亮，颜色是蓝纷纷的，睫毛也长，活像个洋娃娃，见的人无不喜欢得要来抱一抱、亲一亲。张兆和颇为美妙地想象着，这双漂亮的大眼睛准是因为跟沈从文在青岛的时候，见到海上的天空太美了，留下的印象太深了，上天才无意中将这抹蓝慷慨地移植到孩子的眼睛里。

夜来，月色溶溶，照在窗上，清辉适人。张兆和半夜起来，给小虎雏喂了奶，又把他身底下湿片换了。小东西吸饱了奶水，很舒服似的，睁大了一对黑眼望着妈妈憨憨直笑，还把一只大拇指含在口中，甜甜地进入了梦乡。小龙则把胖胖的小脸睡得红红的，蜷着身子，将两只白藕似的膀子放在被子外。张兆和把两个孩子都亲了一遍，闻着孩子身上特有的温香，她的心也静了。这时已是凌晨一点多，想到远在他乡的丈夫，却睡不着了，于是又提笔写信：

> 至于我这里，你可以完全放心，不论你多远，我同孩子总贴着你极近。前一礼拜挂号寄出孩子相片多张，不知你是否可以得到。希望你常常想念着我们。……①

1937年11月1日，由清华大学、北京大学、南开大学组成的长沙临时大学正式开学，这一天成为后来的西南联大的校庆日。不料紧接着，南京陷落，武汉告急，长沙遭遇空袭，抗日局势迅速恶化。教育

① 1937年12月14日，北平，张兆和致沈从文，见《沈从文全集》第18卷，第279页。

部于是决定，将刚刚成立的长沙临时大学西迁至云南昆明，1938年2月开始搬迁，人员分两路赴滇，一路乘坐交通工具，一路组成"湘黔滇旅行团"步行。

1938年1月初，编写教材的办事处决定迁往昆明，沈从文带领办事处的人员来到湖南沅陵，在大哥沈云麓的家"芸庐"住了三个多月。

一年一岁，又到旧历新年。1938年这年的新年，沈从文在沅陵，张兆和在北平，两人天各一方，别有一种离愁滋味。

在芸庐，同沈从文一起过年的还有张兆和的五弟张寰和、萧乾以及杨振声的大女儿杨蔚等。大年夜，大家聚在一起热热闹闹放鞭炮，然后聚到云麓大哥的房间一起玩牌，唯独沈从文一人没有去。他坐在楼上的一间大房间里，一个人围着炉子烤火。一面是完全的热闹，一面却是完全的静寂。他想起妻子清瘦的脸，小虎的大眼睛鬈头发，小龙的小车子上大街，北平的第一回轰炸，南京的夜袭，武汉的空袭，却有着另一种滋味。

正当沈从文想念千里之外的妻子孩子时，张兆和也在北平的家中一边听着爆竹声守岁，一边摊开信纸写信。可巧的是，时近凌晨，邮递员给她送来了一封快信，是沈从文寄来的。由于信多，沈从文将寄出的信都以颜色和数字为名编了号，以作识别次序之用，这封深夜抵达的信是1月11日写的，编号为"紫十四"。在这个特殊的时刻收到信，张兆和欣喜万分，迫不及待抽出信笺，细细地读了几遍，回信给沈从文时说：

> 我欢喜听你说到云庐的种种，庐内主客的种种，以及庐外云山的种种。我又欣喜你有爱写信的习惯，在这种家书抵万金的时代，我应是全北京城最富有的人了。……[①]

天亮了，通宵了一夜的爆竹声此时变得更加激烈起来。张兆和坐在桌前，时不时放下手中的笔，倾身谛听这震耳的声响。远处传来播

---

① 1938年1月31日，北平，张兆和致沈从文，见《沈从文全集》第18卷，第293页。

一半儿温馨
一半儿冷
YIBANR
WENXIN
YIBANR
LENG

沈从文与张兆和的情缘
似水

鼓声，咚咚咚，咚咚咚，沉重地敲击着暗色的天幕。越是人心惶惶的时代，节日的气氛越是浓烈，似乎这样就能驱散心中郁结而沉重的痛苦与不安。

大年初一，孩子们照例是过得最开心的，穿新衣，玩爆竹，吃糖果，过年，热热闹闹了一天。到了晚上，张兆和照例给远在沅陵的沈从文写信，分享过年的喜悦：

> 今天新年，乱哄哄的一天，两家的孩子各穿了新衣，忙出忙进，景况仍然十分热闹。中午我们在三叔家吃的饭，下午卓君庸、王正仪来，晚饭王正仪三叔婶在我家吃的。晚间舅舅大姨翻出许多旧衣大帽子，围巾，腰带，六个孩子，连同小龙小拴在内，打扮得怪模怪样，跑到我房里来演戏，小龙头包红围巾，擦得一脸白粉，身上莫名其妙的捆了一些绳子带子，解开扣子，两只手掀起大襟，同带着黑胡子的舅舅乱蹦乱嚷一气，这是他们的戏。最能欣赏他们这一套的仿佛还是小虎。婆婆抱着他，你能想象他的眼睛睁得有多大，简直看愣了，一动也不动。小孩子是仍然有他们的世界的，可怜是生在这种时代，一切只有从简了。你要他们的相片，天气还冷，小虎不敢抱到院子里去，缓日照了寄来，此次只得旧照寄来三张。①

末了，她还向沈从文报告了一个好消息，原来，就在除夕，小虎已经能坐得住了。小龙也是在大前年的除夕那天忽然会走路的。兄弟俩这样不约而同，都挑了同一天，可谓有趣。写完这一段，张兆和好像已能看见沈从文收到信时的笑容了。带着这笑，她也进入了梦乡……

3月初，由长沙临时大学一部分师生组成的"湘黔滇旅行团"在向昆明转移时路过沅陵，恰逢暴风雨和冰雪，行程受阻，沈从文便把闻一多等师生们请到芸庐，招待他们吃饭休息。五天之后，天气转好，这队人马又继续踏上了去昆明的徒步之旅。

---

① 1938年1月31日，北平，张兆和致沈从文，见《沈从文全集》第18卷，第294页。

年关过后，张兆和手里的粮越来越少，一家人的生活维持越来越困难，心也越来越急，写信给丈夫时，也比往常更焦虑了：

> 我现在唯一的愿望，是俭俭省省的过，大家能相安，帮助我把这难关度过，因为要俭省，就不得不自己多添忙累，因为要俭省，这使得家里人心里不愉快，这是必然的结果。可是这个家在我手里，我不省怎么办？①

沅陵的四月天，紫荆、海棠花开得正好，春笋、蕨菜还有蒜苗等时蔬也都上市了，还可以吃到鲜美的河鱼。可是春天再好，妻子孩子一天不来，沈从文就一天不安心，唯有书信能聊以解忧。4月3日这天，沈从文写信给张兆和，说收到了信和照片，还把孩子们的照片给同乡看了，大家都夸赞不已。但从信中知道妻子在北平日子过得很辛苦，他心里也不是滋味，于是回信说：

> 我知道你一定极累，我知道孩子累你，亲人、用人都累你，得你操心。远人也累你，累你担心一切。尤其是担心到一些永远不会发生的事情。我看到你信上说的"你是不是真对我好？"我真不能不笑，同时也不能不……你又说似乎什么都无兴味了，人老了。什么都无兴味，这种胡思乱想却有兴味。人老了，人若真已衰老，那里还会想到不真对你好。我知道，这些信一定都是你烦极累极时写的。说不定还是遇到什么特别不如意时写的。更说不定，还是遇到什么"老朋友"来信或看过你后使你受了点刺激而写的。……我希望你注意一下自己，不要累倒，也不要为想象所苦恼。②

隔着万水千山，两个人心上总是时不时会涌起悲观的情绪，仅有的书信安慰也被时间延迟，再也没有什么比这样的折磨来得更痛苦了。

4月12日是沈从文在沅陵的最后一天，第二天就要出发去昆明了。小院里新绿照眼，沈从文背靠在椅子上，在廊下看山，听雨，听画眉

---

① 1938年3月22日，北平，张兆和复沈从文，见《沈从文全集》第18卷，第298页。
② 1938年4月3日，沅陵，沈从文复张兆和，见《沈从文全集》第18卷，第301页。

一半儿温馨一半儿冷

YIBANR
WENXIN
YIBANR
LENG

沈从文与张兆和的似水情缘

黄鸟叫，见对河一带白烟轻笼。芸庐的住房很好，沈从文自己住在楼房右手边，还有一匹马、三五株竹子、两堆芭蕉、一片草。他痴想着如果小虎来了，一定很欢喜，因为到处是作曲唱歌的鸟雀，非常好听。小龙来了也一定欢喜，因为屋后不远便可上城，有许多新鲜玩意可看，许多点心可吃。可惜，这一切都只能是幻想，是奢望。想念家人的愁苦滋味，他已咀嚼了太多太久，觉得十分疲倦了。

第二天天没亮，沈从文就起来准备好东西等待乘渡船过江。早起所见的光景，除了"鸡声茅店月，人迹板桥霜"，还听得见杜鹃的清悲啼唤声、城里的鼓角声。夫役来了，开船的时刻就要到了。听着鸡声急促催天明，他不禁又想到，这时节家中的小龙小虎也许已经醒了，三三不知在做些什么。早安，宝贝们，他在心里默默念道。

1938年4月28日，西南联大"湘黔滇旅行团"师生在黄师岳将军的带领下，经过六十八天的长途跋涉，结束了"小长征"，顺利抵达昆明。为了欢迎这批师生的到来，西南联大在昆明圆通公园举行了盛大的庆祝会，全体团员受到了先期抵达的师友的热烈欢迎。4月30日，编写教材的杨振声、沈从文一行也顺利抵达昆明。

抵达昆明后，沈从文一面继续编教科书，一面焦急地等待着妻儿小妹的到来。他独自住在临时的居所里，心里时常空落落的。于是他写信告诉张兆和，说自己在楼上中间隔出了一个白木造的房间，小虽小，却十分合用，打算给九妹住，小房间外的空间，可以辟作客厅及给孩子玩耍的地方；另外还有一个甬道，摆一张桌子就可以吃饭。

拿着张兆和刚寄来的孩子们的相片，相片上一年未见的小虎正睁着一双大大的眼睛，仿佛惊奇地望着自己，沈从文不觉乐得直笑，文章也写不下去。此时，给张兆和他们办的护照也已经通过大哥办好了，准备寄到香港。

到昆明后，沈从文照例经常写信给张兆和催她早点南下，但是迟迟未得她确认要走的消息。这一年来，他每天心急如焚地等着等着，这时候几乎已经到了崩溃边缘。8月14日，沈从文收到半个月前张兆和寄来的信，她在信中说要等他回信。见妻子仍在踌躇，沈从文又一次担心起她是否在找借口，于是立刻写信催她早点上路，且在信中连声喊"我很痛苦，很痛苦"。写完给第一封给张兆和的信后，他又写了一封，却是给儿子龙朱的：

> 小龙儿：
>
> 　你怎么还不来？我很想念你们。很希望姆妈早些日子带你和小弟弟上路。这里石榴如碗大，不来吃，岂不可惜。黄色桃子也如碗大，快要完了。枣子初上市，和三婆家院子里枣树结的枣子一样甜。你小房已经收拾好了，只待买小蚊帐。
>
> 　你姆妈七月卅一来信，还问我事情，等回信，我真不大高兴，不再回她信。姆妈说想不带小虎儿来，留他给八姨看顾，问我意思。我意思大家早来些好，再莫这样挨下去。她若舍得小虎，留在协和寄养，好吃牛奶让他更胖些，未尝不好。小弟弟这时正需要一个不病不疼能吃能睡的环境。姆妈认为留下好，我没有什么不同意。不过姆妈若认为一到这里又得跑，方怕带小弟上路，完全是胡涂打算。不知从谁听来的荒诞传说。这里不好，还有什么地方更好？带小弟弟上路并不怎么麻烦，到了这里好得多。这里东西贱，过日子容易，气候长如春天，对小孩子极相宜。像你和小弟弟一样人乖得可爱，为家中宝贝的孩子，不到三万也有两万。我希望你姆妈体谅我一些，不要再为什么事等我回信。且希望带你和小弟弟来，不要怕这样那样。
>
> 　……
>
> 　她不愿来，我盼望她托个人让你来。你来这里我使你上学校，同好些小朋友玩。还可带你出城看大黄牛，看马，骑马，骑牛。我欢喜你，想念你。你是我的好孩子。
>
> 　为我亲亲弟弟黑头发。我也欢喜他。
>
> 　　　　　　　　　　　　　　　　　　爸爸字
>
> 　　　　　　　　　　　　　　　　　　八月十四①

　　小龙朱这时才四岁，还没有读信的能力，沈从文这封信名义上是给儿子的，实际上是还是给张兆和的。信写得又可怜又可爱，想必当

① 1938年8月14日，昆明，沈从文致张兆和，见《沈从文全集》第18卷，第324—326页。

一半儿温馨
一半儿冷
YIBANR
WENXIN
YIBANR
LENG
沈从文与
张兆和的
似水情缘

1938年张兆和带着儿子龙
朱（右）、虎雏（左）经
香港、越南去昆明时护照
所用照片

她读到这封孩子气的信时，也笑了起来。

沈从文耐着性子又等了几天，还是没收到张兆和已经出发的消息，他不知道那边究竟出了什么状况。他着急得事也做不了，觉也睡不好，饭也吃不下，就像丢了魂似的。拿起笔抖抖索索想写信，却换了好几张纸都写不好，疑心病又大大发作了：

> 我很想用最公平的态度，最温和的态度，向你说，倘若你真认为我们的共同生活，很委屈了你，对你毫无好处，同在一处只麻烦，无趣味，你无妨住下不动。倘若你认为过去生活是一种错误，要改正，你有你的前途，同我长久在一处毁了你的前途，要重造生活，要离开我重新取得另外一分生活，只为的是恐社会不谅，社会将事实颠倒，不责备我却反而责备你，因此两难，那么，我们来想方设法，造成我一种过失（故意造成我一种过失），好让你得到一个理由取得你的自由，你的幸福。[1]

信写得很长，句句仿佛滴着血。一个是只管创作不管家务的丈夫，一个是惯于充当配角的主妇，在距离的威胁下，仿佛颠倒回了六七年前的角色：一个是在爱情面前自卑到无以复加的无名小卒，一个是对爱情不屑一顾的大家闺秀。但这些怀疑，是沈从文心上的幻影，他像一个任性的孩子怪张兆和："说老实话，你爱我，与其说爱

---

[1] 1938年8月19日，昆明，沈从文致张兆和，见《沈从文全集》第18卷，第329页。

我为人，还不如说爱我写信。"① 但细细读完这些信后，谁又忍心责备他或她呢，双方都有莫大的苦衷。隔着那么遥远的距离，通信又那么慢，沈从文不能不担惊受怕，他也不是不了解她的难处，只是实在无法忍受一家人分开的绝望和孤独。而她也是为了护住这个来之不易的家才会千思万虑，加倍小心，子弹、炸弹、瘟疫都是无情的，稍不留神就有可能夺去孩子脆弱的生命，作为两个幼小孩子的母亲，她不得不小心翼翼。

人说乱世莫诉儿女情，其实乱世儿女情更深。这一条聚首的路，走得的确太过漫长和辛苦。

当沈从文急得快发疯的时候，张兆和也一样心急如焚。她清楚丈夫的脾气，知道他这时候准是痛苦万分。张兆和赶紧写了信安慰他：

> 得萧三哥（指萧乾）转来你八月五日的信，知道文件已办好寄香港，你一定日日盼望我们来，在车站接我们，一定有许多信寄过香港了。可是我们还安然不动，要在下月底动身，为时尚有一月，我知道你得到这消息一定很生气，责怪我不要紧，希望你自己莫生气，我要你不生气。②

接下来，她便对为何推迟行程做了一番详细的解释：写信托朋友买票的那天，要买的那一趟船却已经开了……凡此种种，非亲身经历是不能明白其中曲折的。

想必过了大半个月后收到这封信的沈从文，心中也会有错怪妻子的内疚，甚至感叹：知我者，三三也。

1938年10月，张兆和与九妹沈岳萌带着两个孩子从北平出发，到天津乘"德生号"轮船转到上海，再由上海到香港，后取道越南河内，再沿滇缅线去往云南，直到11月4日才抵达昆明，与沈从文相见。多年后，有感于一家人团聚不易的虎雏为去世的父亲沈从文写下一篇感人至深的文章，即名为《团聚》。

---

① 1938年8月19日，昆明，沈从文致张兆和，见《沈从文全集》第18卷，第331页。
② 1938年8月25日，昆明，沈从文致张兆和，见《沈从文全集》第18卷，第334页。

不论你多远，我同孩子总贴着你极近。

——张兆和致沈从文

云南蛰居记

云南地方虽高，但就城周光景看来，却平坦如江浙地方，不比沅陵溪谷高耸，山深树密。惟河水极古怪，多混浊旋转，急如奔赴，尤以在盘江为甚。昆明滇池，则近于一蓄水池，长年清澈照眼，不冻，不浑，不干涸。地方气候既四时如春，滇池边山树又极可观，若由外人建设经营，廿年后恐将成为第二瑞士日内瓦。

——沈从文致沈云麓[①]

当张兆和拖着龙兄虎弟和九妹终于抵达昆明时，在车站等待已久的沈从文心里悬着的石头顷刻间落地粉碎了。见到提心吊胆牵挂了一年多的妻子分明又憔悴消瘦了几分，他又是高兴，又是心疼：三三，让你受累了！

见了小龙小虎，抱起来亲亲，同时也不禁大吃一惊：一年多没见，两个小鬼变化实在太大了！小龙长高了，结实了，走路又快又稳。小虎早不是抱在怀里吃奶的小婴儿，已成了一个会走路的胖娃娃，忽闪着大眼睛，蓝纷纷的睫毛，比照片上还要可爱。

所有的煎熬和等待，仿佛都在这相聚的一刻化为乌有。

但让沈从文和张兆和没想到的是，这一次在昆明落脚，并非是候鸟来南方过冬，只要等短短一季，开春即可飞回北方。全家人在云南这

---

① 1939年2月20日，昆明，沈从文致沈云麓，见《沈从文全集》第18卷，第344页。

一半儿温馨
一半儿冷
YIBANR
WENXIN
YIBANR
LENG

沈从文与
张兆和的
似水情缘

1946年5月3日，西南联大中文系全体师生在教室前合影。二排左起：浦江清、朱自清、冯友兰、闻一多、唐兰、游国恩、罗庸、许骏斋、余冠英、王力、沈从文

一住，竟是漫长的八年。这八年，血雨腥风席卷整个山河，无数壮士出征，化作青山绿水间的成堆枯骨，方救回了一个几乎垂死的古老国度。

抗战时期的云南，是一座巨大的收容所，从东西南北四面八方涌来的逃难者，霎时间都聚集到了这片绚烂的彩云之下。在日军敌机的狂轰滥炸摧毁下，原本宁静的省城昆明迅速陷入了一片萧条之中，不光物质遭到巨大破坏，而且物价飞涨，大批避居昆明的难民过着极其困难的生活。大多数人吃饭只求果腹，穿衣只求蔽体，至于美味与否、美观与否，根本顾不上。昆明被轰炸的程度仅次于重庆，有大半年时间，三十万市民每天都在躲空袭，警报一响，大家就往郊外跑，昆明人称之为"跑警报"。

1938年年底，沈从文一家从青云街搬到了北门街四十五号，宅子里面有小小的楼房，大大的院子，传说是著名爱国将军蔡锷住过的。在这座宅子里，不仅住着沈从文、张兆和、龙朱、虎雏、沈从文的九妹沈岳萌，张兆和的四妹张充和，还住着杨振声和他的女儿杨蔚、儿子杨起以及刘康甫教授父女，一群人组成了一个临时的大家庭。吃饭时，大家围着大桌子团团而坐，杨振声面南而坐，刘康甫在其左，沈从文在其右，座位虽无人指定，却自然有个秩序。在院子里，还有哲学家金岳霖寄养的一只大公鸡，一到拉空袭警报时，别人都出城疏散，他却进城来抱他的宝贝大公鸡。

　　1939年4月，就在敌机频繁的轰炸声中，西南联大新盖的校舍终于在昆明完工了。几经搬迁，联大师生第一次拥有了真正意义上属于自己的校舍和校园。但除了图书馆、饭厅是瓦房，其余的校舍、办公室都是土墙，上面盖的是铁皮。新宿舍的条件更简陋，是土墙、泥地、稻草顶。由于生活困难，联大的同学们多"半工半读"，教授们则"半工半教"，师生们齐心合力，终于渡过了难关，直到抗日战争胜利后，才复又分为清华、北大、南开三校。西南联大诞生于最艰难的抗战时期，条件如此简陋，却成为中国教育史上的一桩奇迹。诚如西南联大校长梅贻琦先生所言："大学者，非大楼之谓，乃大师之谓也。"当时的西南联大大师云集，蔚为壮观，有陈寅恪、钱锺书、吴宓、刘文典、闻一多、金岳霖、冯友兰等，教授们都以照本宣科为耻，以讲自己的著作为荣，学术气氛自由活跃。短短几年时间，联大就培养了一大批优秀的学生，文理工皆全。其中有获得诺贝尔物理学奖的杨振宁，也有继承了沈从文衣钵的名作家汪曾祺，有外语系教授、英国现代派诗人威廉·燕卜荪的学生著名诗人穆旦，以及师从于金岳霖的哲学家殷海光等等。

　　由于西南联大常务委员杨振声的提议，1939年6月27日，沈从文被聘为西南联大师范学院国文系副教授，四年之后，沈从文晋升为教授，月薪三百六十元。在讨论沈从文晋升教授职称的会议上，有些人不同意，据说刘文典教授就反对说："陈寅恪才是真正的教授，他该拿四百块钱，我该拿四十块钱，朱自清该拿四块钱。可我不给沈从文四毛钱！"的确，同陈寅恪、刘文典、钱锺书、吴宓这些学贯中西的留洋教授比起来，只有小学文凭的沈从文确实显得薄弱，他足以自傲的资本是写了几十本小说。不过刘文典一向狂狷自负，有"狂人"之称，在他眼里，只有考据、国学才是正经学问，白话小说他一向是看不起的。但在西南联大，并非所有教国学的教授都看不起新小说，比如连刘文典都推崇备至的陈寅恪教授，就是通俗小说家张恨水的忠

一半儿温馨
一半儿冷

YIBANR
WENXIN
YIBANR
LENG

沈从文与
张兆和的
似水情缘

实读者。而本是保守的"学衡派"阵营里的吴宓教授，不光极欣赏茅盾的小说《子夜》，对弟子钱锺书的小说《围城》更是赞不绝口，还计划写一部能与《红楼梦》相媲美的自传体小说《新旧因缘》。在沈从文晋职时，吴宓站在了这位备受奚落的小说家一边："以不懂西方语言之沈氏，其白话文竟能具西方情调，实属难能。"还有一则掌故广为流传，说有一次跑警报时沈从文遇到刘文典，被他奚落了一番："我跑是为了保存国粹，学生跑是为了保留下一代的希望，可是该死的，你干吗跑啊？"但鲜为人知的是，沈从文其实和刘文典算是远房亲戚，后来沈从文还去拜访过他，并没有外界传说的那般水火不容。联大学人性格鲜明，其人其行有趣者甚多，当事人多不计较，后人则乐于采撷点染，俨然一部民国版《世说新语》。

沈从文有时虽不免带点乡下人的自卑，但他对自己的长处和价值也很清楚，并很自信，所以并不争辩。他一心想做的，不过是老老实实教书，认认真真写文章。沈从文在西南联大开过的课有"各体文习作"、"创作实习"和"中国小说史"，同用一口流利英文引经据典讲西方小说的钱锺书、抽着鸦片烟吞云吐雾讲庄子并嬉笑怒骂的刘文典相比，沈从文上课朴素低调得多。沈从文看的书很多，但他讲课不爱引经据典，

1938年沈从文在昆明

多凭自己的直觉说话。据他的学生汪曾祺回忆，沈从文讲课不用手势，也没有任何舞台道白式的腔调，没有一点哗众取宠的江湖气，他讲得很诚恳，甚至很天真。讲"中国小说史"，有些资料不易找到，就用毛笔抄在高一尺、长四尺的云南竹纸上，抄好后卷成一卷，上课时分发给学生，可以说是一种原始的手工业方式。沈从文上文学创作课也很有特点，他不赞成让学生写命题作文，任由学生自由发挥，爱

写什么就写什么，偶尔出一两个题目也妙得很，如"我们的小庭院有什么"和"记一间屋子里的空气"，比不命题还有趣。

由于昆明物资少人又多，加上国民党当局滥发纸币，因此物价极高，很多人都生活困难。过去在大都市里生活在中上水平的联大教授们，到了昆明以后也很快就沦为贫民。尤其是1942年到1945年，是联大教授们日子过得最为艰苦的时期。关于联大教授的穷，在昆明流传着一个笑话：一名乞丐在大街追着朱自清乞讨，朱自清被纠缠不过，便回头道："别跟我要钱，我是教授！"听到这句话，那位乞丐扭头就走了。在联大，除了像金岳霖这样的单身汉可以一人吃饱全家不饿外，教授们的月薪通常只够维持全家人十天半个月，剩下的，只好另想办法。为了养家糊口，教授们个个只能八仙过海，各显神通。

有的教授除了在联大上课，得空还要去别的学校兼课，工作量很大，忙得不可开交，再也不能像过去那样悠闲地看自己想看的书了。还有的教授去做办公室文秘，或者当公共汽车售票员，还有摆地摊者，不一而足。除了上述几例，联大教授们自力更生的方法还有许多，社会学系的陈达教授率领妻儿开辟菜地种植蔬菜，费孝通教授在校门口摆摊卖大碗茶，一切都得为生活计。

由于当时联大教师宿舍十分紧张，且1942年又遭空袭被炸，有的教师不得不到外面租房。1941年学校发给在外租房的教师每人每月租房补贴一百元，但是随着通货膨胀的加剧，这笔钱根本就不够付房租。1942年9月19日沈从文在给三弟沈荃的信中说："学校每人贴房租百元，事实上每人二百元亦办不妥。"到了1943年1月11日，沈从文写信给三弟时说："城中住处不易得到，一般租房子必三百元一间，三间房子即近一千矣。"可见房租上涨之快。于是，很多联大教授为图房租便宜，兼且躲避昆明城内频繁的空袭，搬到了郊区居住，有的甚至住到了五十多里外的呈贡乡下，沈从文一家、冰心一家都是这样。所以当时在昆明还流传着一句话：昆明有多大，西南联大就有多大。

闻一多一家有八个人，吃饭成了一个很大的问题。为了应付眼前的难关，他听从友人建议，公开挂牌，为人篆刻印章，以资家用，成了一位名副其实的手工业者。浦江清教授特为闻一多撰写了一篇

第四帧 看云—云南蛰居记

127

一半儿温馨
YIBANR
WENXIN
YIBANR
LENG
一半儿冷
沈从文与
张兆和的
似水情缘

《闻一多教授金石润例》，并有包括沈从文在内十二位教授的联合署名，以表支持。《润例》一出，来求刻印的人越来越多，闻一多欣喜之余，也是万分苦恼，因为生意好，收入就有了保障，吃饭就不必担心，但这就意味着读书的时间缩减了；可如果生意不好，就更糟了，因为这就意味着一家人得挨饿。尤其是1944年和1945那两年，物价涨得更是离谱，闻一多后来在给友人的信中曾谈到当时的窘困："弟之经济状况，更不堪问。两年前时在断炊之威胁中度日，乃开始在中学兼课，犹复不敷，经友人怂恿，乃挂牌刻图章以资弥补。最近三分之二收入，端赖此道。"①

读书人最爱惜的是书，可是到了连肚子都填不饱的时候，许多教授亦逼不得已只能将心爱的书卖掉，这对他们来说，就跟卖掉自己的亲生骨肉一样疼。历史系的教授吴晗是研究明史的专家，为了照顾严重贫血的妻子，又不肯接受学生为他捐款，后来忍痛将自己珍藏多年的书籍卖掉了。朱自清、闻一多等教授也曾为了解燃眉之急而卖书，他们一手交出自己精神上的面包，一手换回家人急需的口粮，还眼巴巴地盼着战争结束后，有朝一日能将那些心爱的书重新赎回来。

闻一多在刻章

---

① 1946年2月22日，闻一多致闻家騄，见孙党伯、袁謇正主编：《闻一多全集》，湖北人民出版社1993年版，第402页。

1943年，包括杨振声、冯友兰、罗常培、唐兰、闻一多、游国恩、沈从文等在内的十二位教授发起卖文售字，作为他们的开源之道，并写了《诗文书镌联合润例》当广告，上面有详细的收费标准。沈从文还同朱自清一起，托朋友帮忙，希望能靠当地士绅的关系出售一些书法作品。

为了省钱，沈从文常常去米线馆吃一碗一毛三分的牛肉辣米线，这是最便宜的，他却吃得津津有味。他还动员全家大小去附近的山上或公路边捡柴提水。不光如此，沈从文还想过创"民族实业"。他写信给在湖南沅陵的大哥沈云麓，谈到云南多雨水，但无制伞者，觉得是个商机，于是请大哥调查一下湘制纸伞及布伞多少钱一柄，估计一下运到云南来能不能有盈利。沈从文甚至打算，如果可行的话，就跟人开个小公司，将这些美观实用的东西拿去出口，既可换些外汇，还可兴旺乡村手工业，增加抗战的实力。他还建议大哥在湖南本地物色一些精擅做绣花被单的妇女，发展本地的特色手工业以供出口。

在西南联大，每一位有家室的先生，背后都有妻子牢牢支撑。她们用最柔软、最坚韧的手臂，支起了一个个绿色的冠盖，让一个个小家不至于凋敝。西南联大校长梅贻琦的夫人韩咏华，与袁复礼教授夫人廖家珊、潘光旦教授夫人赵瑞云一起，发明了一种上海式的米粉碗糕，命名为"定胜糕"，取抗战一定胜利之意，并用红糖浆在米糕表面写上"定胜糕"的标签，拿到糕点铺里寄卖。为了多赚些钱，她们还背着背篓，提着篮子直接在街上叫卖。教授夫人们上街卖"定胜糕"的行为一时被传为美谈，生意也红火了起来。赵瑞云还曾自制绣花绸睡衣、头巾、手帕卖给美国盟军，以贴家用。哲学教授冯友兰的妻子也亲自做芝麻烧饼出售，以换取生活费。

1939年5月，沈从文为了节约房租，把家安在了呈贡乡下杨家大院，屋主人是当地一个大盐商，建筑很是讲究。呈贡靠近滇池，一池碧水照眼，风景很好。沈从文的家位于前楼两间正房里，在房中即可把附近滇池和西山的风光尽收眼底。杨家大院背后还有一片景色优美的山坡，一家人晚饭后经常到那里去散步。

把家安在呈贡后，沈从文每星期在昆明城内为联大学生上几天

一半儿温馨
一半儿冷
YIBANR
WENXIN
YIBANR
LENG
似水情缘
沈从文与
张兆和的

课，剩下的几天便到呈贡乡下来住。张兆和在呈贡，除了要去学校教书，回来还得做家务照顾孩子，虽然日子过得忙而累，但看着两个孩子健康快乐地一点点长大，她并不觉得苦。在她清瘦的脸上，依旧挂着一如往常的谦和笑容。

一次，张兆和的一位堂姐和堂姐夫坐着轿车来了，堂姐长得圆圆胖胖，浑身穿得珠光宝气地走进来，果然使得沈家简陋的居室"蓬荜生辉"。她一面环顾着家徒四壁的房间，一面嚷着："三妹，你们这个大作家、大教授，是怎么过日子？什么大学毕业，有什么用？你看我，这个中学生。"说着伸出手来，只见上面三枚大钻石戒指一闪一闪。她请张兆和和沈从文跟着她做生意发财。原来，她丈夫是缅甸铁路局局长，还兼管沿线国防工程。国难当头，他却利用职务之便收受贿赂，做投机生意，发了一笔横财，生活过得极其奢侈。堂姐每天要烫两次头，夜夜跟十八九岁的小伙子跳舞，家里小孩一天看两场电影，这会儿闲得无聊，到沈家显摆来了。

望着这位长着一张又白又胖圆脸的堂姐，张兆和只是微笑着，没有更多言语。沈从文在一旁看着，无言以对，只觉得眼前的来客气概异常大，灵魂却异常小，甚至在心里对他们产生了一丝怜悯。这位来客不会知道，自己拿出来炫耀的那些东西，在沈从文和张兆和眼里皆是轻的。以沈从文之文才，要想多挣些钱把日子过好点并不算难，在写给大哥沈云麓的信中，他曾这样表明心迹："去作公务员，有什么意思可言。若想作高级公务员，向重庆一走，早就成什么文化委员了。我还只想过两年能抽出两只手来，连一礼拜五点钟书也不教，来写十年小说看看。"尽管一家人维持生活已很苦，但沈从文和张兆和每有些余力时，总想着也能给别人一些帮助，他们经常去学校给孩子们义务讲课，分文不取。即便是那样困难的时候，张兆和还资助过几个华侨中学的孩子的生活费。沈从文还常常倒贴邮费，替作文写得好的学生投稿。有时候为了节约邮费，他只好将稿纸的边缘都裁去，只留下写了密密麻麻字迹的那一部分。而这一切，都是这位打扮时髦内心空虚的堂姐永远无法理解的。沈从文曾在给大哥沈云麓的信中谈到在呈贡居住的日子：

九年中倒是最近两年在呈贡住，真是最值得记忆，一切似乎都安排对了，一切都近乎理想，因此一家日子过得非常健康。人家要过节时才把家中收拾收拾，我们倒像每天都在过节似的。孩子们给我们的鼓励，固然极大，最应感谢的，还是兆和，体力方面的健康，与性情方面的善良，以及在困难中永远不丧气，对家中事对职务永远的热诚，都是使一家大小快乐幸福的原因。[①]

1944年，由于张兆和要去桃源新村的桃源建国中学教书，而且桃源离昆明近，方便沈从文去联大教书，因此一家搬离了呈贡杨家大院，来到了桃源。桃源这个名字很美，可是新家却是寒酸的，沈从文在给友人钟恂的信中写道：“弟住乡下已七年，名桃源新村十二栋，在滇越路线上桃源站附近。茅屋上漏而下湿，粗细事均由家中人亲自动手，故不便邀客人相过。”[②] 比起在呈贡的家，这里要简陋得多。

在云下蛰居的日子，也是沈从文自我沉淀、专注于内心世界的时刻。云南的云，仿佛是用高山的冰雪和南海长年的热浪调和出来的，纯净至极。晴天的黄昏，往往黑云如漆，如浓墨染在净白的宣纸上，却给人十分轻盈秀美的感觉，丝毫不觉得滞重。他不禁联想起青岛的云，那永远充满魅力的变幻，曾怎样地引起了他青春的唏嘘，煽起了他爱情的狂热。可云朵变幻的蓝天下，却有人喘息，有人倒下，有人面黄肌瘦，有人珠光宝气。云层中，敌机呼啸着飞过，仿佛被它们打破的静美全无价值。生命在发展中，变化是常态，矛盾是常态，毁灭也是常态，沈从文企图寻找，在所有不确定的人事变幻中，真正的意义是什么。于是，他拿起笔，将流动的思绪转化成文字。《湘西》、《长河》、《抽象的抒情》、《云南看云集》、《七魇集》，他不仅尝试着不同文体和风格的作品，且对自己的努力有着相当的自信：

我总若预感到我这工作，在另外一时，是不会为历史所忽略遗忘的，我的作品，在百年内会对于中国文学运动有影响的，我的读者，会

① 1942年9月8日，昆明，沈从文致沈云麓，见《沈从文全集》第18卷，第412页。
② 1945年9月28日，桃源新村，沈从文复钟恂，见《沈从文全集》第18卷，第438页。

一半儿温馨
一半儿冷

YIBANR
WENXIN
YIBANR
LENG

似 张沈
水 兆从
情 和文
缘 的与

从我作品中取得一点教育的。至于日子过得寒酸一点，事情小，不用注意的。眼看到并世许多人都受不住这个困难试验，改了业，或把一支笔用到为三等政客捧场技术上，谋个一官半职，以为得计，惟有我尚能充满骄傲，心怀宏愿与坚信，来从学习上讨经验，死紧捏住这支笔，且预备用这支笔来与流行风气和历史上陈旧习惯、腐败势力作战，虽对面是全个社会，我在俨然孤立中还能平平静静来从事我的事业。我倒很为我自己这点强韧气概慰快满意！①

　　人说乱世文章不值钱，抗战时期许多作家因为种种原因而大量减产，沈从文却是个例外。

　　因为他明白，作家最重要的是用作品说话，而不是任何别的，时间也证明了他所付出的努力是值得的。

　　尽管身处逆境，大家都努力创造着自己的价值，互相鼓舞着。在努力讨生活、跑警报之余，联大师生有时也泡茶馆、看电影、唱昆曲，不乏苦中作乐的精神。联大的师生梅贻琦、张宗和、汪曾祺等都是昆曲迷，还有受教育部委派跟杨振声、沈从文一起编高中教材的张充和。白天跑警报，晚上有空，大家就聚在一起弹古琴、唱昆曲，陶醉不已，仿佛不是置身于寥落破宅，而是到了雅致宁静的苏州园林。经常是张充和唱曲，张宗和吹笛，常唱的是《牡丹亭·游园》里的一支《皂罗袍》：

　　　　原来姹紫嫣红开遍，似这般都付与断井颓垣。良辰美景奈何天，便赏心乐事谁家院？朝飞暮卷，云霞翠轩，雨丝风片，烟波画船。锦屏人忒看得这韶光贱。

　　弦歌不绝于乱世，很有些魏晋的意思。

　　抗战时期日子虽然无比艰难，但从老师到学生，联大人从没有丧失的，是一种乐观的精神，他们坚信"日寇必败，抗日必胜"，光明总有一天会到来。

① 1942年9月8日，呈贡，沈从文致沈云麓，见《沈从文全集》第18卷，第410页。

最好的童年

我和弟弟虎雏至今还有仍有深深的呈贡情结，回到北京已经五十多年了，有时不自觉的就会用呈贡话聊天（现在的昆明人已经嫌我们说得太土）。印象中的云南永远是美妙无比，就是雨季也显得非常可爱。

——沈龙朱《永远的龙街子》

从1938年到1945年，沈从文一家在云南住了八年，龙朱从四岁长到十二岁，虎雏从一岁长到九岁。抗战时期的日子虽清苦，但在他们记忆里，关于云南的一切，却是童年记忆中最为珍贵、最为重要的一部分。

张兆和带着孩子住到呈贡乡下后，沈从文就开始两头跑。每星期，在西南联大上几天课，然后再从昆明回呈贡乡下住几天。每次上完课，沈从文总是急急忙忙拎着包袱赶去昆明火车站。有时候手头紧，在上火车之前沈从文就去开明书店找老板预支几块钱，有时买几包书，有时买一只大猪蹄子带回去。经过一小时小火车的摇晃到站后，沈从文就在车站租一匹又小又瘦的矮脚云南小马骑，赶马人在马屁股后头也紧跟着。越过满是大栗树的山岗，涉过流水潺潺的龙潭溪，就这样慢慢地颠上十里路，沈从文才能到呈贡南门。

知道爸爸回家的日子到了，小龙就常站在河堤高处，朝县城方向拼命望去，搜寻挎着包袱的瘦小长衫身影，兴奋雀跃地跑过去，然后跟着爸爸一起回家。

家里睡觉的床，是用两个装美孚汽油桶的木箱搭起来的。还有一张台子，既是饭桌，也是书桌，由两个木箱垫底，上面放一块画板搭起来，集吃饭、写字、娱乐多功能于一体，是一家人的活动中心。当时在联大，这样的情况太普遍了，学生的床、课桌、办公室的柜子等，全都是用这种木箱改造而成的，既不贵，又可以自由组合，算是很好的二次利用。

饭菜放在木箱搭成的桌子上，大家围成一圈，坐下来吃饭。那时家里经常吃糙红米饭，就着些瓣酱豆豉，味道是单调的。但偶尔有机会，张兆和就会想办法给孩子们做好吃的。她拿咖啡罐头做鸡蛋糕，先把鸡蛋和面粉和好，加上些葡萄干放罐头里，上下盖严实了，拿炭

一半儿温馨
一半儿冷
YIBANR
WENXIN
YIBANR
LENG
似水情缘的
沈从文与
张兆和

在罐头盒的上下烘烤，香气溢出来，把孩子们都馋坏了，都瞪大了眼睛等着鸡蛋糕做好。张兆和还会做酒酿鸡蛋，朱自清在沈从文家做客的时候曾吃过，赞不绝口。让孩子们记忆犹新的是，妈妈还会蒸馒头。当时没有蒸笼，她就专门买了一个笼屉，两个洗脸盆扣起来，在底下烧起火来。为了不让它漏气，就用湿毛巾压住缝隙。就这样，没多久，一笼漂亮的开花馒头就做好了。

有妈妈变着花样做好吃的，小龙小虎并不馋家里的食物，可对街上的小吃却馋得要命。但战时混乱，瘟疫横行，沈从文和张兆和绝对不允许孩子们乱吃东西，小龙小虎不敢也没有钱上街买小吃，只有别的大人带着出去玩的时候，偶尔能吃上一碗豌豆粉。

这时正是长身体的时候，两个孩子的食量比大人还大，尤其是小虎，还喜欢四处走动，吃得更多，面、饼、饭，都是他的最爱。沈从文笑着对小虎说："天上有轰炸机、驱逐机，你是家里的消化机。"好在云南花果繁盛，也算是省了些口粮，沈从文写信给大哥汇报时说：

孩子们住在乡下凡事尚好，近来正值麦秋，豆麦收成，随家中女用

沈从文全家在龙街

人下田"拾禾线"（指拾稻穗），收拾残余，因此有新鲜豆子吃，麦饭吃，孩子们十分高兴。过不久，还可带小钓竿同彼等往小河沟钓小鱼，所得不够喂猫，对孩子却正是一件大事！小虎虎月底满三岁，自己总觉得又长大了，十分俨然。上山必说："我太胖了，走不动路，还是抱抱好。"事实上倒是很能走，到处都可以走去。仙人掌已开花结果，过不久，即可像野人一般，每天上山吃仙人掌果子去了。[①]

吃的不讲究，穿的也破破烂烂，大人小孩皆是。小龙小虎的衣服也是缝缝补补，打了补丁的。好在云南一年四季如春，冬天不像北平那样冷，所以也省了买厚棉衣的钱。小龙有一件毛背心，是深红和浅咖啡色四块拼成的，是妈妈用旧的毛衣毛裤的断线一段段搓捻接打而成的，非常好看，许多年后他还记忆犹新。

吃完饭，收拾好呢，那张台子又变成了书桌。沈从文在上面写文章，张兆和在上面备课改作业，小龙小虎在上面写字。家里有一盏云南菜油灯，泥盏子放在有提手的竹灯架上，既可以摆放，又能拎挂，常挂在比画板稳的墙上。轮到休息的时候，每个人坐一个蒲团，围着那张台子，坐在幽暗的灯火下聊天说笑。

兄弟俩总有听不完的故事，逼得张兆和搜索枯肠，使出浑身解数来应付。于是，她给孩子们唱小时候朱干干用合肥土话哄她的童谣，又胡乱学几句妙趣横生的吴语小调，是在苏州念中学时，女同学一本正经教她的；还会给小龙小虎唱英文歌，尽管他们连字母也不认得。兆和看过几出京戏，也不得不一一挖出来，怕邻居听了去，只能轻声唱念，因此孩子们知道了严嵩、苏三等人物。

爸爸在家时，小龙小虎就不缠着妈妈讲故事了。

沈从文爱给孩子们唱在湖南当小兵时学来的歌："黄河黄河，出自昆仑山，流经蒙古地，转过长城关！一二一！一二一！"这时候，孩子们就撅起嘴，一点也不稀罕，因为爸爸唱来唱去只会这一首。他自己倒一点不腻，每次照旧唱得得意扬扬。过完当大兵的瘾，就

① 1940年5月7日，昆明，沈从文致沈云麓，见《沈从文全集》第18卷，第384页。

第四帧　看云｜最好的童年

一半儿温馨一半儿冷

YIBANR
WENXIN
YIBANR
LENG

似水情缘的

张兆和与

沈从文

沈从文的六弟沈荃

要拿出看家本领，给小龙小虎讲故事了。他讲起故事来，一点不是在外人面前那样斯文害羞，说噱逗唱，绘声绘色，每每引得孩子们瞪大了眼睛，生怕漏掉一点点。他讲上山打老虎，还会模仿老虎叫；讲一群人猎野猪，又学起野猪噱；说捉大蟒的故事，也能学蛇叫；讲到猪被叨着耳朵，又被有力的尾巴抽赶着进山时，也模仿那猪叫声逐渐远去。

沈从文打算给孩子讲个古代题材："这个还不出奇，再学一个：'杜十娘怒沉百宝箱'。"

小虎还听不准爸爸的凤凰口音，把"杜十娘"听成"豆豉娘"，就问："豆豉娘是县城里那个寡妇吗？"他琢磨着那寡妇店里一坨坨鹅蛋形的辣豆豉肯定很好吃。沈从文乐了，就顺着小虎说："当然！就学'豆豉娘怒沉百宝箱'。"以后还有"酱油娘棒打薄情郎"……这些故事就像放电影似的，一出接一出，不光有古代的，也有现代的，常常互相穿越，情节夸张又好玩，每每逗得小龙小虎信以为真。沈从文常常把家人或周围熟人也编派进去，让他们在故事里进进出出，说故事的和听故事的都过足了瘾。

沈从文还爱给小龙小虎讲各种抗战故事，取的就是他们英俊潇洒的六叔沈荃的故事。在空前惨烈的战斗中，沈荃受了重伤，接到撤退命令时，是靠部下从死人堆里背下战场的，伤没全养好，又带新兵再上前线……这些英雄事迹，小龙小虎百听不厌，对这位当团长的六叔也是崇拜得很，听爸爸讲师长比团长大，就嚷着要当师长。沈从文就笑嘻嘻地点头，用毛笔写了一张"师长"的纸条，贴在小虎胸口。当上了师长，他挺得意地走到院坝，在游伴面前转来转去。可遗憾的是，没一个顽童注意到小虎的新身份。于是他又叫爸爸写上"大元帅"纸条，戴上它再次出巡，结果还是一样。小虎沮丧得很，就再也不玩了。

沈从文还爱给孩子讲小时候的劣迹，小虎在方块字还不识的时候，就已经知道了《从文自传》里的一切故事。自己的恋爱故事，沈从文也绘声绘色讲给孩子听。他说在中国公学教书的时候，自己看到一个黑黑的女孩子，短短的头发，吹着那个口琴，在操场里头呱噔呱噔走。吹的是什么调呢？是"滴啊律嗒滴，滴啊律嗒滴"，把自己当兵时听来的曲调安在张兆和身上，还说起当年她的"逃避功夫"：

> 妈妈读大学时候不肯理我，见到我就跑，有一天她到书店，喏，这样子左手夹两本洋书，右手拎一盒鸡蛋糕。头发后边短短的像男孩子，前边长长的拖到这里，快遮起眼睛了，呱的甩上去，要算神气呐。好，进了书店，忽然一抬头，看到柜台后边萧克木先生，戴个黑边眼镜，像我像极了。好，以为碰到沈从文，即刻呱！丢下鸡蛋糕，扯起脚就跑！①

小龙小虎在耳濡目染之中，也学会了编故事。两个人凑在一起，就开始像"吹牛大王历险记"了，都来说自己的梦，一会儿钻到地心底下去啊，一会儿飞到天上去啊。还想象一种叫"地心砖"的东西，可以放在车的表面上，就可以带他们上天入地，火里可以钻，地里最硬的岩石也能钻过去。

冬天冷，小龙小虎怕冷，就钻到爸爸妈妈的被窝里去睡，于是一家四口挤在一张床上，一边是夫妻俩，一边是兄弟俩。沈从文和张兆和在这一头咕噜咕噜说，小龙小虎在那一头咕噜咕噜说。一直到小龙上了初中，小虎已读小学，兄弟俩还要在床上说半天。

1942年9月8日，是沈从文与张兆和结婚九周年纪念日的前一天，两个孩子也快乐极了。小龙来了兴致，低头给大伯沈云麓写信，小虎呢，往床上舒舒服服一躺，作他惯有的"二少爷姿势"。那个还没

---

① 沈虎雏：《团聚》，见吉首大学沈从文研究室编：《长河不尽流：怀念沈从文先生》，湖南文艺出版社1989年版，第494页。

一半儿温馨
一半儿冷
YIBANR
WENXIN
YIBANR
LENG

似水的情缘
沈从文与
张兆和

有见过面的大伯，常常大老远地从沅陵寄好东西给两个小侄子吃，所以他们都觉得大伯是个好人。从爸爸那里，他们也知道这个大伯很有趣，是当地的大名人。沈云麓长得奇，黄永玉曾经这样描摹大表叔："他是个大近视。戴的眼镜像哪儿捡来的两个玻璃瓶底装上的，既厚实，又满是圈圈。眼睛本身也有事。一年三百六十五天，天天淌眼泪。老得用一条常备的手巾不时地取下眼镜来拭擦。鼻子是个问题的重灾区，永远不通，明显地发出响声，让旁边的人为他着急。于是又是取出手巾，又是放回口袋，那样来回不停地忙。……但是口袋里的那条手巾，谁也分不清它到底是什么颜色。"① 他不光样子古怪，脾气也怪，沈从文写的《芸庐记事》就是以大哥为蓝本写的。不过他为人热心，结交了各路朋友，在凤凰人称"沈瞎子"。沈从文每出版一本新著，便要给这位大哥寄上一本，在扉页上就用章草题上一行"从文在此问候瞎大"。

　　从爸爸那里，小虎已经很知道这样一个怪伯伯的样貌脾气了，因此对他充满了兴趣，所以很爱想象自己怎样在大伯家玩：如何用大竹筒挑水为大伯浇花，看大伯蹲在花台边用小挖锄掘土，在花草间捉虫刨蚯

蚓。还想大伯一见了他，就要来逗他玩。最神往的事是到了沅陵被大伯嚷嚷，装作生气骂骂他，随后忽而再送他个橘子或一捆甘蔗。

沈从文的大哥沈云麓
沈龙朱绘

这位大伯虽然不是"看

① 黄永玉：《这一些琐屑的忧郁》，见吉首大学沈从文研究室编：《长河不尽流：怀念沈从文先生》，湖南文艺出版社1989年版，第459页。

着"小龙小虎长大的，但从沈从文源源不断的来信中，他对两个小侄子从落地起的种种行状也是熟悉得很。

晚饭后，小龙小虎还常常由九姑岳萌或四姨充和牵着出去散步。贴梗海棠常攀在篱笆上，横枝上开着朱红花朵，半里长的白素馨散发出浓烈的香气，极是动人。屋后山坡上的野花随意点缀，滇池上空的晚霞似火，明净的天空中镶嵌着一枚梳子形的淡白新月。诗人卞之琳也常常来陪着孩子游玩，用箬叶折一只小船，船上放几朵野花、一个泛白的螺蚌，再把小船放在水上，任它漂流而去。

在呈贡乡下，跑警报的机会虽不及在昆明那样多，但还是不少。小龙长得瘦，行动灵活，沈从文管他叫"猴儿精"，每次上学遇到警报响三声，他就拿起小书包飞快往家跑，越陌度阡，比有些大人跑得还快，跑到村后的山中，然后躲进二丈许高的绿色仙人掌中间。看着天空中一排排发着银光的点子发出轰隆声响，随即可听见城内响起刺耳的爆炸声，白色烟雾远远升腾而起，小小年纪的他猜测着这回不知又有多少屋毁人亡的悲剧要发生。

吃的穿的都差，还要常常跑警报，日子过得不易。但好在云南这个地方实在好，四季如春，花开遍野，处处如诗如画，人的心情也常常会因此而变得开朗。沈从文喜欢用湖南腔惊叹："美（米）极了！""啧！要算美（米）呐！"这是他的口头禅。草木、流水、云霞，那完美的形状，纷纷的颜色，美好的气息，无一不令他感动。沈从文喜欢带着孩子们一起踏进这至美的境界，教他们用耳朵听树叶摩擦发出的细碎声音，用鼻子去闻草叶花朵的气味，用眼睛去看天上变幻的云彩，用手掌去触摸各式各样的小石子，用脚趾去贴近大地。沈从文从不要小龙小虎当个书呆子天天闷在家，还常常催促："猴儿精！稳健派！怕不怕走路？勇敢点，莫要抱。"他喜欢孩子们多出去撒撒野，就像他小时候最喜欢做的那样。

春天，沈从文带着小龙小虎踏青，一大把一大把地采回各种野花，叫得上名字的叫不上名字的，香的臭的，红的蓝的。孩子们不仅快乐得要飞扬起来，而且知道了这些不起眼的东西蕴藏了多么动人的美丽。

一半儿温馨
一半儿冷
YIBANR
WENXIN
YIBANR
LENG

似水情缘
张兆和的
沈从文与

沈龙朱（左）和沈虎雏
在山林果树下

　　秋天，小院中波斯菊一片红黄照眼，一家人常和客人到山上仙人掌包围中的草坪去看云，或在院子中，坐在煤油箱做成的椅子凳子间，吃橘子皮野果子做的糖酱。

　　沈从文不仅带孩子们领略山水云霞的美，还常常引导他们去观察一些细小的东西，去后山看草叶间的小虫，采摘和辨别各种各样的野果、地上的蘑菇等等。有一种叫山里红的野果，他常常动员孩子们去采摘，不光为了好吃，也是为了好玩。草地上的蛇莓鲜红漂亮，可是不能吃，而有一种贴着地面生的小小锁莓却酸甜可口。小龙小虎学小同学那样，拔一枝仙人掌花蕊尝里面的花蜜，沈从文也不反对。

　　沈从文懂"鉴宝"，在地上捡一块石头放在水里冲一下，要是石头断面有黄颜色圈圈，他就会告诉孩子这是玛瑙。他还告诉孩子们，如果碰到透明的石头里有虫子，那它就是琥珀，小龙小虎于是赶紧去找，想着真有块石头里包着虫子那该多好玩！

　　沈从文会吹口哨，还会用一片树叶抵在舌头上学画眉、杜鹃、布谷、黄鹂、喜鹊等鸟叫，这是他逗孩子们乐的一大绝活。一路上，沈从文的口哨声和蓝天中、树梢上的鸟叫声互相呼应着，自己仿佛也变成了一只快乐的鸟儿。他还告诉孩子们，澳洲蜂鸟可以飞着停在空中，害得兄弟俩乐颠颠地四处找，以为那些能飞着在仙人掌花上采蜜的大野蜂就是澳洲蜂鸟，其实云南根本就没有这种蜂鸟。

抗战八年，沈家的日子虽然和许多逃难的家庭一样过得困难，但云南留给龙朱和虎雏的美好太多太多了，而这一切，尤其离不开沈从文有意识地引导孩子们积极融入自然，乐观面对生活。长大后，回忆起跟着爸爸读自然这本"大书"的光景，沈龙朱深有感触地说：

> 我当时体会不到父亲的用心，后来才感觉到那个过程——我们童年的那个过程，由于有父亲的诱导，非常快乐。[①]

枯萎的野玫瑰

妈因为爱惜，从不忍折一朵下来给人，因此，谢落了的，不久便都各于它的蒂上长了一个小绿果子。妈又要我写信去告在长沙读书的大哥，信封里九妹附上了十多片谢落下的玫瑰花瓣。那年的玫瑰糖呢，还是九妹到三姨家里折了一大篮单瓣玫瑰做的。

——沈从文《玫瑰与九妹》

如果说张兆和是沈从文一生中最重要的女人，那么九妹岳萌，则一直是二哥沈从文心中最心疼的玫瑰。让沈从文没有料到的是，这个最让他疼爱的九妹，却并没有因为离开闭塞的故乡来到都市求学而获得幸福，反而一步一步走向了悲剧，先是精神失常，最后在一场大饥荒中不幸饿死了。

九妹岳萌自小生得好看，花瓣似的小脸，水灵灵的大眼睛，见过的人没有不夸的。她是家里最小的一个孩子，生来就是被娇宠的命。全家人都疼九妹，尤其是母亲黄英，把九妹宝贝得如同玉雕的花骨朵儿一样，不打不骂是自然，甚至从来不要她自己穿衣服梳辫子。九妹也最爱像只小猫一样黏着妈妈，用红红的小脸贴着妈妈，小手抓着妈

---

① 刘红庆：《沈从文家事》，新星出版社2012年版，第29页。

一半儿文馨
一半儿冷
YIBANR
WENXIN
YIBANR
LENG
似水情缘
张兆和的
沈从文与

妈的衣袖不肯放。哥哥们回家都要记得给这小九妹买礼物，谁要是忘了，她就不依不饶地又哭又闹，不让哥哥进门。大家千方百计哄她笑了，她才肯罢休。

当二哥的沈从文也一样，对九妹偏爱有加，他初期的作品集，也总喜欢让九妹题字。

从九妹身上，沈从文获得了许多灵感，在他的早期作品里常常会出现九妹的影子。小说《玫瑰与九妹》中，九妹同她喜欢的玫瑰花一样，美丽又骄纵，谁都得让着她：

> 当第一朵水红的玫瑰在第二个钵子上开放时，九妹记着妈的教训，连洗衣的张嫂进屋时见到刚要想用手去抚摩一下，也为她"嗨！不准抓呀！张嫂。"忙制止着了。以后花越开越多，九妹同六弟两人每早上都各争先起床跑到花钵边去数夜来新开的花朵底多少。九妹还时常一人站立在花钵边对着那深红浅红的花朵微笑；像花也正觑着她微笑的样子。①

九妹从小天资聪慧，哥哥们不会做的题目，有时候她很快就解决了。可是因为家道中落，九妹在家没能接受系统的教育。从家乡来到北平后，沈从文靠拼命卖文为生，生活过得很清苦，但为了不让九妹的美丽与才华埋没在大山深处，他决定咬咬牙接她来北平读书。因为母亲舍不得九妹，便一起过来了。

从一开始，沈从文就希望把美丽的九妹培养成林徽因、凌叔华那样的才女，拥有良好的文学修养，而九妹本身也不乏这种文艺气质，黄永玉对这位三表姑的印象是"我觉得她真美。右手臂夹着一两部精装书站在湖边尤其好看"。沈从文一直很向往出国留学，可惜他根本学不好外语。也许是为了让九妹圆自己的出国梦，也许是出于对法国文学的喜爱和对浪漫之都巴黎的向往，最后沈从文替九妹选择了法语专业，希望九妹学好后可以出国留学，或者将自己的小说译成最好的法文，拥有完全异于湘西女人的命运。那段时间，沈从文维持生活已

---

① 沈从文：《玫瑰与九妹》，见《沈从文全集》第1卷，第76页。

是十分艰难，只能拼命写稿，但他还是为九妹请来法语系的大学生辅导她法语。

但沈从文没有料到，法语看似十分浪漫时髦，实则语法艰深、内容复杂，非常难学，九妹虽然天资聪慧，但由于从小没有接受过系统的正规教育，学起来完全没有基础，因此进展得并不顺利。

沈从文的九妹沈岳萌

初来北平的九妹才十五岁，自小在故乡的摇篮中长大的她，对于大都市的新生活并不习惯。她按照二哥的意愿开始学法语、读小说，甚至写作。看着那厚厚的法语课本和字典，全都是那么难，她就会不由自主地想起老家院子里啾啾的鸟啼声、沱江上来来往往热闹的小船，还有哥哥们经常给她买的糖果玩具。每每想到这些，她就想哭，就更不愿意看书了。

一个雨天，天亮了，沈从文早早地起来，开了灯开始坐下来写文章。雨水落下来，滴在九妹的脸上，她揉一揉惺忪的眼睛，起床拿盆子去接雨水。外面落雨滴滴答答，屋里落雨叮叮咚咚，九妹走到桌子前来。沈从文见了，问：九妹，我要你写的小说写好了没有？九妹就站在哥哥面前，低着头不说话。见了九妹这神情，沈从文知道她准又偷懒了，很有些动气。九妹说：哥，我不能和你比，我提起笔就觉得空空的，没什么东西可写。沈从文听了更着急，便教训她说要勤奋一点，只有逼着自己写才行。

沈从文以为，自己能写，九妹也一定能写。可是每个人的经历和天赋不同，九妹虽然自小也生长于凤凰，也和他一样热爱那里的灵山秀水，可她一直是全家捧在手心里的宝，是一只还不会飞的小鸟，根本没有经历多少人事。

后来，沈从文到上海中国公学教书，九妹和母亲也跟了过来。九妹

一半儿温馨
一半儿冷
YIBANR
WENXIN
YIBANR
LENG

似水情缘的
张兆和
沈从文与

1929年沈从文全家在上海，从左至右：沈从文、六弟沈荃、母亲黄英、九妹沈岳萌、大哥沈云麓

进了中国公学借读，除继续学习法语外，还学习英语和编织。虽然沈从文有了固定的工资收入，但是人多开支大，一家人生活依旧很是窘迫。沈从文为了养家糊口，不得不流着鼻血拼命赶稿子。母亲生病了咳嗽不停，却无钱医治。九妹见哥哥和母亲过得这样难，自己花钱读了许多书却学不好，心里很难受，也常常哭泣。不多久，母亲为了不给儿子增加负担，便回到了湘西老家，九妹则继续跟在二哥沈从文身边。

1928年，沈从文在上海写了他的第一部长篇小说，叫《阿丽思中国游记》，是借鉴19世纪英国作家卡罗尔《爱丽斯漫游奇境》的幻想故事，创作的动机是"给我的小妹看，让她看了好到在家病中的母亲面前去说，使老人家开开心"，小说里面天真可爱的仪彬就是以九妹为蓝本：

> 女儿的名字，叫仪彬，仪彬这时正立在窗前，（我们的读者，总不会如阿丽思小姐疑心这是黑夜！）在窗前是就阳光读她的初级法文课本。法文读不到五个生字，便又回头喊一声妈。[1]

小说中的仪彬，天真开朗，温和友善，但她无心读书，最喜欢和母亲作伴，时刻不愿离开，同现实中的九妹如出一辙，是一个被宠坏的小女孩，仿佛永远也长不大。多年来，九妹既舍不得疼爱自己的二

---

[1] 沈从文：《阿丽思中国游记》，见《沈从文全集》第3卷，第177页。

哥，跟着他四处辗转，又时刻想着回到故乡，同她的鸟儿雀儿一起唱歌，尽情游玩。

从上海中国公学辞职后，沈从文到了武汉大学执教，九妹继续留在上海求学。她独自一人住在一家俄国菜馆楼上的小房间里，成天翻着字典读《堂·吉诃德》。

过了半年，沈从文去了青岛，九妹也跟着过来了，进了青岛大学插班借读。天资尚可的九妹，此时已经学了好几年法语，可惜的是，她依旧没有如沈从文所愿，熟练地掌握这门浪漫的语言。她喜欢读小说，沉浸在缥缈的幻想中，却不愿意脚踏实地学一技之长，就像一个成天做梦的天使，却找不到飞翔的翅膀。

当时沈从文已经是小有名气的作家了，报纸上常有些八卦作家的文章，在《老实话》杂志上有一篇《最近的沈从文》，不仅写到沈从文与张兆和在青岛的甜蜜，还说到了九妹："负有艳名的沈岳萌。她是姣好的时代女子。她读书交关拆烂污，今春在北平圣心女校读法文，光学费便每月四十块。她以她的美丽和地位，常骄视一切，我希望她嫁一个威风凛凛的军人，挫挫她的气焰。"[①]这些语句明显带着夺人眼球的夸张，不过或可窥出九妹给旁人留下的印象，大致是偏于娇气的。

沈从文与张兆和订婚后，两人一起在青岛开始了甜蜜的生活。见二哥终于追到了心上人，九妹既高兴，又有些难过，因为她知道，从此以后，二哥就不再只宠爱她一个人了。天下有哥哥的妹妹，大约都难免有这样的心理。

沈从文与张兆和在北平结婚定居后，看着九妹年龄渐大，两人自然而然地开始为她的婚事操心。开始，他们为九妹介绍过在燕京大学心理系任教的夏云（夏斧心），他喜欢九妹，对她也很关心。但也许是读多了许多浪漫小说的缘故，九妹当时犹豫不决，她既渴望爱情，又害怕婚姻，因此两人的关系并没有维持下去。等到九妹终于明白了夏云的可贵时，却为时已晚。

多年以来，沈从文都尽最大努力，想为九妹创造最好的条件，使

---

① 式炜：《最近的沈从文》，见民国杂志《老实话》1933年第3期，第12—13页。

一半儿温馨
一半儿冷

YIBANR
WENXIN
YIBANR
LENG

沈从文与
张兆和的
似水情缘

她得到幸福。可以说，在沈从文和张兆和的庇护下，九妹过得并不坏。但是，九妹似乎并不知道自己真正想要的是什么，她那双娇嫩的翅膀，从来就没有独立飞翔过。张兆和后来回忆说："她老是挟着本英文书，可从来不读。在学校读书的时候，对学习、上课都漠不关心。她一来，就把她哥哥的生活搅得大乱，也把我搞得很惨。"①

1934年，九妹身边又出现了一个年轻人，他叫刘祖春，也是湖南凤凰人。在沈从文和大哥沈云麓的好心资助下，刘祖春来到北京大学读书。在沈从文的指引下，刘祖春渐渐踏上了文学之路，成了一名颇具特色的乡土作家，他的小说《荤烟划子》、《佃户》、《守哨》等，和沈从文的作品一样深深打上了故乡的烙印。

其实，刘祖春早知道从文身边有个妹妹，且早就在云麓大哥借给他的一本《小说月报》一期封面上见过她的照片。照片中，丁玲坐在前，膝上抱着一个婴儿，九妹站在她身后，着一身朴素的旗袍。当时照片中这位楚楚动人的九妹就给刘祖春留下了深刻的印象。来到北平以后，刘祖春就去沈家拜访了沈从文，自然也见到了九妹。许多年后，他回忆起与九妹初次相见时的情形，仍旧满怀深情："从文的妹妹岳萌从东屋晚出来一步，掀开门帘，站在那里微笑，看着我这个刚从家乡才到北京的同乡年轻人。"同为故乡人，九妹对刘祖春不仅怀有天然的亲切感，也渐渐对他萌生了好感。刘祖春周末去沈从文家，九妹总是陪在他身边，虽然大多时候，她总是微笑着不怎么说话。看出刘祖春和九妹彼此都有好感，就差捅破一层窗户纸了，沈从文和张兆和决定推动一下。

丁香花开的初春，一个周末的傍晚，正是"人约黄昏后"的好时机。沈从文趁机提议，让刘祖春随他们一家去中山公园逛逛。于是，四个人走进公园，在回廊上坐了一会儿，沈从文与张兆和就借故离开了，把九妹和刘祖春单独留下。公园里十分安静，新月在天，在云层中忽而露出一张明亮的脸，忽而藏起光辉。突然，有两只不知名的鸟儿从他们身后扑扑飞过。一阵聒噪过后，宁静的公园似乎显得更静了。两个年轻人明明知道沈从文与张兆和的这番安排用意是什么，可因为害羞，谁也

---

① （美）金安平著，凌云岚、杨早译：《合肥四姊妹》，三联书店2007年版，第234页。

不肯先开口说话。沉默了一阵子，便有一群游客嬉笑着朝他们走了过来，打破了这宁静，他们吓得急忙跑开了，赶上了刚离开不久的沈从文和张兆和。

1937年夏天，刘祖春刚从北京大学毕业，很快就发生了"七七"事变。局势越来越严峻，已经接受了马克思主义思想的他，决定投身革命。

又一个周末，刘祖春在沈从文家吃过饭回家，九妹坚持相送。他们沿着横跨北海与中南海那座汉白玉雕栏石桥漫步，刘祖春讲到华北面临日本侵略者的蹂躏，讲到抗日浪潮风起云涌，讲到作为青年人理应救国于水火的责任，然后向九妹透露了自己要去山西参加共产党领导的抗日队伍的念头。听到这个消息，九妹再也不想沉默了，她大胆地向刘祖春表明心迹："我什么都不怕，到哪里去都不怕。"晚霞中，北海白塔显得比从前更静雅了，九妹秀丽洁白的面孔也显出了一种从未有过的坚定。可是，理智告诉刘祖春，革命的刀光剑影里容不下儿女情长，九妹太柔弱，他不忍心也没有权利带她一起走。

后来，刘祖春赶到沈家，找张兆和借了点路费，即刻就要启程。见此情形，九妹望着刘祖春，眼神里是从未有过的绝望。刘祖春不知道该说什么，他只能从张兆和手里接过钱，匆匆离去。带着九妹送给自己的一张相片，还有从九妹那借来的《堂·吉诃德》英译本，他奔赴了战场，从此以后再也没有见过九妹。

这件事对九妹的打击很大，张兆和写信给沈从文时说，九妹在家，有时无缘无故就会哭泣。

爱情的挫折，使得原本脆弱的九妹变得忧郁起来。带着一颗受伤的心，她渐渐躲进了佛教的世界里，希望在宗教中寻求安慰。

1938年，九妹跟着张兆和，两个人带着小龙和小虎逃出了北平，经上海到香港，最后在昆明和二哥团聚。从九妹初次来北平找沈从文的1927年算起，已经过去了十一年之久，她从一个只有十五岁的小女孩，长成了二十六岁的大姑娘。最好的年华已经如流水般悄然逝去，而九妹依然孑然一身，无以倚靠，只能待在沈从文同张兆和身边，成为哥嫂并不轻松的负担。

一半儿温馨
一半儿冷
YIBANR
WENXIN
YIBANR
LENG
似水情缘
沈从文与
张兆和的

在昆明，沈从文为九妹在西南联大图书馆找到了工作，但九妹信了佛教，吃斋并参加当地的佛事活动。一次图书馆遭遇敌机轰炸，她忙着帮助别人抢救东西，等警报解除回到自己的住处，却发现自己的房间被小偷洗劫，值钱之物被席卷一空。这一事件使得九妹的神经受到极大刺激，精神变得恍惚起来，生活也开始一塌糊涂。

在大后方昆明，几乎所有逃难的人都在为生计奔波，拼命想法子养活自己和家人。有两个孩子要养活的沈从文跟张兆和，仍然继续分担着照顾九妹的重任。九妹却依然过着任性的生活，喜欢在城里闲逛，上电影院，下馆子，似乎对世界的残酷和兄嫂的辛苦一无所知。为了让九妹继续过喜欢的生活，沈从文只好更拼命地工作，因为太累，加上老是流鼻血，他的脸色都发白了。张兆和到呈贡乡下去教书后，沈从文把九妹送到呈贡的家，让她待在那里。九妹到了乡下，心却留在了昆明，她像一个淘气的孩子一样，总想偷偷溜出去，到昆明城里去玩。如果哥哥嫂嫂不给她路费，她就走路去。更让沈从文头疼的是，九妹还常常打开橱柜，把张兆和为家人储备的东西偷走，像观世音菩萨一样散发给无家可归的乞丐们，完全不知道一家人的生活已经有多难。看着九妹生活在空想里，已然成为一个疯子，沈从文心力交瘁，已经无法再支持下去，只好写信给大哥沈云麓，请他将九妹接到沅陵，希望换个环境能对她好一些。

得知这一消息后，沈从文的六弟沈荃很快赶到了昆明，看到过去灵活可爱明眸善睐的九妹如今成了这样一副呆滞憔悴模样，行伍出身的他万分震惊，愤怒地拔出手枪，嚷着要跟沈从文拼命。沈荃将九妹接回了沅陵，交给大哥大嫂严加管教，但九妹却并没有因此变得温顺一些。她依旧每天无所事事，不按正常规律生活，经常突然失踪好几天，家人只好把她锁在楼上的房间里。有一次，九妹想从窗户里爬出去逃跑，却不小心摔断了一条腿。

后来，也不知出于什么机缘，九妹跟一位叫莫仕进的泥水匠好上了，他是个穷苦的单身汉，整天给人砌墙造房，但没有自己的房子。不久，九妹便嫁给了他，在沅水边一个叫乌宿的地方住了下来。从前，沈从文曾多次坐船经过乌宿，在他的《湘西》中曾提到："由沅陵沿白河上行三十里名'乌宿'，地方风景清奇秀美，古木丛竹，濒水极多。"正是这个世外桃源般的地方，成了九妹最后的归宿。九妹整日在乌宿河滩上转悠，仍是像过去那样什么也不会做。20世纪50年代末，那场席卷全国的可怕大饥荒来了，湘西一带饿殍载道，九妹没能熬过那段日子，最终不幸饿死了，家人把她葬在了河滩边上。

自从九妹离开云南回到沅陵后，沈从文就再也没有见过她。以一支妙笔写尽湘西故事的沈从文即使想象力再丰富，也不会预料到，那个曾经被他捧在手心里的九妹，曾经被他寄希望成为中国文坛又一个凌叔华、林徽因的九妹，曾经被他期望能去法国留学深造邂逅浪漫的九妹，最后的结局却是如此凄惨。想让她过上人上人的生活，却不料使她跌入了社会的最底层。命运如同一个充满报复心的恶魔，无情地将沈从文狠狠地嘲讽了一番。九妹的疯与死，成了他心中最深的痛，一块永远无法愈合的伤疤。在夜深人静的时候，他一定曾默默流着泪，后悔过把九妹带出凤凰。假如九妹没有离开老家，就在那儿嫁给一个可靠的当地人，即使不学法语，不读小说，哪怕不识字，生活也许会幸福得多。

九妹留下了一个儿子，名字叫莫自来，是1946年的端午节前两天出生的，据说年轻时长得很英俊，样子很像九妹。他长大后也像父亲那样为别人建房子，一直在乌宿过着困苦的生活。晚年的沈从文虽然一直关心着这个外甥，但他自己也生活在风雨飘摇中，无力给九妹的孩子更多的帮助。

后来，已经成为党的高级领导干部的刘祖春听说了九妹的遭遇后，同样万分心酸："这个性情高洁而文静的女人，远离家乡，在大城市生活多年，念外国学堂，读外国小说，生活优越。""本应可以得到适合于她本性的那份生活，但是由于生不逢时，尝尽人间辛酸，各种偶然因素不凑巧都结合在她一人身上，使她身心完全失去平衡，对她的打击太重了。她承受不了这个巨变，结果是她用尽自己全身心的力量把自己彻底毁掉完事。这真是一个人生的悲剧。"

九妹是生长于凤凰故乡的一朵娇艳的野玫瑰，本该自由自在，拥有属于自己的芬芳、颜色和气息。沈从文希望将她移植到都市的花园中，培育成一朵高贵的郁金香，心愿虽好，对九妹来说，却总归是有些水土不服。在过度的宠溺和幻想中，九妹没有养成足以支撑自己的独立的根，在颠簸的人世流离中，枯萎了娇艳的花瓣，被命运抛掷在荒芜的原野上。看到自己最心爱的九妹一点点被世界残酷地吞没，沈从文无法原谅自己，毕竟，是他把她带离了故乡，让她跟着自己四处辗转。但是，对于没有独立能力的九妹来说，根基不稳，沈从文再多的扶持，也只能是徒劳。九妹悲剧的一生，仿佛被英国作家阿加莎·克里斯蒂的一首《野玫瑰》道尽：

> 玫瑰尽情盛开……而后凋零……
>
> 这就是故事的全部……
>
> 只除了我听到响声：
>
> 在那地面之上
>
> 众多细碎的脚步……

虹影星光

什么人能在我生命中如一条虹，一粒星子，记忆中永远忘不了？……这些人的名字都叫"偶然"。

——沈从文《水云》

9月9日，是沈从文与张兆和的结婚纪念日，这个日子，仿佛寓意了他们的一生，云开，月明，风来，雨去，虽然历经磨难，却一直携手相伴，走到了最后。

木心有诗云："从前的日色变得慢，车、马、邮件都慢，一生只够爱一个人。"然而，不管是在日出而作、日落而息的遥远古代，还是在风花雪月的民国，抑或在争分夺秒的现代，一生只爱一个人，从来就不是一件容易的事。沈从文手中的那支妙笔，曾如森林中的鸟儿唱出天底下最好听的情歌，曾如草原上的白马踏出世间最痴情的诗行。读着独一无二的《湘行书简》，我相信那时的沈从文和张兆和虽然相隔千里，却是世界上最幸福的一对爱侣。一篇玲珑似珍珠的《边城》，沈从文将张兆和的隽影永远地刻在了山明水秀的边城。然而，在这篇写于新婚时期的小说中，却弥漫着一种与新婚喜庆不很相称的浓郁哀愁。沈从文说："我或者很快乐，却用的是发愁字样。"而这，却是为何？

我们都知道，在翠翠身上，有泸溪县一家绒线铺女儿翠翠的影子，有芷江县马家女孩的影子，有那个崂山戴孝白衣少女的影子，更有妻子张兆和的影子。但据说，除了她们，还有一个女子的影子藏在里面。

那是1932年的春天，校长杨振声在青岛大学开过教师迎新会后，带领沈从文、闻一多等一行上崂山游玩。在崂山的上清宫，有一棵《聊斋志异》中提到过的古玉兰大花树。当时，树上花团锦簇，花瓣飘落地面，在地上积成一寸厚。就是在这棵树下，沈从文遇见了那位女子。她不久前刚由国外某天主教大学回国，是青岛大学新聘来的外语老师。在此前的教师迎新会上，沈从文有见过她。当时在崂山上，两人"各在大玉兰花下一侧默默看花约一小时之久"[1]。三十年后，沈从文在长诗《白玉兰花引》中写道这次看玉兰花的情形："悬岩千丈削精铁，白玉兰花十万朵。花落藉地铺银毡，谷中青鸟鸣一个。如此清寂绝尘凡，触世会心证道果。……白云簇簇海上来，双鹿云车瞬息过。中有仙子拟天人，大石磐磐幸同坐。白鹄宛转延素颈，绿发茸茸草梳裹。秀眉明眸巧盼睐，翠羽珠珰故消堕。来不言兮去不辞，微笑低鬟心印可。"[2]

在接下来的几天里，沈从文又两度与这位女子邂逅，一次是在棋

---

① 沈从文：《〈白玉兰花引〉跋》，见《沈从文全集》第15卷，第305页。
② 沈从文：《白玉兰花引——书永玉木兰卷》，见《沈从文全集》第15卷，296页。

盘石采百合花，一次是在白云洞"三步紧"绝崖绝壁上看落日云海，景色皆宛如仙境。对于这位"修女式的沉静女人"，沈从文心中不乏好感。然而出于一种惯有的羞怯，他并没有主动上前攀谈，就这样淡淡地保持着距离，如同一首朦胧诗。事后沈从文却不无自作多情地猜测，甚至肯定地相信，假如自己主动些接近这位女教师，故事将会不一样了。但这样的假设没有成真，事实上是，沈从文从青岛海边捡来一些螺蚌，把它们连同一封信寄给了在中国公学的张兆和，无意中扣开了她的心扉，使他原本无望的爱情有了转机："偶然拾起的一些螺蚌，连同一个短信，寄到南方某地时，却装饰了一个女孩子的青春生命。那个人把他放在小小保险箱里，带过杭州六和塔边一个学校中，沉默而愉快的度了一个暑期。我幻想已证实了一部分，原来我和这个素朴而沉默的女孩子，相互间在生命中都保留一种势力，无从去掉了。"[1] 最终，沈从文如愿以偿娶了张兆和为妻，他们的结合在当时就传为美谈。一切，既是一种偶然，又似乎是一种必然。

当沈从文在北平与张兆和结婚后，他感到了一种前所未有的幸福，这一点毫无疑问。但在沈从文心上，崂山上那位女子也没有在他心上消失掉痕迹。但与其说沈从文是爱上了那位女子，不如说是爱上了一种遗憾。正是这种美丽的遗憾，引发了沈从文心底淡淡的惆怅，这惆怅也浸透在《边城》里："我要的，已经得到了。名誉，金钱和爱情，全都到了我的身边。我从社会和别人证实了存在的意义。可是不成。我还有另外一种幻想，即从个人工作上证实个人希望所能达到的传奇。我准备创造一点纯粹的诗，与生活不相粘附的诗。情感上积压下来的东西，家庭生活并不能完全中和它，消蚀它。我需要一点传奇，一种出于不巧的痛苦经验，一分从我'过去'负责所必然发生的悲剧。换言之，即爱情生活并不能调整我的生命，还要用一种温柔的笔调来写各式各样爱情，写那种和我目前生活完全相反，然而与我过去情感又十分相近的牧歌，方可望使生命得到平衡。"[2] 或许如庄子所言，有所成，必有所毁，沈从文与张兆和的美满结合，是一个大大

---

[1] 沈从文：《水云》，见《沈从文全集》第12卷，第105页。
[2] 沈从文：《水云》，见《沈从文全集》第12卷，第110页。

的圆满，而那个在崂山一同看云赏花的女子，则不免在他心上留下了小小的缺角。也正是这点遗憾，反而为《边城》增添了一种内蕴。

往事种种，经过时间的澄滤，已化作一汪清碧，成为记忆中最纯澈的一部分。

如果说，这位洛神一般的女子是沈从文心中美丽的遗憾，那么后来遇见的高韵秀，才真正让沈从文产生了巨大的心灵震动。

高韵秀是一位小说家，笔名青子，福建人，曾是民国总理熊希龄家的家庭教师。当年，沈从文曾一度为她着迷，甚至陷入不可自拔的境地。这件文坛情事是台湾作家蔡登山首先曝出来的，考证文章发表后，许多人为之震惊，尤其是许多视沈从文为偶像的读者，一下子不能接受这个事实。

那是有一回，沈从文去北平西山的熊公馆，替一位亲戚转交礼物给女主人。刚巧女主人出了门，出来迎客的是高青子。她有一张白白的小脸，一堆黑而光柔的头发，脸上带着羞怯的笑，给沈从文留下的初次印象是幽雅而脆弱的。

坐在客厅一角的猩红丝绒旧式大沙发中间，两人一番交谈后，沈从文方知，青子和那位托自己带礼物的亲戚也相熟，两人还有些别的共同朋友。这么一说，两人顿时觉得亲近了不少。更让沈从文意外的是，眼前这位幽弱的女子还说，她读过不少自己的作品。他心想，难怪当自己报出名字时，见她脸上似乎泛着兴奋。

接着，高青子便说起沈从文写的那些文章，故事怎样，人物如何，竟有如数家珍的意味，似乎比作者本人还要熟悉些。知道沈从文在青岛住过，她便说起自己两年前还去过那座海滨小城，见了那里的樱花，但并不觉得比北平的要好，倒是那里的海格外使她留恋。曾经在海边一住三年的沈从文眼前铺展出那片令他心醉的蓝，情不自禁跟着赞叹起青岛的海来，说起那里变幻的海面上，那片永远如梦一样多姿的天空，真让人怀念。

这一次短暂的晤面，话虽不多，却似有故人重逢的默契，给两人都留下了极好极深的印象。

告别时，高青子压在发上的翠花无意中跌落在地毯上，当她躬身

一半儿温馨
一半儿冷
YIBANR
WENXIN
YIBANR
LENG

似水情缘
沈从文与
张兆和的

下去寻找的瞬间，那优美的身姿，让沈从文仿佛看到一条素色的霓虹挂在了天空中。霓虹失去色彩，又意味着什么，他不知道。

再次相见，是一个月以后，沈从文又一次来到熊公馆。正是玉兰花开的季节，春光柔美，仿佛有斑鸠唤雨的声音，从遥远的地方落在春日的花园里。那日，高青子身着一件绿底小黄花绸子夹衫，衣角袖口缘了一点紫，比上一次更美了。见了她，沈从文不禁愣了，因为这身装束竟然同他的小说《第四》中女主角的打扮如出一辙。在那篇小说里，他曾这样描写那位女主角："优美的在浅紫色绸衣包裹下面画出的苗条柔软的曲线。"那一抹紫色，无声处，却有波澜暗泛。

沈从文被打动了，眼前的这个含笑的女子，仿佛是从他的小说中走出来的一样，如诗如画，竟让现实有如梦幻，他几乎要疑心她是《聊斋》里的花仙美狐了。她是无心如此，还是有意要凑成一个小说般的故事？沈从文在心中默默思量着，他想起了自己写过的另一篇小说《灯》，故事中，"我"给一位青衣女子讲了一盏旧式煤油灯的故事，故事里的老兵总想成全"我"和一个蓝衣女人，结果蓝衣女人到北平结婚去了，而老兵到南京后也消失了踪影。青衣女子听后非常感动，第二天，她"为凑成那故事"，改穿蓝衣来访拜"我"，从而使"我"梦想成真。沈从文打量着高青子，猜想她或许也读过这篇故事。

察觉到沈从文目光的异样，尤其是他注目于衣角那一抹紫色时，高青子知道心思已被看出了几分。带着不安的情绪，她只得以羞怯的含笑作掩饰。心照不宣之下，一种暧昧的情绪如同那玉兰花的馥郁芳香，在空气中渐渐弥散。

离开熊公馆，走在开满马樱花和洋槐的长安街上，漫步到柳堤青翠的中南海公园，望着水中虚幻的云影，沈从文怅然若失。

回到家后，沈从文忍不住一次次想起了高青子，想起了她俯身寻找发簪时如虹般的情影。回味两次相见时她说的每一句话，觉得每一句都打在了自己的心上。当时的沈从文正值新婚，还沉浸在与妻子的浓情蜜意之中，他从没有想到，此时自己的心却会突然被另一个女子打动。他也还深爱着妻子，爱着这枚给了他无限灵感与光辉的月亮。可是，高青子的举手投足、一颦一笑，却仿佛一个梅花印记，深深地烙在了他的心上。沈从文陷入了深深的痛苦中，他不明白，为何命运要这样捉弄自己，不早不晚，却在这时候让他遇见了一个红颜知己。

此时不期而遇的高青子，就如同一朵忽绽的蔷薇，扰乱了沈从文的心。沈从文之所以会被高青子深深吸引，不仅因为她形象秀美、气质高雅，具有文学灵性和潜力，更因为她对他的主动靠近，处处费心思，她的倾慕，她的聪明，深深地赢得了他的心。而这种被爱慕、被崇拜的满足感，正是沈从文在张兆和身上所难以得到的。过去，他为了追求兆和而写下无数卑微的情书，甚至说"我愿用嘴吻你的脚"，甘愿成为她的奴隶。张兆和虽也是极有文学才华的，可是成为主妇之后，她更倾心和注目于日常生活的朴素之美，沈从文很庆幸自己能娶到这样一位才貌双全且知书达理的好妻子，但他更希望她像凌叔华、林徽因那样更多地进行文学创作，和他一起多多交流文学与创作。但是，张兆和虽有足够的才气和灵气，却没有足够的时间和精力，成为沈从文心中既兼顾家庭又持续创作的女超人。高青子的出现，正好弥补了沈从文心上的一个缺口，才激起了他强烈的知音之感。

在素色霓虹的幻影中，沈从文诗人般的心宛如一丛油油的水草，在水波中不由自主地飘摇。

那一片紫色在沈从文身上引起的悸动，也都被高青子一一看在眼里了。能与仰慕已久的小说家邂逅，彼此互生情愫，她怎能不欣喜。她知道，沈从文有一个温柔美丽的好太太，知道他还深爱着她。她也深知，他们只有在纸上做一场梦的权利，所以才将这次相遇写成了一篇小说《紫》，后来由沈从文推荐，发表在了他主编的《国闻周报》1935年第13卷第4期上，署名即是"青子"。

《紫》一开头就写："我回忆中有一片紫。"小说是以"八妹"的视角来写的，叙述了哥哥曾炎与两个女子的感情纠葛。曾炎有未婚妻珊，却在订婚后邂逅并爱上了一个叫璇青的女子，她有着西班牙风情，爱穿一身紫衣。但最后，这位叫璇青的女子像一颗流星般不知所终，消失在他的天空里……

璇青的原型就是高青子自己，"八妹"的哥哥曾炎即沈从文的化身。小说用暗调的紫色处处渲染一种浪漫而忧伤的情调，其中有一句

一半儿温馨
一半儿冷
YIBANR
WENXIN
YIBANR
LENG
沈从文与
张兆和的
似水情缘

高青子短篇小说集《虹霓集》

"流星来去自有她的方向，不用人知道"，正出自沈从文的小说《凤子》。这篇《紫》正是高青子陷入与沈从文的情感纠葛的心灵反应，但她深知，沈从文还深爱着自己的妻子，自己终究不过是他天空里一道短暂绽放的霓虹，一颗倏忽而逝的流星。高青子写下这篇小说，既是为了排遣忧郁，抵御这次偶然带来的诱惑，也是作为一种特别的纪念。后来，在沈从文的鼓励下，高青子又以颜色为题，陆陆续续地写了《白》、《灰》、《黑》等小说，并结为短篇小说集《虹霓集》，于1937年12月由上海商务印书馆出版。

从一开始，沈从文与高青子的交往就是以近乎梦幻的方式制造的。小说与现实交织在一起，虚构与真实难辨真假，无疑更为这桩情事增添了浪漫多情的色彩。

1935年底，长子龙朱诞生了，沈从文这时却已经不期然陷入了隐秘的痛苦之中。感情这回事本来就是那么没章可循，尤其是发生在这样一个情感丰富的小说家身上，似乎更难收拾了。他一面沉浸在初为人父的喜悦中，一面却仍没有忘掉高青子。

直到有一天，张兆和拿起一本《国闻周报》，翻到了她最喜欢读的小说部分，却遇见了那篇《紫》，她一边读一边紧张起来，这故事里的主人公，竟然是那般熟悉！聪明的她，已经猜到了一半，再从头到尾仔细读了一遍，她产生了许多疑问，决定向沈从文问个明白。

沈从文没有否认，他的确爱上了《紫》的作者高青子。

听到这个消息，张兆和怎能不痛苦？她怎么也不能相信，对她说过那么多好听情话的沈二哥，竟然会这么快爱上别的女人。

1936年的春节，受了伤的张兆和回到了苏州老家，并且不肯回北平。沈从文心焦不已，只好每天写信给她，但她的心不能平静下来。

他多希望，妻子能理解自己，给自己一些帮助。

沈从文陷入了深深的绝望中，他无法理清楚这番头绪，只好写信给好朋友林徽因，向她倾诉了自己的苦闷。沈从文痛苦地对她说，他既爱妻子，但也爱高青子，于是，在1936年2月27日给沈从文的回信中，林徽因劝说道：

> 你希望抓住理性的自己，或许找个聪明的人帮忙你整理一下你的苦恼或是"横溢的情感"设法把它安排妥帖一点，你竟找到我来，我懂得的，我也常常被同种的纠纷弄得左不是右不是，生活掀在波澜里，盲目的同危险周旋，累得我既为旁人焦灼，又为自己操心，又同情于自己又很不愿意宽恕放任自己。①

作为好友的林徽因也不曾预料到，她熟识已久的善良、多情、善解人意的沈二哥，竟然也会陷入这样复杂的感情纠葛中。沈从文会找到林徽因，是因为知道她和自己一样感情丰富。其实同沈从文相比，林徽因在感情上遇到的烦恼可谓更加复杂。少女时的她曾深为率性浪漫的徐志摩所吸引，但在理智的支配下，她选择了更为沉稳的梁思成。结婚后，夫妻俩沉迷于共同爱好的建筑事业里，并经营着一个快乐的小家庭。然而有一天，当梁思成从外地回来时，林徽因却忧心忡忡地告诉丈夫，她发现自己同时爱上了他们共同的好朋友——金岳霖。梁思成听后震惊不已，那晚，他翻来覆去想了一夜，第二天告诉她："你是自由的，如果你选择了老金，我祝愿你们永远幸福。"后来，林徽因将这些话转述给金岳霖后，这位老朋友说："看来思成是真正爱你的，我不能伤害一个真正爱你的人，我应该退出。"从此以后，他们再也不提起这件事，三个人仍是好朋友。金岳霖不仅长期与梁家毗邻，"逐林而居"，还将梁家的两个孩子视如己出。对于这桩奇事，萧乾说："林徽因坦荡，金岳霖克制，梁思成宽容，三人皆诚信磊落之君，没有见过这样的'三角'。"然而，这世间，有几个人

① 1936年2月27日，林徽因致沈从文，见梁从诫编：《林徽因文集·文学卷》，百花文艺出版社1999年版，第332页。

一半儿温馨
一半儿冷
YIBANR
WENXIN
YIBANR
LENG
沈从文与
张兆和的
似水情缘

能容得下自己的情敌在眼前朝夕出没，而三人又能不生嫌隙呢？

林徽因在给沈从文的信中说，如果要在"横溢情感"和"僵死麻痹的无情感"中选择的话，她毫无疑问会选择前者，并且相信人活着的意义在于体验情感，因此对于发生在自己身上的情感纠葛，她虽烦恼，却又觉得不可缺少，因为这不至于使生活陷入一片死寂。但她也很清楚，在爱情里没有两全之计，沈从文如果和高青子发展下去，无疑会伤害无辜的张兆和，因此林徽因劝他多拿出几分理智，将这横溢的情感压抑下去。

想必林徽因的苦心劝说也对沈从文起了一定作用，为了不伤害妻子，他只能努力说服自己，回归到平凡的家庭生活中去。

结婚三周年时，沈从文写了一篇小说《主妇》作为送给妻子的结婚纪念礼物。文章里写，婚姻将一对爱侣带进围城后，他发现过去她身上的"惊讶"和"美"逐渐黯淡了，褪去了女神的光环，成为一个朴素的主妇，她热爱家庭生活带来的安稳和幸福。过去，她是他的女神，高高在上，当仙女下凡尘，想象变成现实的时候，他多愁敏感的心里，有了一种疲乏，一种空缺。他虽然爱她，可是并不完全属于她。在小说末尾，沈从文写道："他呢，愿意如她所希望的'完全属于她'，可是不知道如何一来，就能够完全属于她。"

还没等两个人的心完全互相理解，他完全属于她时，很快，战争来了，前所未有的动荡开始了，逃难也开始了。在后来长达一年半的逃难分离中，唯有团聚是两人日夜关心的问题。

原以为，那一场心灵风暴在颠沛流离中已经渐渐平息，再也掀不起波澜。然而命运此时又跟沈从文开了一个玩笑，当全家人历经波折终于在昆明团聚不久，高青子也逃难来到了昆明。

这一次的相逢，重新在他们心中激起了波澜。当时，沈从文在西南联大师范学院国文系教书，而高青子通过沈从文的推荐进了西南联大图书馆工作，与九妹沈岳萌成了同事。两人接触的机会很多，一时间引起了不少人注意，朱自清在1939年10月23日的日记中曾简略带过："从文有恋爱故事。"

沈从文深深知道，偶然尽管突如其来，但仍具备了不可抵御的力量。"我们生命中到处是'偶然',生命中还有比理性更具势力的'情感',一个人的一生可说即由偶然和情感乘除而来。你虽不迷信命运,新的偶然和情感,可将形成你明天的命运,还决定后天的命运。"① "这种人并不止一个,行将就要陆续侵入你的生命中,各自保有一点虽脆弱实顽固的势力。这些人名字都叫做'偶然'。名字虽有点俗气,但你并不讨厌它。因为它比虹和星还无固定性,还无再现性。"② 让沈从文深感痛苦的是,明明知道高青子注定只能是这样一种偶然之爱,但越是得不到的,越是容易激起人的想象和欲望,也就越难以割舍,他甚至"真正已放弃了一切可由常识来应付的种种,一任自己沉陷到一种情感漩涡里去"。

世间最丰富、最复杂、最难把握的,莫过于一个"情"字了。沈从文不止一次思考:人生的理想,是感情的节制恰到好处,还是情感的放肆无边无涯?人的天性里固有的不安分因素,使得在面对世俗的规则时,如何平衡情与欲,成了一个永恒难题。

一面是偶然出现的高青子,一面是不忍去伤害的妻子,沈从文煎熬着,痛苦不堪。现实是逼仄的,无从收容沈从文野马无缰的幻想,当情感蔓延就快吞没理智时,他往往要借助文字来平息自己,将汹涌的情感压下去。文学是作家的一场白日梦,在现实中无法实现的梦,在虚幻的文字中却可以变成真实的。正是在这极端苦闷的时期,沈从文写下了小说《看虹录》,题名正与高青子的《虹霓集》相呼应。小说叙述了一个作家身份的男子在深夜去探访自己的情人,窗外是纷纷扬扬的白雪,室内则是炉火温馨,在这静谧的气氛中,情欲的菌也悄悄地滋长起来,这对情侣不由自主地向对方献出自己的身体。《看虹录》受乔伊斯的意识流手法和弗洛伊德性心理学的影响,笔法十分含蓄,却将男女之间的情爱诱惑写得极其细腻,可以说是一篇实验性的现代主义小说作品,但在当时是很难被人理解和接受的,因此小说发表后,沈从文颇受非议,《看虹录》甚至被批为"艳情小说"。

沈从文曾说:"不管是故事还是人生,一切都应当美一些!"但

---

① 沈从文:《水云》,见《沈从文全集》第12卷,第95页。
② 沈从文:《水云》,见《沈从文全集》第12卷,第96—97页。

一半儿温馨
一半儿冷

YIBANR
WENXIN
YIBANR
LENG

似水情缘
张兆和的
沈从文与

他知道，不是所有美丽都能触手采撷。现实无路可退，他只好将自己的偶然，还有随之而起的幻想融入了小说《看虹录》。所以在小说中有一句话："我在写青凤，聊斋上那个青凤，要她在我笔下复活。"对于沈从文来说，高青子就像蒲松龄笔下的狐仙青凤，弱态生娇，秋波流慧，让他心萦萦不能忘情。现实中沈从文不能与高青子结合，但在他笔下，两人却拥有了彼此。所以小说毕竟是小说，免不了要虚构，这篇《看虹录》里所写的故事，可以说一半是真实，一半是幻想。1982年，金堤向沈从文夫妇打听《看虹录》的真实性时，沈从文笑而不答，张兆和则说沈从文当时不让她看《看虹录》，也证明这篇小说具有一定的真实性。

在一个好太太和两个生龙活虎的儿子面前，沈从文清醒地知道，即使再电光石火的相对，再柔情的回味，梦终究是梦，不能不醒来。高青子也知道，自己终非不食人间烟火的女神，不可能永远在痛苦中虚幻地期待，沈从文到底无法给她世俗的名分，甚至连完全的爱也不能。他有生活，她有人生，两个人终究要分定各自的方向，回到各自的天空中。

高青子选择了离开沈从文，并且有了新的开始。从沈从文同事吴宓教授1941年1月7日的日记，似乎可以看出些端倪："9:00警报至。宓即北行，仍至昨往之谷中避之。寝息。读《涅槃经》。遇陈霖及高韵琇（青子）。一对爱侣。"[1]高青子接纳了这位叫陈霖的男子的爱情，开始了新的生活。她终于和她的小说《紫》中的璇青一样，永远地消失在沈从文的天空了。在家庭与理智的召唤下，沈从文这只经常向碧空飞得很高很远的云雀，也终于直向下坠，归还旧窠了。后来，沈从文在《水云》中不无惆怅地写道："自从'偶然'离开了我后，云南就只有云可看了。"

爱情是所有世界上最容易产生炫目美感的事物，但有时，也只是因为隔着距离，才会格外吸引人。夜空中遥远的流星，看起来绚烂夺目，但到底只是一颗陨石，它本有细密的纹路、真实的温度，只是我们偶尔抬头瞥见夜色之中的光华，就错把它当成了璀璨钻石。

---

[1] 吴宓1941年1月7日日记，见《吴宓日记：1941—1942》，三联书店1999年版，第6页。

张兆和了解沈从文，他是一个永不满足的艺术家，一个需要太多情感体验的精神浪子。现实已有太多破绽需要她去缝缝补补，她的注意力都集中在家务和照顾孩子上，甚至包括九妹。她所能给他的，是她惯有的温和微笑。那永远恬淡的表情，似乎把什么都隐藏起来了。这个聪明的女子知道，他生来就有太多无羁的幻想，也深知，他的善良决定了在多数时候，他不过是借文字做一个梦。只有让他在纸上做那些梦，才能不至于发疯。沈从文怕那些荒唐的梦伤了张兆和的心，于是将写好的文章烧去了许多，她知道后，却为他感到可惜，让他不要再做傻事："我预备告你的是可别因为我，像上回在城中那么，把什么杰作一股鲁又烧去，不留下一个字。知道的人明白这是你自己心中不安，不知道的还以为我妒嫉到你的想象，因此文章写成也还得烧去，多可惜！"① 她懂得，真正伤人的不会是这些纸上的梦。

在沈从文爱读的《圣经》里有一段话："爱是恒久忍耐，又有恩慈；爱是不嫉妒，爱是不自夸，不张狂，不作害羞的事，不求自己的益处，不轻易发怒，不计算别人的恶，不喜欢不义，只喜欢真理；凡事包容，凡事相信，凡事盼望，凡事忍耐；爱是永不止息。"张兆和做到了。她相信，终有一天，他会收回那颗走神的心。

1945年9月9日，东方的天边已经泛亮，黎明降临了，又一个他们的结婚纪念日到了。事有凑巧，从报上载明的消息中，他们已得知中国战区的日本投降仪式也将于这天在南京举行。几天前，沈从文已邀约了几个在昆明的朋友来乡下相聚，一则为酬谢夫人十余年来的操劳，一则为庆贺抗日战争的胜利结束。

十二年前，张兆和放弃了当一名女研究生的机会，嫁与沈从文为妻，在柴米油盐中敛起了光华，给了他和孩子一个温暖的家。九年前，他们结婚三周年时，沈从文写下了第一篇《主妇》送给她作纪念。九年后，沈从文一夜没睡，又以《主妇》为题写了一篇小说，作为送给张兆和的礼物。等到终于写完的时候，天色已经亮了，沈从文搁下手中握了一夜的笔，从凳子上站起来，轻轻地开门，走到屋外，朝滇池方向走去。

① 沈从文：《主妇》，见《沈从文全集》第10卷，第320—321页。

　　清晨冰凉的空气，不仅驱除了他一夜伏案写作的疲乏，还使头脑反具少有的澄澈清明。晨风吹拂着，滇池的一片水波在沈从文眼前铺展开来，在阳光中泛出光亮，西山群峰在岚气湿雾中时隐时现，如一线黛绿色长眉。天地有大美而不言，望着这碧水映天，阳光跳跃，沈从文被这充满神性的庄严深深感动了，一颗心变得如初生时那般无暇。

　　"你比谁都显得少不更事，就因为你缺少人必需的那点'平常'！"

　　突然，耳边响起了妻子责备的声音，沈从文这才记起，清早出门时忘了跟家里打招呼。妻子这时说不定正为自己担心呢，是该回去了。看见路边蓝色野花穿着露珠做的裙子，在阳光下发出缤纷耀眼的光芒，沈从文旋即采了一把，然后急匆匆地往家里跑去。

　　果然，还没到，远远就见张兆和正等在屋门口。见沈从文回来，她心里的石头落下了，抱怨说："你到什么地方去了？怎么不说一声，孩子们都找你去了！"

　　她瞥见他手里拿着的那一束野花，笑了："你看你，为了这个好看，忘了别人的着急。"

　　沈从文说："不，正因为想照九年前写篇小说，纪念9月9日。文章还是那个题目，我却取得了那个'素朴'，你瞧它蓝得多好看！"

　　回到屋内，张兆和一边将花插入白瓷敞口瓶内，一边说："这礼物比什么都好！你的故事写完了，好好地睡两个钟头。十点钟我们再去火车站接客人。你太累了！"

　　沈从文说："不，我不过是这一天有点累，你却累了十二年！我想起就惭愧难过！'"

　　她粲然一笑，调皮地说："哟，我还是第一次听到你说惭愧！"

　　的确，对于张兆和，沈从文永远心怀感激和愧疚，尤其是在昆明的那段日子。抗日战争结束回到北平后，沈从文曾发自内心地在给张兆和的信中写道：

　　　　小妈妈，生命本身就是一种奇迹，而你却是奇迹中的奇迹。我满意生命中拥有那么多温柔动人的画像！更感动的是在云南乡下八年，你充满勇气和精力来接受生活的情形，世界上那还有更动人的电影或小说，如此一场一景都是光彩鲜丽，而背景又如何朴素！小妈妈，我近来更幸福的是从你脸上看到了真正开心的笑，对我完全理解的一致。①

　　流星易坠，虹霓易逝，只有月亮永挂天空。当岁月沉淀，沈从文回想起生命中那些转瞬即逝的虹影星光，它们曾给自己的感情带来过困扰，却也丰富了生命，使它不致成为一潭死水。岁月变迁，沈从文的童心幻念却因此保留了下来，成为生命升华的一种力量。

最后的清梦

大局玄黄未定，惟从大处看发展，中国行将进入一新时代，则无可怀疑。用笔的求其有意义，有作用，传统写作方式态度，恐都得决心放弃。人近中年，观念凝固，用笔习惯已不容易扭转，加之误解重重，过不多久即未被迫搁笔，亦终得搁笔。

——沈从文致季陆②

　　1945年8月15日，抗日战争终于以胜利告终，但旧伤未愈，新的战争接踵而至，1946年6月国共和谈破裂，全面内战爆发，国家却很快就又陷入了一片纷乱之中，连喘息的机会都没有留下。1946年7月31日，西南联合大学正式完成了它的使命，宣告结束，北京大学、清华大学、南开大学三所学校的教职工此时也多已各自返校。7月12日，沈从文携家眷飞抵上海，7月下旬一家人回到阔别已久的苏州。当张兆和推开九如巷张家老宅的大门时，眼前的一切早已是物是人非。在抗战刚刚开始后不久，父亲张武龄从苏州避难到合肥老家，不久后便病故了，由他一手创办的苏州乐益女子中学，也因战争停办多年。为了继

---

① 1948年7月29日，颐和园，沈从文致张兆和，见《沈从文全集》第18卷，第500页。
② 1948年12月1日，北平，沈从文致季陆，见《沈从文全集》第18卷，第517页。

一半儿温馨
一半儿冷
YIBANR
WENXIN
YIBANR
LENG
似水情缘
张兆和的
沈从文与

左前张充和，右前张允和，左后张元和，右后张兆和，中间为父亲张武龄，在抗战之前摄于苏州九如巷老家

续父亲的教育事业，张兆和和兄弟姐妹们决定一起留下来，恢复乐益女中。

局势未稳，回北平原是冒险之举，巴金、李健吾、郑振铎等老友也纷纷劝沈从文不要北上，但当时他已经答应了北京大学的聘请。为了践行诺言，8月27日，沈从文只身从上海飞往北平，回到阔别已久的古都，张兆和则带着小龙小虎留在了苏州。

想当初，抗日战争刚刚胜利之际，一家人在昆明等待回北平时，沈从文曾充满兴致地描绘他所憧憬的未来："属于孩子们的最大愉快，即战争胜利后，会有一天，全家飞到上海去，坐在一个大戏院楼厅的柔软舒服椅子上，和爱中国爱孩子的洋伯伯，同嚼点好吃糖果，参加音乐迷定和三舅舅的作品演奏会，看能在幕前作指挥演奏他个人的作品，并听听那些好听动人的歌声，和使人感动的巴掌声！从歌声和巴掌声里，都可以让我们温习一下过去国家的暗淡痛苦，以及挣扎的努力，也可以让我们想象未来种种幸福，等待它的慢慢实现。"[1]张定和的音乐会在上海如愿举行，可是沈从文关于"未来种种幸福的幻想"，却在战争的阴影下一点点破灭。

时隔多年回到北平，沈从文忙着同老朋友们一一聚首，大家互聊

---

[1] 沈从文：《定和是个音乐迷》，见《沈从文全集》第12卷，第212页。

1946年，三连襟在上海，左起：
顾传玠、沈从文、周有光

这些年彼此的境况。而作为当时负有盛名的作家，回京后沈从文也受到媒体和大众的广泛关注。当时的报纸《新光》还登出一篇名为《沈从文自比沈三白》的文章，报道沈从文的近况：

> 沈从文现在是回到了北平，重度其执教生活，他最近语人，他将写一篇记述自己家庭的文章，他自比沈三白，他说自己的"闲情记趣"，写出来比之沈三白有过之无不及。
>
> 他十分怀念他的太太和小孩，希望在最近能住到一块来。
>
> 的确，他是有着一个温馨的家，——他的太太张兆和——那红润的圆脸配着秀丽的眼睛，脑后交织着两条小辫子，是显得非常年青而妩媚。……①

有点可惜的是，沈从文回京后很忙碌，除了要在北京大学、辅仁大学讲课外，还担任着《大公报·文艺副刊》、《益世报》等报刊的编辑工作，因此他后来并没有写这样一篇专门记录一家人在云南时的有趣文章。

1946年底，沈从文搬到了位于沙滩中老胡同三十二号的北大新宿

---

① 佚名：《沈从文自比沈三白》，见民国报纸《星光》新20期，1946年11月27日。

一半儿温馨
一半儿冷
YIBANR
WENXIN
YIBANR
LENG
沈从文与
张兆和的
似水情缘

舍。这里距离故宫的东北角楼不远，过去是清朝光绪皇帝之瑾妃、珍妃的娘家，由四个东西并列而相互串通的四合院组成，古色古香，且有假山、藤萝架、大槐树点缀其间。在这座曾经居住着皇家贵族的大院里，聚集了朱光潜、冯至、曾昭抡、袁家骅等一批北大知名学者。沈从文被安排在最西北角上一个较为偏僻的地方，地方虽不大，却也样样齐全。

新年过后，张兆和携龙朱、虎雏从苏州回到了阔别已久的北平，在这个新家团聚了。直到1952年初搬到大头条胡同，沈从文一家在这座大院里留下了无数或悲或喜的记忆。

忙碌之余，沈从文仍爱收集些小古董，他还跟同在大院里住的朱光潜"臭味相投"，两人时常相约上街淘点宝贝。每件小东西虽都不大费钱，可累积得多了，也是一笔不小的开支。有时两人手头没钱，又不好意思老向夫人开口要，于是，朱光潜来到沈家，对张兆和说："我想和从文出去逛逛，怎么样？"而同一时间，沈从文也跑到朱家去了，对朱夫人奚金吾说："我想和孟实（朱光潜的常用笔名）出去逛逛，怎么样？"这样请朋友开口，总是不会被拒绝的。等到两位夫人碰了面，互相这么一说，也不禁莞尔。短短几年时间过后，沈从文家又到处摆满了漆盒、瓷器、宋明旧纸等。

然而，这些欢乐只是点缀，日子并不平静。北平城内，到处是此起彼伏的厮杀声，血影刀光仿佛永远不会有尽头。

与此同时，随着国民党的大势已去，文坛的空气也开始发生变化，以政治为工具对文艺作品进行解剖的意味越发浓厚，报纸杂志上弥漫着火药味，批判开始升级。

1948年3月，香港出版第一期《抗战文艺丛刊》，其中两篇讨伐沈从文的文章赫然在目。一篇是左翼作家冯乃超的《略论沈从文的〈熊公馆〉》，针对沈从文此前为同为凤凰人的前国民总理熊希龄写的《熊公馆》，称沈从文是在为地主阶级歌功颂德，是"地主阶级的弄臣"，说他写的作品是"中国典型地主阶级的文艺"。另一篇则是文坛大腕郭沫若的《斥反动文艺》，他给一批作家画像，把朱光潜说成"蓝衣监察"，把萧乾说成"黑色买办"，把沈从文说成是专写颓废色情的"桃红色作家",并且指责沈从文"一直是有意识地作为反动派而活动着"。

以往,也时有批判自己的文章见诸报端,但沈从文并不理会,也不作回应,他不愿浪费时间做这些事。而如今,批判的论调已然大不同于以往,一种不祥的预感开始笼罩在他心中。此后,沈从文的时事评论文章也减少了许多。

这年夏天,应老友杨振声之邀,沈从文、冯至等老朋友来到颐和园的霁清轩避暑度假,大家在一起度过了一段难得的平静日子。

霁清轩位于颐和园内东北隅,与谐趣园相连,是一处有意思的偏僻小园。它隐于王城之中,风光静美,仿如秦人避世的桃花源。据说,霁清轩大门前的石板路,是慈禧太后当年听书的地方,时间一到,老婆子就坐在石凳子上听故事,每天一回。这想象中四五十年前的前朝遗事,同眼前之人事两相对比,竟仿佛是个梦了。

这次度假,张兆和也来了,两人原想在园中好好享受一下久违的闲适。可刚到不久,张兆和就接到弟媳生病的消息,只好回转城内去照顾她。

看着张兆和打点行装准备离开,沈从文心里很不是滋味。无论是岁月静好,还是乱世飘摇,结婚这么多年来,妻子仿佛从来没有时间好好享受一下。其实沈从文很清楚,她是多么希望能认认真真再念几年书,可眼下看来,这样的机会仿佛已经永远失去了。

霁清轩外流水潺潺,石头间有高大的松树亭亭如盖,蓬蓬的虎耳草点缀其间,搭配出一点宋人画意。一逢入了画,妻子又不在身边,思念的心更浓了,于是沈从文又开始提笔写信,在纸上抒抒情,叙叙事,仿佛又回到了过去甜蜜的青春时代:

> 离你一远,你似乎就更近在我身边来了。因为慢慢的靠近来的,是一种混同在印象记忆里品格上的粹美,倒不是别的。这才真是生命中最高的欢悦!简直是神性。……我从镜子中看去,头发越来越白得多了,可是从心情上看,只要想着你十五年来的一切好处,我的心可就越来越

一半儿温馨 一半儿冷
YIBANR
WENXIN
YIBANR
LENG
似 沈
水 张 从
情 兆 文
缘 和 与
的

年青了。且不止一颗心如此。即精神体力也都如此。①

张兆和此时虽已到中年，但在很多人眼里，她仍很年轻。沈家在中老胡同的邻居陈友松之女，后来回忆起那时的张兆和就这样感叹道："当时教授们盛赞沈夫人张兆和女士的美丽永不褪色，就用阴丹士林来比喻。阴丹士林是当时一种织物染料，可保持织物鲜艳的色泽，持久不褪。我则觉得沈伯母之美可与沈家的好友林徽因女士比肩。"② 但张兆和的美，不是翠锦斑斓之美，而是《诗经》中所说的"素以为绚兮"。她那份素朴和单纯所透露出的美，沈从文最懂得欣赏，也常常赞不绝口。

园子里的诗情画意，沈从文领略了，顽童们可无心欣赏。除了被迫在书桌边坐一小会儿外，其他时间，他们就只想着跑出去玩。霁清轩里有个龙王庙，前面有湖，可以游泳跳水，大顽童小龙每天都要跑去学跳水，要在水里泡上三两个钟点才肯上岸，才半个月时间就把全身晒得像一条紫豇豆。小顽童小虎呢，胆子不如哥哥大，他抱着柱子不敢跳，沈从文就说："稳健派！稳健派！"小虎更爱冒险，就把全院子当成鲁滨孙的荒岛，各处去寻觅发现，把一草一木都弄得清清楚楚，然后拿笔在纸上画全院平面图时，一件不落全画了进去；或去水边看人家游泳比赛。能同时引起兄弟俩兴趣的，就是看守园子的工人站在长廊前的白石栏杆边，挥舞着一根钓鱼竿，用小蛤蟆当饵去钓水藻间的王八。

一天上午，小虎去后山挖了些蚯蚓来钓鱼，还给鱼换了水，在水里加了些小石头、水藻，漂亮得很。随即，又兴致勃勃地拿着剪刀，参与了大人的剖鱼工作，还好奇地研究起鱼儿的内部组织结构。下午继续忙活，不但一个人做了一个炉灶，还捡了一些松果枝子，跟着爸爸一起学熏鱼。

晚饭后，孩子们照例喜欢同爸爸聊天。沈从文说起《湘行散记》

---

① 1948年7月29日，颐和园，沈从文致张兆和，见《沈从文全集》第18卷，第497—499页。
② 陈珚理：《32号院中的长辈和我们》，见江丕栋、陈莹、闻立欣等编著：《中老胡同32号：老北大宿舍纪事（1946—1952）》，北京大学出版社2011年版，第218页。

中的人物故事，说起自己小时候在竹林溪边的种种乐趣，还有捉野鸡、捉鹌鹑的故事，哄得小虎睁大了眼睛，恨不得变作小时候的爸爸去玩一通再回来。沈从文又说："这书里有些文章很年青，到你成大人时，它还像很年青！"小顽童就一副半懂不懂的样子说："那当然的，当然的。"

他一面和小虎聊着，一面给张兆和写信。耳边有水声叮咚，有蟋蟀在草间调试琴弦，空灵至极。偶尔还有鱼儿跃出水面发出声响，小虎即大惊小怪地哎哟一喊，好像那鱼是从他心里跳出来一样。

小虎已不是在云南时天天喊饿的小吃货了，而今，他不仅能把从报纸上读来的故事复述一遍，还会问爸爸许多大问题："爸爸，人家说你是什么中国的托尔斯泰。世界上读书人十个中就有一个知道他的，可你的名字，人家不知道，爸爸你是不如他的吧？"

沈从文听了，笑一笑："是的，虎虎聪明，我自然不如这个人。我因为结了婚，有个好太太，接着你们又来了，接着战争也来了，这十多年为了生活，我也不曾写什么东西。成绩不大好，比不上。"

"那要赶赶才行。"

"是的，一定要努力。我正同妈妈商量，要好好写些，写个一二十本。"

要不是妈妈不在身边，小虎就该说："爸爸吹牛！"不过，为了不让爸爸灰心，他还是礼貌地问："怎么，一写就那么多？"

"其实要写那么多也不难，不过要写得好就难。像安徒生那样，不容易。"

"我看安徒生的看了七八遍，跟他都熟了，还是他好。还有《爱的教育》也好。"

不一会儿，小虎说着说着就没有声音了。沈从文抬头一望，小家伙蓝纷纷的大眼睛已经闭上，酣然入梦了。

恍然间，沈从文觉得自己又回到了呈贡乡下。

一夜梦醒，小雨落下，知了也伸伸懒腰起来了，黄鹂儿还在梦中。天气清和，鸟声呖呖，一切都温柔得那样熟悉，仿佛是自己新婚时的光景，于是沈从文又开始提笔写信：

第四帧　看云——最后的清梦

一半儿温馨
一半儿冷
YIBANR WENXIN YIBANR LENG
张兆和的
沈从文与
似水情缘

张充和抗战前在北平

> 记起二十三年末在湘水中游扁舟一叶大清早在烛光下为你写信情
> 形，如果有机会两人同坐那么一回小船，你一定也会终生不忘记，且保
> 留下无数动人夺目印象，尤其是背景，有色有声的背景，那才真是画，
> 是诗，是梦！我得重写一本书。①

霁清轩背后，用一块天然大岩石做成斜坡，石头在半中间褶皱了
一下，从后湖引来的一脉活水穿石而过，发出铮铮淙淙的响声，如古
琴之声。在山涧高处，建有一座小殿，扼其源头，雅名清琴峡。而住
在这清琴峡内的，正是被沈从文戏称为"天才女"的张充和，她常常
盘坐在精致小巧的对面炕上临摹画卷，在这乾隆建筑里演绎出魏晋风
气，倒十分有意思。

此次同充和一起来避暑度假的，还有她的洋男友傅汉思。傅汉思
是德裔犹太人，是北大西语系的外籍教授。起初，由于傅汉思对中国
的一切都很感兴趣，还想学习地道的北京话，于是常来沈家跟小龙小
虎一起玩。当时，张充和借住在姐姐姐夫家，傅汉思来了几次，两人

---

① 1948年7月31日，颐和园，沈从文致张兆和，见《沈从文全集》第18卷，506页。

自然而然就认识了。过不久，沈从文就看出他对充和的兴趣不一般，于是再见他来，就马上叫充和出来，让他们单独待在一起。聪明的小虎也注意到，四姨同傅伯伯很要好了，所以一看到他们在一起，就调皮地嚷嚷起来："四姨傅伯伯！"古灵精怪的他故意把句子断得让人弄不清到底是"四姨，傅伯伯"还是"四姨父，伯伯"。充和听了，也没有说什么，只是淡淡地笑，算是默许了。这次两人双双来霁清轩度假，直接增进了两人的情感。

傅汉思来时还不忘带本词典学汉语，张充和后来写诗纪念这段神仙似的日子："霁晴轩侧涧亭旁，永昼流泉细细长。字典随身仍语隔，如禅默坐到斜阳。"

张充和性格活泼开朗，但骨子里很古典，爱穿一身传统的旗袍，既能填词度曲，也写得一手精美的小楷，还精通昆曲演艺，自长成亭亭玉立的少女以来，就吸引了无数异性爱慕的目光，而其中最痴情的一位，莫过于著名诗人卞之琳。

同以斯文腼腆而闻名的沈从文相比，卞之琳的内向可以说是有过之而无不及的，但两人在情感的表达上，却是大相径庭。沈从文说"多情的鸟绝不是哑鸟"，卞之琳足够多情，但他是将最深厚的感情都浓缩在最短的诗句里了，比起沈从文情话如流水潺潺的《湘行书简》，卞之琳诗中碧玉金簪般密实的情感，如同一道难解的谜语。卞之琳像李商隐一样，为张充和写下一首首含蓄到隐晦的诗，著名的《断章》即是其一。

也许是卞之琳太过内敛的性格，以及"百转千回都不跟你讲"太过节制的情感表达对张充和缺乏吸引力，诗人的深情宛转，最终还是落花有意，流水无情了。抗日战争结束后，带着对张充和的痴恋，卞之琳去了英国，而张充和则到

张充和与丈夫傅汉思

一
半
儿
冷

一
半
儿
温
馨
YIBANR
WENXIN
YIBANR
LENG

沈从文与
张兆和的
似水情缘

了北平，一边在北大教昆曲，一边准备考北大的研究院，不久后，就遇见了她的真命天子傅汉思。

1948年11月19日，正是初冬时分，擅长在杏花疏影里吹玉笛的张充和同弹得一手好钢琴的傅汉思，在北平举行了一场中西合璧的婚礼。嫁给傅汉思这年张充和已三十四岁，算得上一枚大龄文艺女青年。至此，"合肥四姊妹"中最具才华的一位，终于有了美满归宿。在婚宴上，小虎雏饱饱地吃了一回奶油蛋糕，还兴高采烈地对新娘子说："四姨，我希望你们天天结婚，让我天天有蛋糕吃。"

然而，就在大家为这对新人送上祝福时，外面的炮仗声、飞机轰隆声也同样不绝如缕，这段时间，北平城内从来都不曾平静。张充和与傅汉思举办婚礼两天后，辽沈战役结束，紧接着平津战役爆发了，国共胜负基本也已成定局。此时的北平城，已呈山雨欲来风满楼之势，城里的氛围十分紧张。在情势的催逼下，傅汉思带着新婚的妻子，匆匆告别了北平的亲朋好友，飞往美国纽黑文定居。

12月13日，解放军兵临城下，第二天便迅速包围了北平城。这段时间，情知大势已去的国民党除了加紧步伐将金银珠宝、故宫珍贵文物大批运出城外，此时更为激烈的，还有国共双方对一批优秀文化人展开的争夺。以毛泽东为首的共产党下令保护和争取知识分子，以蒋介石为首的国民党政府则制定了"抢救平津学术教育界知名人士"的计划。12月15日，北大校长胡适等第一批学人乘蒋介石派来的专机离开北平，21日，清华大学校长梅贻琦率领袁同礼、江文锦等第二批学人离开北平。而在沈从文居住的北大教职工宿舍中老胡同三十二号，一时间也是人进人出，气氛紧张。当月，北京大学的国民党负责人陈雪屏来到沈家，劝说沈从文一同南逃，并答应为沈家四口提供南下的飞机票。是去是留，是包括沈从文在内许多知识分子都在紧迫考虑的问题，大家见面的问候语变成了："怎么样，走不走？"

街上到处是兵，执法队扛着大刀片巡逻，学校停课了，大院孩子们天天扎堆玩闹。为了应对随时可能发生的战争，大人们商议，在较宽的东院挖了几条壕沟。在家里，除了沈从文，大家都欢天喜地。张兆和乐观地相信，一个崭新的时代就要来临。小龙小虎在学校里，听中学生们高声唱着："山那边好哟好地方，一片稻田黄又黄。大家唱歌来耕地呀，没人为你做牛羊……"多让人向往的地方啊！孩子们振奋极了。

由于年初郭沫若发表的讨伐檄文《斥反动文艺》矛头直指自己，此时沈从文对于自己留在大陆的前景其实是很悲观的。但想到一旦登上去台湾的飞机，就可能再也无法回到这片土地，并且意味着一定程度上要依附于国民党，这也非他所愿。而且沈从文更多地考虑到，全家人留下来，对于孩子们的教育来说，可能会是一件好事。最后，在中共地下党员和进步学生的劝说下，沈从文还是决定与朱光潜、杨振声、梁思成等老朋友留下来，一起迎接解放。

1948年的最后一天，处处是一片慌乱景象，仿如末世。枯坐家中，沈从文无意中看到了小说《传奇不奇》的手稿，满心悲凉，于是提笔在题记中注明："卅七年末一日重看，这故事想已无希望完成。"大局已定，沈从文预感到新的时代将不容许自己自由创作，手中这支笔，已经不可避免地要被废弃了。这天，沈从文临写了史孝山的《出师颂》送给同事作为新年贺礼，而在条幅落款处，他还写下了一行字：

三十七年除日封笔试纸。

曾经因《从文自传》名震一时，以《边城》闻名于世，原本正准备赶一赶"好好的来写"一二十本文学作品的沈从文，在这一天决定封笔，告别自己单枪匹马闯下的文学道路，并逐渐在文坛隐没了。

这个家，四十年来主要是你在维持的，特别是在一些重要关键性时，没有你早已不易设想。

——沈从文致张兆和

狂人呓语

红楼梦已醒了。宝玉在少数熟人印象中，和国内万千陌生读者印象中，犹留下个旧朝代的种种风光场面，事实上，在新的估价中，已成为一块顽石，随时可以扔去的顽石，随时可以粉碎的顽石。这才真是一个传奇，即顽石明白自己曾经由顽石成为宝玉，而又由宝玉变成顽石，过程竟极其清楚。石和玉还是同一个人！

——沈从文日记^①

1949年，这个在历史上注定不平凡的年份，终于不可抗拒地来临了。

年初，北平城处于解放军的包围中，正在安排和平解放。沈从文任教的北京大学，这所曾是五四运动发源地和大本营的全国最高学府，在新的革命形势的鼓舞下，再次风起云涌。受到马克思主义革命思想洗礼的学生们激情澎湃，开始组织起来清算校内的一批自由知识分子，沈从文很快成为重点批判的对象。在北大教学楼，自上而下挂起了醒目的大幅标语——"打倒新月派、现代评论派、第三条路线的沈从文"，沉寂已久的北大民主广场也很快热闹起来，上面贴出了批判沈从文的大字报，并全文抄录了此前郭沫若的批判文章《斥反对文艺》。

当时，只有十四岁的小龙朱在北京四中念书，放了学去北大看热闹，看到爸爸的名字和其他人一起被骂，还被说成桃红色作家，年少

---

① 1949年4月6日，北平，沈从文日记，见《沈从文全集》第19卷，第28页。

的他不知其中深意，只觉得这颜色比起黑色、黄色什么要好，并不觉得有什么大不了，回到家后轻描淡写地告诉了爸爸。小虎雏也跑去看，看过后觉得哥哥糊涂，因为他注意到大字报上面说爸爸"是一直有意识的作为反对派而活着"。

听完儿子的描述，沈从文的耳边顿时有一个声音轰然响起："清算的时刻到了！"

这个声音如同一面锣鼓，震动着沈从文原本就脆弱的心脏，震惊、恐惧、苦涩，搅作一团。想当初，他是靠着乡下人的一股犟劲在北平挨饿受冻一写好几年，终于从一个无名小卒跻身于知名作家之列，将成百上千一起学写作的人远远抛在身后。可是，时代骤变，如一场疾风劲雨，过去努力得来的成绩一下子被完全否定，对他来说无疑是个极为深重的打击。

沈从文年轻时在湘西当兵，看了太多打打杀杀，对动辄杀人流血的政治一直充满厌恶，所以多年来他从不加入什么组织，也不同任何政党亲近，有朋友来动员，他也总是拒绝。沈从文不投身于任何一个集团之中，却因此把两边都得罪了。

正当焦灼万分时，突然有一天，一封匿名信寄到了他手中，信内不仅画了一个子弹，还声称"算账的日子近了"。这封来历不明的恐吓信深深地刺激了沈从文，使他更感恐惧。一种从未有过的孤独与绝望压迫在他的心上。1948年年底沈从文选择放弃全家去台湾的机会而留下来的时候，并不是没有预料到会有被"审判"的这一天，但当这一刻真的来到时，他还是感到极大的震恐，一下子失去了平衡。就像在沅水中行船的水手们，有一天遇到了数百险滩中最长最险恶的青浪滩，撞上这道"鬼门关"的人即使幸运地没有葬身水底喂鱼，也难保最后不会手里只剩一块破木板保命！那段时间，沈从文悲观地预感到，自己很快就会被这个时代抛弃了，因此惶惶不可终日。他不知道明天的命运究竟会是怎样，就好像头上悬着一把随时会掉下来的利剑。他甚至产生了幻觉和幻听，总觉得自己被监视着，老担心隔墙有耳，因此说话时声音放得很低很低，还时常独自叹息道：

"生命脆弱得很。善良的生命真脆弱……"

"……都是空的！"

见了小龙小虎，沈从文的眼神和表情都和以前不同了。他不再笑嘻嘻了，也不再像过去那样给他们讲"豆豉娘怒沉百宝箱"的故事了。有时候，他走过来摸摸孩子的手，说："爸爸非常之爱你们，知道不知道？"

看到爸爸好像变了一个人，尚不知人事深浅的两个孩子想不明白这究竟是怎么回事。

这一次，向来遇事冷静的张兆和也急了。以前在云南的时候，沈从文也经常会陷入沉思，被一堆抽象的疯狂包围，写许多别人看不懂的文章。可是这一次，情况好像远不是那么简单了。尽管她不停地劝说，试图让他相信情况并没有想象的那么坏，受批判的也不止他一个，这一切都会过去的，孩子们也乐观地鼓励他，可是这一切，仿佛都无法给他一点点力量。

许多朋友听闻沈从文病了，纷纷前来探望，给他带来一些不易得到的食物，陪他聊天。可是，朋友们的关心也没有起作用，沈从文依然是一副失魂落魄的模样。

一年一度的春节来了，北平城里张灯结彩，锣鼓喧天，庆祝着新年和春天，还有一个全新的时代。可是在中老胡同三十二号的沈家，却没有一丝欢乐的气氛。由于沈从文的精神状况不见好转，这个年注定要在阴霾中度过。

得知沈从文情况越来越糟，好朋友程应铨和梁思成放心不下，托人给他带了冰淇淋粉和一封慰问信，请他到清华园跟老友们一起过年，可以住在金岳霖家，吃饭就到梁思成家。由于多日来沈从文的情况丝毫不见起色，虽然新年将至，束手无策的张兆和也只好同意了。

大年三十这天，本是一家人团聚的节日。但为了缓解沈从文的精神压力，张兆和却不得不忍着痛苦让罗念生将沈从文接到了清华园，梁思成、林徽因、金岳霖、张奚若等好友都在梁家等着他。

沈从文刚离开，放心不下的张兆和就写信开导他：

多休息，多同老金、思成夫妇谈话，多同从诚姐弟玩，学一学徐志摩永远不老的青春气息，太消沉了，不是求生之道，文章固不必写，信也是少写为是。①

第二天，沈从文回了信，语气是无力而悲观的：

> 我用什么来感谢你？我很累，实在想休息了，只是为了你，在挣扎下去。我能挣扎到多久，自己也难知道！我需要一切重新学习，可等待机会。②

大年初一，许多朋友来沈家拜年，见不到沈从文，难免问长问短，张兆和只能忍着眼泪，强作笑脸，勉强应接。没有爸爸在身边，龙朱跟虎雏都觉得这个年过得真没劲，冷冷清清的。一家人都想念着几十里外的沈从文，期盼他在那里心情能好转起来。

此时的清华园已经解放，很安定，同城里的紧张气氛完全不一样，金岳霖与梁思成夫妇还如往常一样，怀着乐观的希望工作生活。沈从文来之后，受到朋友们无微不至的关心。每天白天，金岳霖都陪着他到梁家吃饭，三餐后朋友们一起陪他聊聊天，白天只聊半小时一小时，晚上则久一些，会长到两三个小时。像过去一样，大家谈天说

沈从文的好友林徽因与梁思成

① 1949年1月28日，北平，张兆和致沈从文，见《沈从文全集》第19卷，第6页。
② 1949年1月29日，清华园，沈从文复张兆和，见《沈从文全集》第19卷，第7页。

地，聊文学，聊建筑，聊绘画，聊老熟人，尽可能地解除沈从文的忧虑。晚上，在金岳霖的照看下，沈从文服下由林徽因送来的安眠药，再喝一杯牛奶，才能躺下安睡。

起初两三天，沈从文的精神看起来好了些，梁思成夫妇写信给张兆和，请她放心。但是，沈从文表面上一时的振作，并不意味着已摆脱梦魇，情况实际上没有他们想象的那样好。甚至，清华园里一片乐观的气氛，朋友们无私的好意和信任，都隐隐加重了沈从文内心的负担。想到自己陷入这样颓丧的境地，把生活全打乱了，连累了妻子，他深深感觉惭愧。读着妻子写来的家书，他拿起笔，恍恍惚惚地在上面写下了自己的批语，字字句句都是从未有过的绝望：

> 朋友们都关切你的健康，为了不使人失望，你应该多照料一点你自己。
>
> （关切我好意有什么用，我使人失望本来已太多了。
>
> 我照料我自己，"我"在什么地方？寻觅，也无处可以找到。）
>
> ……
>
> 棉毛内衣一件是你的，中和弟二三日内回校，你换了衣服托他带城来洗。
>
> （衣洗不洗有什么关系？再清洁一点，对我就相宜了？我应当离婚了。免得累她和孩子。
>
> 小妈妈，你不用来信，我可有可无，凡事都这样，因为明白生命不过如此。一切和我都游离。……
>
> 我十分累，十分累。闻狗吠声不已。你还叫什么？吃了我会沉默吧。我无所谓施舍了一身，饲的是狗或虎，原本一样的。社会在发展进步中，一年半载后这些声音会结束了吗？）[①]

这些写在纸上的呓语，像是沈从文的一份精神病历，记录了他业已受伤的灵魂在狂乱中挣扎的过程，如一条绝望的鱼，在无水的鱼缸里喃喃自语。

[①] 1949年1月30日，北平清华园，张兆和致沈从文暨沈从文批语复张兆和，见《沈从文全集》第19卷，第8—11页。

一半儿文馨
一半儿冷
YIBANR
WENXIN
YIBANR
LENG
似水情缘的
张兆和与
沈从文

沈从文走后，张兆和也绷紧了神经，没有一天好受过。她得知此时的林徽因也正在病中，不仅因为着了凉在犯气喘，间或还发烧，可身体虚弱的她还为沈二哥担着一份心，越发显得这友情可贵了。她回信给沈从文时感动地说：

> 王逊来，带来你的信和梁氏贤伉俪的信，我读了信，心里软弱得很。难得人间还有这样友情，我一直很强健，觉得无论如何要坚强地扶持你度过这个困难（过年时不惜勉强打起笑容去到处拜年），我想我什么困难，什么耻辱，都能够忍受。可是人家对我们好，无所取偿的对我们好，感动得我心里好难过！①

就在沈从文来到清华园的第四天，1月31日，平津战役胜利结束，北平迎来了和平解放，解放军即将进城。得知这个消息，沈从文的心情是矛盾的，一方面既由衷地为北平和平解放感到高兴，另一方面，又加重了对解放军进城后的担心。而朋友们无私的关心、妻子的坚强支撑，这一切都感动着沈从文，却也更使得其精神重负愈加沉重。回信给妻子时，他仍是悲观的语调：

> 小妈妈，你的爱，你的对我一切善意，都无从挽救我不受损害。这是宿命。我终得牺牲。我不向南行，留下在这里，本来即是为孩子在新环境中受教育，自己决心作牺牲的！应当放弃了对于一只沉舟的希望，将爱给予下一代。②

如果说沈从文是一个悲观的理想主义者，张兆和倒更像是一个乐观的理想主义者。他们虽然都有一颗单纯的心，但对于人世的复杂，张兆和远没有沈从文经历得多，体味得深，所以当时很难理解他在历史转折时期的悲剧心理。她曾乐观地相信，他去清华园同老朋友们在一起聊聊天，好好休息一阵子，因身心舒畅，总能有一种新看法，

---

① 1949年2月1日，北平，张兆和复沈从文，见《沈从文全集》第19卷，第14页。
② 1949年2月2日，清华园，沈从文复张兆和，见《沈从文全集》第19卷，第17页。

慢慢就会好的。但一周过去了，情况却不是她想象的那样，沈从文对业已被否定的过去仍感到痛苦，对自己不确定的未来仍感到绝望。也许，最强的痛苦跟最大的快乐一样，是只有自己才体会得最深的，别人只能感同，却无从身受。

为了不再给朋友们增加负担，张兆和只好将沈从文接回了家。

2月3日这天，中国解放军举行了隆重的入城仪式，刚从清华园回到家中的沈从文目睹了这个历史性的时刻。解放军个个容光焕发，威严而和气，北平市民敲锣打鼓地来迎接，这是沈从文第一次见到共产党的军队，目睹过国民党种种腐败的他，确实感受到一种前所未有的新面貌。但另一方面，这也加重了沈从文内心的忧虑与不安，他无从得知，共产党上台后会怎样"处置"自己这样一个自由主义思想的旧知识分子。怀着这样不可解除的忧虑，沈从文在一片沸腾的欢乐中，越发感到自己与周围格格不入。

在大院里，孩子们每天聚在大院里打垒球、泼冰场、打冰球、开联欢会，玩得不亦乐乎，完全把这年冬天的寒冷忘记了。解放区里一片如火如荼，到处都飘着热烈的歌声："山上的荒地是什么人来开？地上的鲜花是什么人来栽？什么花儿开放呀结出了自由的果？什么花儿开放呀幸福来？""你是灯塔，照耀着黎明前的海洋；你是舵手，指引着前进的方向。"……每一首听起来都是那么快乐，那么激昂，像阳光下的向日葵一样充满了希望。小龙小虎也学会了，跟小伙伴一起唱得很开心。可是一回到家，见到愁眉不展的爸爸，他们就笑不出来了。

过完年，寒假结束，学校也开学了。学校里到处是敲锣打鼓的声音，欢腾的气氛还在持续蔓延。每天在学校里，小龙小虎和伙伴们一起接受新思想的洗礼，接受新事物，参加集会游行，忙碌而快乐。

胜利需要巩固，革命要求进步。陆陆续续的，有一些年轻朋友来到沈家告别，他们有的进了革命大学学习，不久即可随军南下，有的准备投身到新的工作，为新中国做贡献。他们对沈从文和张兆和说："沈二哥你多保重。三姐也得注意身体，你太辛苦了！"

大家都知道，这个家，都是张兆和一个人在辛苦支撑。

第五帧　旋风｜狂人呓语

一半儿温馨
一半儿冷
YIBANR
WENXIN
YIBANR
LENG

似水情缘的
张兆和
沈从文与

此时，沈从文的病日益加重，陷入更深的纷乱和孤独之中。3月2日，沈从文在校改完准备交给开明书店的小说《阿丽思中国游记》后，在存底本上留下了这样的题识：

> 越看越难受，这有些什么用？
>
> 一面是千万人在为争取一点原则而死亡，一面是万万人为这个变而彷徨忧惧，这些文章存在有什么意义？
>
> 一切得重新学习，慢慢才会进步，这是我另外一种学习的起始。①

在中老胡同三十二号的沈家，一个痛苦的灵魂挣扎着，独自品尝着自己不合时宜的孤独，疯狂而清醒。

张兆和的堂兄、革命烈士张鼎和的女儿张以瑛，听说沈从文的情况后，特地从天津赶到北平来看望他，尽最大努力为他排遣心中的苦闷。张以瑛还为他请来父亲的部下，同时也是张兆和在中国公学的校友、时任东北野战军后勤部政委、党委书记的陈沂来开导沈从文。陈沂特意到家中和沈从文长谈，告诉他共产党的政策，劝他不要总是疑神疑鬼，还为他带来了一些政治学习用的书报。陈沂还鼓励张兆和尽快跟上时代，积极参加有意义的革命工作，为国家多做些贡献。在陈沂的鼓舞下，张兆和决定去华北大学学习政治，小龙小虎也很是兴奋，他们想看看穿着列宁服的妈妈会是多神气。

说起来可能有点奇怪，从来自称"乡下人"的沈从文，却对革命充满了隔膜，反倒是出身名门的张兆和，像两个儿子那样，对未来的新生活充满了期待，对革命表示出莫大的热情，接受起新事物来毫不费力，所以能很快融入新的社会。但仔细想来，其实这一点也不突然，张兆和自小在集体中长大，受到的教育也很正统，是受人尊重、得人认可的，性格上一直保持着做女学生时的单纯乐观。而且她的观念一直很朴素，早在结婚之初，沈从文因为希望她过得好一些，不要委屈了自己，还逼着张兆和时髦一些，她不但不买账，反而写信给他

---

① 沈从文：《题〈阿丽丝中国游记〉存底本》，见《沈从文全集》第14卷，第455页。

说："不许你再逼我穿高跟鞋烫头发了，不许你用因怕我把一双手弄粗糙为理由而不叫我洗东西做事了，吃的东西无所谓好坏，穿的用的无所谓讲究不讲究，能够活下去已是造化，我们应该怎样来使用这生命而不使他归于无用才好。"① 张兆和更像是从最平凡家庭里走出来的，朴素得甚至让人心疼。抗日战争沈从文逃难去往昆明，张兆和说到沈从文花钱没有一点计划节制时，她还有过一番自我检讨：

> "假如平时每月可以留下五十元，在这时候不会不无小补吧。"这样的话，你以前听着会嗤之以鼻的，现在也是，将来也还是。本来嘛，谁知道将来是个什么世界，这正是给大家一个反省的机会。我还恨我们的生活不够窘迫，不能身经目击那许多变乱，彻底改造我们的生活，扫除一切虚伪的绅士小姐习性！②

跟张兆和比起来，常以乡下人自居却又爱淘点小宝贝的沈从文反倒更像个城里人。

陈沂走后，沈从文一直盼望着官方能给一个让他安心的答复。可是，没有回音。沈从文越来越觉得，头上那把达摩克利斯之剑很快就要掉下来了，心里的恐惧感一日比一日更甚。眼看张兆和去华北大学的日子越来越近了，他更感到一种从来没有过的孤寂，一种行将被抛弃的惶恐。这比当初在北平一蹲数年埋头写作时的孤独更让他难以忍受。自己不能阻止妻子要求进步，不能拖全家人的后腿，可是他真害怕她这样一离开，自己的神经更会受不了，甚至害怕她一去就不回来了。沈从文深深陷入了两难的境地：往前走，力不从心；往后退，家国难容。他不知道该怎样做才是对的。梦醒之后无路可走的痛苦，再加上过去的一切被否定的打击，无法被人理解的孤独感，以及连累家人的愧疚感，所有这些都在他的脑海里纠结，最后拧成一股越扭越紧的绳索，将他紧紧捆住，最终无情地将他推到了崩溃边缘……

3月28日上午，沈从文将自己锁在房间里，用剃须刀划破了颈部

---

① 1937年10月25日，北平，张兆和复沈从文，见《沈从文全集》第18卷，第254页。
② 1937年12月29日，北平，张兆和复沈从文，见《沈从文全集》第18卷，第285页。

第五帧　旋风｜狂人呓语

183

及两腕的脉管，又喝了些煤油。他嘴里不停地念叨着："我是湖南人……我是凤凰人……"昏迷中，沈从文发出痛苦的呻吟声，恰巧此时，张兆和的堂弟张中和来沈家做客，从窗外路过听见了，叫门，无人应答；推门，门又打不开。他预感情况不妙，遂立即破门而入，只见沈从文倒在血泊中，已经陷入了昏迷。好在伤口不深，抢救及时，沈从文终于脱离了危险，亲友们也松了一口气。可是，他的目光里，仍旧充满了恐惧。他不知道自己刚从鬼门关回来，还以为被关进了监狱。见到张兆和，他急急地说："我不在这里，我要回家。他们要迫害我。"

无奈之下，张兆和只好把沈从文转到精神病院进行治疗。

见了小虎，沈从文抓住儿子的手，朝怀里按一按，尽量压低声气说："可怕极了！你们不能想象。"还说看见有人戴了口罩，装成医生穿着白褂子，俯身看他死了没有。在他的幻念里，有个人真收紧了大网要朝他扑来，毁灭他。"迫害感且将终身不易去掉"[1]，这句当时写在日记里的话应验了。

像在一座孤岛中，沈从文看着整个海洋都在咆哮，惊涛拍岸，而他，却能在狂想中发出无人能懂的呓语。看到爸爸好像完全变了个人，天真的小虎甚至以为是因为国民党特务使了离间计，于是很仔细地观察四周，想抓出个特务来。

很多朋友去探望安慰沈从文，他却急急地冲人家说，希望有个负责人跟他谈谈，告诉他究竟准备如何处置自己。这让听的人好不为难：谁要处置他？谁才算负责人？后来，吴晗来做了这件费力不讨好的事情。他是沈从文在中国公学的学生，也是当时在西南联大的同事。此时，吴晗担任北平军管会副代表，参与接管北京大学、清华大学，在党内确实有自己的地位。但又能怎样？吴晗来了，把该说的都说了，沈从文却说愿意去磁县烧瓷。

见沈从文如此痛苦，张兆和也心如刀割，万分难受，向来坚强无比的她这一次几乎无法承受了。但是她告诉自己，不能垮，不能倒，

---

[1] 沈从文：《四月六日晨七时》，1949年4月6日写于北平病房，见《沈从文全集》第19卷，第24页。

如果连她自己也倒下了，整个家就要塌了。她下定决心，一定要让沈从文好起来，重新过上正常的生活。几天后，她写信将沈从文的病情和自杀细节告知给他的大姐和大姐夫：

> 他一切都很正常，脑子也清楚，只要不谈到他自己；一谈到自己的问题便执着某一点，一定说人家有计划的要打击他谋害他。他平常喜读《变态心理学》，写文章联想又太丰富，前两年写东西遭受人家不公平的误解，心里不痛快。社会一变动，虽然外面的压力并不如想象的大（其实并没有压力），他自己心上的压力首先把自己打倒了。当然，一个人从小自己奋斗出来，写下一堆书，忽然社会变了，一切都得重新估价，他对自己的成绩是珍视的，想象自己作品在重新估价中将会完全被否定，这也是他致命的打击。总而言之，一句话，想不开，闹成现在这样局面，否则好好上课，慢慢来修正自己，适应新环境，不至到这个地步。眼前书自然不能教了，出院后必须易地疗养，一定要把他观念上的错误纠正过来才能保安全。[①]

在这封信中，张兆和还向沈从文的姐姐姐夫询问沈家家族中是否有人得过这类病，试图从病理学上为他的发疯找出根源。因为她实在想不明白，这个相伴多年的男人何以会突然间变得这样脆弱，她希望能找出病因，帮他彻底走出阴影。这一次未遂的自杀在沈从文的脖子上留下了刀割的痕迹，而他用刀片割脖子上的血管的那一幕，张兆和几十年后都没有忘掉。

许多年后，家人才真正理解了沈从文当时的痛苦，明白他的"落后"其实并不是落后。张兆和带着悔意说："当时，我们觉得他落后，拖后腿，一家人乱糟糟的。现在想来不太理解他的痛苦心情……"

---

① 1949年4月2日，北平，张兆和致田真逸、沈岳锟等，见《沈从文全集》第19卷，第22—23页。

一半儿文馨
一半儿冷
YIBANR
WENXIN
YIBANR
LENG
沈从文与
张兆和的
似水情缘

重生

我怎么会忽然成为这么一个人？过去的我似乎完全死去了。新生的我十分衰弱。只想哭一哭。我好像和一切隔离，事实上却和一个时代多少人的悲喜混同为一。我似乎已觉醒，或已新生。人十分善良。

——沈从文日记①

对于沈从文来说，1949年是没有春天的。

听闻沈从文自杀住进了医院，恰好在北平开会的女作家杨刚前来看望他，让他放宽心，还为他带来了《人民日报》和《进步日报》等几份最新的报纸。

看完报纸，沈从文知道了国家近一星期以来的种种发展，还认真读了几个女英雄的事迹，她们的勇敢单纯，使他感动之余，又满心惭愧，认为那才是新时代的新人，感叹自己作为都市中的知识分子，同这些新人比起来，实在无用。沈从文当即向杨刚表示，自己决心向人民中间走，融入这个新的时代。可想到一个新的国家在慢慢长出羽毛，沈从文在第二天的日记里叹息道：

> 唉，可惜这么一个新的国家，新的时代，我竟无从参预。多少比我坏过十分的人，还可从种种情形下得到新生，我却出于环境上性格上的客观的限制，终必牺牲于时代过程中。二十年写文章得罪人多矣。
>
> 给我一个新生的机会，我要从泥沼中爬出，我要从四月五日《进步日报》辛群一文中的认识，对于一个知识分子的弱点和种种过失，从悔罪方法上通过任何困难，留下余生为新的国家服务。
>
> 我需要这点机会。衡量全生命程，我应当还可要求在一切试验和斗争中，即在狱中苦役，看这个国家发展，也心悦诚服。②

原本早在3月，张兆和就安排好了进华北大学学习的事宜，但因为沈从文突然自杀进了医院，只好推迟入学。很快，就到了张兆和入华

---

① 沈从文1949年11月13日日记，见《沈从文全集》第19卷，第57页。
② 沈从文1949年4月6日日记，见《沈从文全集》第19卷，第25—26页。

北大学学习的日子，5月10日，沈从文把这一天称为"一家人最重要的一天"。

　　离开家，张兆和哪里放心得下沈从文，入学的第二天，她立即给沈从文写了两封信，给他讲新的环境和生活，希望借此转移他的注意力，可谓用心良苦：

> 雍和宫是北平城里顶大的喇嘛庙，里面有许多宝贵的法器和古怪的佛像，二月里打鬼热闹得很。我走进国子监，国子监就是孔庙，红墙黄瓦和琉璃牌坊，在晚晴的色调中又寂静又富丽。正殿都封闭着，两廊的木栅里面有许多石碑，我一个人巡行浏览一番。里面玩的人很少，静得很，如果二十年前，在我还是个女孩子的时候，在这样孤寂情形下，我一定又要伤感了，现在我虽然也还是一个人玩，因为有你们，我从来不感到孤独和感伤。①

　　妻子的慈语慰人，令大病初愈的沈从文感到温暖。无论是过去还是现在，不管遇到什么困难，她都不曾倒下过，这一次也不例外。感动之余，沈从文又在家书上写下了批语："三三，你太伟大了，你太好了，我怎么说呢？还有日子要挣扎，不能伤感！"可以看得出，这时沈从文的精神，尽管还很力不从心，但已经有了一些起色。

　　然而对沈从文来说，要想真正恢复身心，摆脱疯狂的梦魇，只有一种办法，那就是认清现实，接受现实，赶上妻子和孩子认可的那条路。这对他而言，就好像要把自己伤痕累累的心掏出来，再重新换上一颗新的心，其痛苦程度可想而知。要实施这个近乎惨烈的精神手术，必得在内部外部的共同作用下方能见效。因此这段时间，沈从文的心情依旧很不稳定。一时受到鼓励，他会振奋，但更多的时候，是犹疑。看5月30日这天沈从文写下的日记，即可见他受过伤的心，仍在滴着血：

---

① 1949年5月11日，华北大学，张兆和致沈从文暨沈从文批语，见《沈从文全集》第19卷，第39页。

1949年夏，沈从文、巴金、张兆和、章靳以、李健吾在北平的合影

> 我的家表面上还是如过去一样，完全一样，兆和健康而正直，孩子们极知自重自爱，我依然守在书桌边，可是，世界变了，一切失去了本来意义。我似乎完全回复到了许久遗忘了的过去情形中，和一切幸福隔绝，而又不悉悲哀为何事，只茫然和面前世界相对，世界在动，一切在动，我却静止而悲悯的望见一切，自己却无分，凡事无分。我没有疯！可是，为什么家庭还照旧，我却如此孤立无援无助的存在。为什么？究竟为什么？你回答我。①

这篇富有象征意味的日记被命名为《五月卅下十点北平宿舍》，它既是沈从文挣扎中写下的"狂人日记"，更是当时处于转型中的知识分子痛苦精神状态的一个缩影。

张兆和在学校里学习政治，很少有自由活动的时间，只能写信来关心家人。朋友们也非常牵挂沈从文，巴金、章靳以、李健吾等老朋友多次去医院看望他，劝他好好休息，为病中的沈从文带了不尽的感动。

在情绪糟糕的时候，音乐能给沈从文带来许多安慰，抚平他受伤的心。他爱听贝多芬、肖邦、莫扎特的曲子，当那些抽象的音符在耳边流淌如一片大海时，他的心在浪涌中得到了休息，变得像孩子一样

① 沈从文1949年5月30日日记，见《沈从文全集》第19卷，第42—43页。

单纯。沈从文称音乐为"唯一用过程说教，而不以是非说教的改造人的工程师"，它们如同一道温暖的阳光，照进了他沼泽地一般湿冷的心房，将那颗破碎的心一点点粘合起来，慢慢修复。在音乐声的抚慰中，沈从文感到自己获得了新生，因此常常一边听一边拿起笔，在纸上写下长长的诗，以倾诉心中的痛苦，可是又经常写完便立刻撕毁，在他残存的诗稿《从悲多汶乐曲所得》中，他写道：

> 在乐曲的发展梳理中，
> 于是我由脆弱逐渐强健了，正常了，单纯了。
> 三三，你如自信已奋迅而前，上了大路，
> 你带我走好。十六年中
> 你的勇敢和你的单纯，
> 及一种农村本质的素朴，
> 对于我本是一面旗帜，
> 永远在春风中泼泼作响，
> 我认识那符号十分清楚。
> 我为了你而忍受一切，
> 在生存中接受种种试验。
> 重新向现实学习，
> 得到了比任何人都多的一分。
> 于弦管参差众音齐鸣，复杂进展中，理会到
> 你和孩子的单纯与正直的意义。①

就这样，沈从文在破碎中一点点修复着自己受伤的心。

看到永远充满青春活力的三三奔跑着，像一头小鹿，小龙小虎也赶在了前面，他们都说，前面不远，就是天堂，快跟我们一起跑啊。听见他们的呼唤，沈从文多么想赶上去，他知道，时代变了，只有改造自己，让自己变得合群一些，才不至于自毁，才能让生活得以继

---

① 沈从文：《从悲多汶乐曲所得》，见《沈从文全集》第15卷，第221—222页。

一半儿温馨
一半儿冷
YIBANR
WENXIN
YIBANR
LENG
沈从文与
张兆和的
似水情缘

续，家庭得以维持。然而，这第一步要迈出去，却是何其艰难，他需要妻子的理解和支持：

> 三三，你理解到这一点时，我们就一同新生了。
>
> 我需要有这种理解，它是支持我向上的梯子，椅子，以及一切力量的源泉。①

传说凤凰死后，会重生。经历了一次生死大劫的沈从文在朋友亲人的关心下，在音乐的鼓励下，已经渐渐放下了"解脱"的念头，如凤凰浴火，等待着重生。此时他最大的愿望，是张兆和能够陪在身边，不要离开。他太害怕没有她了，只要看见她乐观的笑脸，他就相信自己可以重拾信心。他一度很担心张兆和从华北大学毕业后会被安排到别的地方工作，如果她真的离开了，这对自己必将是致命的打击。于是，惶恐中的沈从文写信给丁玲，请求她不要安排张兆和离开自己，也不管她是不是真的管得了张兆和的工作问题：

> 丁玲，照我自己所知说来，我目下还能活下去，从挫折中新生，即因为她和孩子。这个家到不必须受革命拆散时，我要一个家，才可望将全部工作精力解放献给国家，且必然发疯发狂工作，用作补偿过去离群痛苦。我且相信这么工作，对社会用处，比三姐去到别处工作大得多。只要她在北平作事，我工作回来可见见她，什么辛苦会不在意，受挫折的痛苦也忘掉了。②

幸好，张兆和从华北大学毕业后，并没有被安排离开北京，而是被分配到北京师范大学附属中学任语文教员。听说这个消息后，沈从文心里的一块石头终于落了地。即便妻子不能完全理解自己，可是至少，她是他的一个精神支柱，如果真的失去了，等于是把他最后的希望也毁掉了。

---

① 1949年9月20日，北平，沈从文致张兆和，见《沈从文全集》第19卷，第56页。
② 1949年9月8日，北平，沈从文致丁玲，见《沈从文全集》第19卷，第51页。

沈从文出院后，北大中文系已经没有他的课程了。但在住院时，沈从文已经开始断断续续写一些文物方面的文章。7月，北大正式成立博物馆学科并正式开始招生，博物馆委员会中并没有沈从文的名字，但他常常给博物馆专修科的学生讲授陶瓷史，或介绍一些具体的文物知识。8月，沈从文的病情基本好转，经郑振铎的介绍，进入了新成立的历史博物馆工作。自此，沈从文舍弃自己单枪匹马筚路蓝缕开辟出来的文学之路，走向了森林中另一条小路，而这一走，就是四十年。

在博物馆，沈从文的主要工作是在库房清点登记馆藏文物，布置陈列室，编写文物说明，抄写陈列卡片，还曾数过上万枚钱币。最初的一段时间，沈从文怅然若失，仿佛成了空心人。虽然说笑、吃饭、睡觉跟以往并没有什么不同，却分明是机械的动作，麻木而无味。周围的人，那样亲近，却又那么隔膜。沈从文经常一面坐着，一面不知不觉就流下眼泪来，引得人侧目而视。

1949年10月1日，毛泽东站在天安门城楼上，对世界庄重宣布，中华人民共和国成立了。它像一个从血染的废墟中降生的婴儿，刚剪断了与旧时代相连的脐带，正躺在摇篮里甜甜地笑着，纯真的脸上写着的全是希望。过去的一切苦难仿佛由此终结了，一切都是新生的。新的国家，新的政权，新的人民，一切都充满了活力和希望。天安门广场上，人群沸腾着，唱歌、跳舞、呐喊，大街小巷里也处处都是敲锣打鼓欢庆的声音。人们尽情地歌颂着，当何其芳开始写献给新中国的诗歌《我们最伟大的节日》时，沈从文也将几日前开始动笔的长诗《黄昏和午夜》完成了，却是另一种风格：

> 神武门城楼上大钟大鼓灰尘蒙蒙，
>
> 沉默暗哑相对已半个世纪。
>
> 帝国封建的种种，早成传说故事，
>
> 慢慢在时间下退尽颜色，
>
> 惟剩余点滴片段，保留在老年人记忆中，
>
> 当作生命迟暮的慰藉。
>
> ……

第五帧　旋风—重生

一半儿温馨 一半儿冷

YIBANR
WENXIN
YIBANR
LENG

沈从文与
张兆和的
似水情缘

"你饱尝人生辛苦忧患的过来人,

或由于脆弱,受伤后即倒下永不再起,

或由于坚强,于倒下后犹能重新上路,

我明白你是万千中之一人,

终得从'沉默'启示中回复过来,

要学习'接受',方能有个真正的'新生'!

你得觅路回来到来处去

回到家里去,休息休息,

在孩子面前展开一张盈盈笑脸,

让他们感到有个爸爸,

病体已行将复原。

使他们活在应当得到的世界里,

待羽毛丰满,筋骨强健,

好勇敢而单纯,和万万人民一样,

来准备迎接每个新起的日头,

在阳光雨露中勤劳手足,

完成社会国家的新生!"

……①

在震耳欲聋的欢呼声中,沉思中的沈从文在纸上划出沙沙的声响,有如蚕食桑叶,在中老胡同三十二号西北角的屋子,显得那样悄寂无声。

这段时间,沈从文仍然处在恢复期,萧离夫妇、老朋友查阜西分别来沈家看望他,安慰中仍不忘劝导。

在家中,沈从文可以说是唯一的"群众",其他三个都是他的"领导阶级",这让沈从文感到颇有压力。

张兆和进华北革命大学之后,由于还没有入党的资格,年纪又已超过加入青年团的团龄,因此以团友的名义加入了新民主主义青年

---

① 沈从文:《黄昏和午夜》,见《沈从文全集》第15卷,第225—230页。

团。大儿子龙朱已加入共青团，成为一名光荣的团员，小儿子虎雏也申请加入了少年儿童队，他在自传里这样写："我们一家四人，除爸爸外，思想都很进步。妈妈每星期六从华大回来，就向爸爸展开思想斗争。我想，如果爸爸也能改造思想，那么我们的家庭，一定十分快乐。我已经和哥哥商量，以后一定帮助妈妈，教育爸爸，好使我们的家庭成为一个快乐的家庭。"沈从文不同意"斗争"两个字，就跟小虎说："这个措辞不大妥，等妈妈回来看看好些。斗争像打架，不是我的长处。正如妈妈，即再进步些，也不相宜。"小虎说："大家都要求加入，明天就得交去！我一个人若耽误了，下一期还不知什么时候再招，怎么办？"说着眼泪已挂在眼角，沈从文只好赶紧说："好好，把你自传意思写得更具体些，就交给学校中老师吧。希望你得到许可入队，向妈妈哥哥看齐，我再向你们看齐。"

为了争取爸爸同志的进步，两个天真可爱的孩子没有少努力。有一天晚上，小龙小虎从东单劳动服务回来，兄弟俩兴致勃勃地讨论着白天的事，沈从文也加入了。孩子们崇拜穿军装的战士，觉得爸爸在博物馆里弄古董没什么意思，就轮流给爸爸同志上课：

"爸爸，我看你老不进步，思想搞不通。国家那么好，还不快快乐乐工作？"

"凡是进步一看就明白。你说爱国，过去是什么社会，现在又是什么社会？你得多看看新书，多看看外面世界。你能写文章，怎么不多写些对国家有益的文章？人民要你工作得更多更好，你就得做！"

"既然为人民服务，就应该快快乐乐去做！"

说着说着，小龙还掉下了眼泪。

被孩子们上了一课，沈从文有些哭笑不得，后来写文章，他形容这一幕是新式的《父与子》。看着孩子们单纯而天真的脸，他清楚地知道，政治已经渗入他们年轻的生命了。单纯的孩子们是太阳底下金黄灿烂的向日葵，热切地向着那火热的太阳转。他们对政治的理解很简单，认为只要拥护党、拥护毛主席、拥护新政权就是革命。大多数人从没有去想为什么要这样做，以及这样做对不对，都是在不够"理解"的时候就去"执行"，但沈从文做不到。因为对于革命，他有自己的理解：

一半儿温馨
一半儿冷
YIBANR
WENXIN
YIBANR
LENG

沈从文与
张兆和的
似水情缘

"我认为只有极端枯寂而沉闷的工作，在万分困难中进行，对一切腐败取个不妥协方式，才是革命。革命是绝不能掺和混同于社会组织以内来进行的。我不能理解政治的多样性，如作家会中进行的跳舞会，和官场商场进行的社交政治，和革命有什么关联处。"[1]沈从文由"思"出发理解的国家，跟孩子们凡事由"信"出发所理解的国家，自然大不相同。而这样固执的"书生之见"，在那个用简单的"信"来衡量的时代，注定是不会被认可的。

国家在发展，思想改造作为一项重要的任务，前所未有地展开了，旧知识分子作为改造的重点，也一点点地被全面吸附进来，而这个改造的过程对于一些"顽固分子"来说，注定会是艰难反复而漫长的。1950年3月2日，沈从文被安排到北京拈花寺的华北大学进行政治学习，不久后随建制转入华北人民革命大学。

在政治学习组里，沈从文被认为是个差生。他不爱听报告，也不喜欢发言，讲政治术语永远不准确，革命歌曲一支也不会唱。学习之余，别人都打成一片，玩扑克打牌跳舞下棋，沈从文则喜欢去厨房，跟里面的炊事员聊天。

见爸爸一点也不积极，小虎看不过去，主动说要教爸爸扭秧歌，沈从文坚决不肯，他说："我不扭。我给他们打鼓。"

小虎自己会打鼓，但以前从没听说爸爸会打鼓，于是马上找来一面小扁鼓，把鼓槌塞给爸爸，想看看爸爸打鼓的水平。沈从文笑着接过鼓槌，他试试音，然后半闭着眼睛，得意地打起来。可小虎很快失望了，他听过京戏班子、军乐队、和尚们以及耍猴打鼓，可父亲打出来的鼓声却是他没有听过的，轻柔的鼓点落下，如水花落在水面泛起涟漪，行云流水，飘忽不定，浪漫却一点也不革命，沈从文自己陶醉得很。小虎心里盼着这温柔的蹄声发展成千军万马的战场厮杀，可惜，直到最后，沈从文还是这样的打法，一点也不热闹。

小虎虽然有点失望，不过，起码这是爸爸同志的进步，写作文的时候总算有东西可以写了。

---

[1] 沈从文：《总结·思想部分》，见《沈从文全集》第27卷，第109页。

9月9日，沈从文与张兆和的结婚纪念日，一家人举办了一个小小的家庭联欢会。十七年中，沈从文第一次在小馆中叫了两盘菜，一家人度过了这重要的一天。

12月，在革命大学为期十个月的学习快要结束了，沈从文认真地写学习报告，最后一个才交稿。虽然最后他得到的评定成绩很低，但总算是通过了。

事实证明，在革命大学的这段日子，对沈从文的影响是不小的，只不过，他自觉受教育最深的，并不是组里学员头头是道的空谈，反而是那些话很少但做事最多的炊事员。在他们身上，沈从文切身感受到"劳动"和"人民"的意义。尤其是其中一位负责烧火的老炊事员，给了沈从文很深的触动，他还以其为原型写了一篇小说《老同志》。此后的三十年，沈从文便学习这位老炊事员，不管遇到什么情况都不声不响干下去。而每逢要写思想检查，沈从文都不忘说到在革命大学里炊事员给自己的深刻启发。

1951年1月，沈从文回到历史博物馆继续工作，正值寒假，便带着儿子小虎雏去午门上班。在五凤楼东边昏暗的大库房里，小虎帮助爸爸清理灰扑扑的文物，擦去一些不重要东西上的积垢。冬天库房里很冷，又不准生火取暖，擦灰尘的黑抹布都冻成了硬疙瘩，水还要从城楼下边端上去。沈从文经常给儿子普及一些历史文物知识，小虎对这些并不感兴趣，但为了不扫爸爸的兴，也就由他去说。有时，小虎还能听到爸爸一边工作一边自言自语似的说："这才是劳动呐！这才叫为人民服务呐。"

4月，历史博物馆与敦煌研究所联合举办了"敦煌文物展"，展出了一大批字画的摹本，内容丰富，吸引了很多人参观，沈从文则主动为观众进行讲解。就这样，沈从文一面全身心扎进工作里，一面历经着思想上的艰难转变。从沈从文1951年9月2日的日记里，可以看出他复杂的挣扎心理：

国家基础已确立，任何势力都不可动摇。但因为旧机构打毁，凡事在重新安排，不可免有些不接榫处，千头万绪待疏理。但是国家已日益

一半儿温馨
一半儿冷

YIBANR
WENXIN
YIBANR
LENG

沈从文与
张兆和的
似水情缘

好转，个人不算什么的！在革大时，有一阵子体力精神均极劣，听李维汉讲话说，国家有了面子，在世界上有了面子，就好了，个人算什么？说的很好。我就那么在学习为人民服务意义下，学习为国家有面子体会下，一天又一天的沉默活下来了。个人渺小的很，算不了什么的！①

就像一座机器的运转，其上一颗齿轮的命运的痛苦是微不足道的，此时，在这个新生的国家面前，渺小的个人已无立足之地。

沈从文深感自己仍游离于新时代空气之外，为了更多地接触和了解新事物，他于这年10月自愿加入了赴四川参加土改的队伍。在此后一年多的时间里，沈从文写了许多家书，后来以"川行书简"为名收入了《从文家书》。就在即将离京的上午，他给张兆和写了一封信，表明自己此行的决心和愿望：

> ……这次之行，是我一生重要一回转变，希望能好好的在领导下完成任务。并希望从这个历史大变中学习靠拢人民，从工作上，得到一种新的勇气，来谨谨慎慎老老实实为国家做几年事情，再学习，再用笔，写一两本新的时代新的人民作品，补一补二十年来关在书房中胡写之失。你放心，我一定要凡事好好作去。和龙龙虎虎也作了保证，要来为国家作几年事情，不至于使他们失望的。②

这次深入农村参加土改活动，尽管条件艰苦，但沈从文的心情比早几年在革命大学期间愉快得多。他不但为川南风光深深吸引，还亲身见证了"地主"这一特殊群体在中国的消失，这些都在他的脑海里引起了震动。而参加土改时受到的种种见闻教育，远比过去在革命大学的空洞理论要来得实际，因此也更能触动沈从文的心。看到这个国家的确有一股朴素而强大的力量，沈从文深受感动，他心中过去犹疑的部分渐渐瓦解了，转换成了一种积极向上的热情。此后，沈从文将

---

① 沈从文：《凡事从理解和爱出发》，1951年9月2日写于北京，见《沈从文全集》第19卷，第105页。
② 1951年10月25日，北京，沈从文致张兆和，见《沈从文全集》第19卷，第121页。

更多的时间和精力用在了工作上。

过去，沈从文都是从"思"来理解国家，如今开始学着像张兆和、小龙小虎那样，从"信"出发理解中国的一切了，尽管他可能终其一生也没有真正完成这个转变，但以"信"为基础的工作方法和态度，确实深深影响了他的后半生。

1953年，开明书店以"内容过时"为由焚毁了沈从文的各类书稿。1954年，香港《文汇报》刊载了一条台湾禁令，禁止沈从文的所有作品在台湾销售或出版，存书和纸型也全部焚毁。"文化大革命"一来，更是将沈从文保留在手边当作个人纪念的作品集子、未发表作品等以"代为消毒"的名义进行了彻底的大扫荡。这接二连三的打击，使得沈从文深感重新写作毫无希望。自己明白很是可惜，但也无可奈何，只得把过去对写作的热情转化成另一种为人民服务的热情，更努力地在博物馆做他的说明员和研究员。

1957年，中央要求"大鸣大放"，身边的朋友纷纷响应号召，到处好不热闹。有人拿着上海《文汇报》的介绍信来采访沈从文，要他就解放后放弃工作发表意见，由《文汇报》代鸣不平。沈从文拒绝了："我解放后改行，是自己决定的，有什么不平？"而早一段时间在给大哥沈云麓的信中，沈从文就曾表明自己的态度：

> 近来正是"百家齐鸣"的时代，到处都鸣起来了，我似乎已没有什么可鸣处，却只想把所学的好好用到具体工作上去。写小说算是全失败了，不容许妄想再抬头。[①]

这一次"引蛇出洞"，丁玲、萧乾等一大批知识分子被打成了"右派"，而沈从文则幸运地躲过了这一劫。张兆和事后想起来还觉得后怕："整风时也有人动员从文大胆发言，他居然没说，我也不知道他为什么没说，否则他当右派跑不了……"

---

① 1956年7月，北京，沈从文致沈云麓，见《沈从文全集》第19卷，第471页。

一半儿文馨一半儿冷

YIBANR
WENXIN
YIBANR
LENG

似水情缘的与

沈从文与张兆和

说明员家书

信最好装在一个信封寄来，已经有人说我"家信频繁"，虽属笑话，也应注意。

——张兆和致沈从文[1]

从1956年到1966年，"文革"前的这十个年头对沈从文来说，算得上是一段较为和平安乐的年代，因为此时既告别了新中国成立前后的精神危机，艰难的下放岁月也还未来到。这段时间，沈从文对文物研究的兴趣越来越浓，丝绸、陶瓷、玉石、旧纸、镜子、扇子、家具、兵器等等，在脑海里开出一个精彩纷呈的杂货铺子。他不仅从事工艺美术史的专题研究，也经常在博物馆中为大家做说明员，一谈起来便滔滔不绝。沉浸在文物的世界里，沈从文乐此不疲，逐渐走出了阴影，心情愉快起来，甚至变得比从前更加单纯和乐观了。期间，沈从文曾多次出差，到上海、苏州、南京、长沙等地做丝绸展览、参观各地博物馆等。按惯例，一出了家门，与张兆和的书信往来又进入高峰期。

沈从文年轻时追求张兆和，如痴如狂地写了好几年独白情书，蜜月时回湘西探母，在小船上写出了一部"三三专利读物"《湘行书简》。结婚二十多年后，毕竟不比年轻时，沈从文写给张兆和的信已不会作缠绵惊人语。细检这十年间沈从文与张兆和的两地书信，虽平淡淡，但毕竟自小说家手出，往往观察细致，且善于联想，家长里短的闲谈，随意点染的风景，文坛内外的掌故，随手拈来的笑话，还有一些信笔涂鸦的小画，读来却颇有味。沈从文从初学写作时，就有意将写信作为练笔的途径。新中国成立后由于环境所限，沈从文失去了自由创作的机会，唯有在提笔写书信时，方能在闲谈中从容练练笔，从中获得些创作的乐趣，当今学人称之为"潜在写作"。

1956年5月，沈从文应邀兼任故宫博物院织绣研究组的顾问，帮助故宫培养织绣文物干部，鉴定藏品，开展织绣文物的研究工作。10月，沈

---

[1] 1965年10月14日，顺义，张兆和致沈从文，见《沈从文全集》第21卷，第483页。

1965年夏沈从文与
张兆和在家门口

从文离开北京到济南、南京、苏州、上海等地博物馆参观，此行的主要
目的是了解各地博物馆陈列内容和收藏现状，收集相关的资料。

第一站是到济南，参观山东省博物馆。沈从文和同事住在一座小
楼上，窗外是一座教会楼房，所以写信给张兆和时开玩笑，称他们像
新来的道士，本来盼着能看到青白帽黑袍的女尼姑，或白衣白帽的女
护士，不过一天下来，始终没有看到。在信中，沈从文说到自己对济
南的印象：

> 济南给从北京来人印象极深的是清静。街道又干净，又清静。人极
> 少，公共汽车从不满座，在街中心散步似的慢慢走着，十分从容。房子
> 似乎都经过日本人改造过，低矬矬的看不出旧风味。小小的，一排排，
> 都用红砖砌成，许多房子都应当名之曰"小洋房"，住的却大都是中国
> 人。……①

在济南的一个星期，沈从文每天早上都能听到音乐声，但不是北
京常放的《刘巧儿》或《小河淌水》，而是好听的交响乐，那些缠绵
而壮丽的钢琴声，总能使他感动地写上几页纸，向张兆和倾诉对生命
青春的感悟。但更多的时候，沈从文是把一天在博物馆、图书馆、公
园、大街小巷的见闻拣有趣的写下来，旁人容易忽略的，都被他一双
作家的眼睛一一摄了进去。在家中无机会远游的张兆和，收到这些信

① 1956年10月8日，济南，沈从文致张兆和，见《沈从文全集》第20卷，第5页。

一半儿温馨
YIBANR
WENXIN
YIBANR
LENG
一半儿冷

沈从文与
张兆和的
似水情缘

慢慢读时，也得到了近似看电影的福气。

离开济南后，沈从文跟同事来到了南京。这座古城给他的印象也是极静的，连大白天也是，因为南京道路十分宽阔平直，道旁是成排的法国梧桐树，遮天蔽日，显得清静极了。正值秋日，梧桐叶子黄黄的，萧疏一片，甚为可观。不过路宽叶多，打扫不够，不免看起来有些灰扑扑。可惜因为忙着谈话和看材料，沈从文并没有空暇时间玩一玩，本想去看看中山陵和明孝陵也不成。

离了六朝金粉地，下一站便是沈从文熟悉的苏州。正是晚稻秋收的时节，因此坐在汽车上，沿路看到的是一片金灿灿的黄云。水乡多小河小船，沈从文见许多人坐在小木桶中在菱荡中划来划去，甚至有三人坐在一个桶中在水上划，甚是有趣，写信给张兆和时还笑言："如把来放在什么会上表现，包有人拍手赞美，因为操作稍不协调，就得翻入水中。"①

到苏州，沈从文跟同事住在太平天国府的一个小侧院里，房中还放着一个毛主席大石膏像。除了到博物馆看陈列，看新出土的文物，沈从文还买了些糕点水果，去九如巷看了张兆和的五弟张寰和，还有他们的继母韦均一。多年不见，一家人在一起最快乐的事自然是聊天，沈从文一会儿说说儿子龙朱虎雏的行状，一会儿说点路上的新奇事，总能引得大家哈哈大笑。

到苏州的第四天，沈从文和张寰和一起去看了虎丘塔和苏州园林。虎丘塔红白斑驳，耸立于蓝天白云之下，别有画境，只是塔已经歪斜了一部分，下部裂痕明显，不免让人担心它哪天也会和西湖的雷峰塔一样倒掉。至于苏州大大小小的古典园林，他认为留园的休整艺术最具匠心，且最有前途。这天，张寰和还陪着沈从文一起到苏州某名牌鞋店买了一双黑色皮鞋，回来时写信给张兆和道："价目是我有生以来所购最贵的一双鞋子。计十六元五角，一只已达八元二角五！"鞋虽然贵，不过穿上去极舒适，以至于沈从文还想多买一双回去，因为他已经十多年没有穿过这么好的鞋子了。

---

① 1956年10月21日，上海，沈从文致张兆和，见《沈从文全集》第20卷，第35页。

1956年10月24日沈从文南下
考察博物馆工作时摄于虎丘

　　穿着新皮鞋，沈从文坐车到了上海。来上海，必然要去的自然是老朋友巴金的家。从1944年巴金与陈蕴珍（萧珊）在贵阳旅行结婚以来，这对亲密的爱侣也已经一起走过了十二个年头，还有了一男一女两个"小巴金"。沈从文很欣赏陈蕴珍女士的天真可爱，认为她是性格上的"阴丹士林"，而张兆和是形象中的"阴丹士林"，都是永不褪色的。还没有到巴金家见到人呢，沈从文就在给张兆和的信中把见面情形绘声绘色地想象了一番：

> 　　今天将去见笑眯眯充满好意的蕴珍女士了，听到说起龙虎时，一定要伸伸舌头，眼睛圆睁，头略偏着的说"三姐开心！"我如老派一点，将要请她作媒，如再新派一点，将要请她介绍对象，不老不新，于是只有笑笑，"女朋友，慢慢来，是他们的事，我们不着急！"也必然要问到树藏和萧乾，对萧乾有斗争，这是历来的态度！也可能问到凤子，连类的说"三姐可不老！"我也许会要她陪同去买袜子，到时却先请她买一枝拐杖，问用处即说是"为龙龙的老母亲买的。"笑得她个人仰马翻，我才不管！[①]

　　待到几个老朋友见面时，巴金、陈蕴珍、章靳以便请沈从文到饭馆吃饭。老友重逢谈天说地，沈从文自然是开心不已，但乡下人照例要"土气"地为满桌子的大鱼大肉大虾惋惜一番，觉得它们与其说是好吃，不如说是好看。晚上回住处写信时，不仅事无巨细把原景重现

---

① 1956年10月29日，上海，沈从文致张兆和，见《沈从文全集》第20卷，第62页。

一半儿温馨
一半儿冷
YIBANR
WENXIN
YIBANR
LENG
沈从文与
张兆和的
水情缘
似

一番，还不忘打趣一番："进门时门小得很，章靳以从外边走进，似乎是挤进去样子。如值张宗和从里边走出，章靳以从外边走进，那就只有天知道如何来维持正常交通了。"

1957年4月，沈从文又分别去了南京、苏州、上海、杭州等地，不过这次不是去办丝绸展览，而是为了考察丝绸生产，访问各地博物馆，为筹建丝绸博物馆作前期的研究准备，历时一个月。1958年8月，沈从文连续第三次"下江南"。为促进产品花色纹样的改进和提高，他带了一批故宫和历史博物馆馆藏明清丝绸，去江浙丝绸生产基地作巡回展出，先后到了杭州、苏州、南京，历时三个月。虽不比乾隆出游，既没有随从也没有书童，但在饱览湖光山色这点上，总还算平等。

由于到杭州那天太晚，沈从文只好在车站里狼狈过了一夜。第二天天还没亮，他就花一角二分钱坐上了公共汽车，到浙江省博物馆。才早上五点半，沈从文就到了西湖边，坐在博物馆门前一个石条子上，按着纸在小箱上给张兆和写信。他自嘲是乡巴佬，早早地来了，还得跟三顾茅庐似的等在门边，等"童子"开门。这时听到从守门处传来的咳嗽声，他便推测这"童子"定是个白发老翁，里面还传来长长的哈欠声，像是明白有人在外面候着似的。西湖的山光水色，在清晨尤显宁静，沈从文不禁畅想起未来了：

> ……到了你应当退休时，例如老到写回忆录时，我们到这里来找个房子住，你一定同意。沿湖马路我三十年前印象中是不大平顺的，当时似乎只有人力车可坐，由旗下来岳坟，一坐半天，倒不如坐船省事，可是船得一元左右。现在宽坦平敞，一切和画里一样。最特别处是干净、清静。我和《儒林外史》中的角色一样，手提一箱一囊来游湖，真正是一个人游！①

在杭州期间，除了布置展馆，给群众讲解外，沈从文还由浙江省博物馆介绍参观了当地的丝绸生产工厂。离开杭州后，沈从文接着赶

---

① 1958年8月25日，杭州，沈从文致张兆和，见《沈从文全集》第20卷，第250—251页。

去苏州办展览，地点设在玄妙观前百货商店二楼的原苏州手工艺美术陈列室，由故宫和历史博物馆与苏州文化局、苏州工艺美术局合办。

10月底，故宫和历史博物馆馆藏丝绣展在南京美术学院展出，这次展出大约有八九千人看到，沈从文热心细致的说明很受大家肯定，在给张兆和的信里小小地得意了一番后，他又把白天累积的笑话素材一一说来：

> ……也有些外来观众大模大样的派头，我为说明，他像是感到是麻烦的。还居然有个穿着整齐科级人物，向我吹"到过北京。故宫什么都没有，原来通搬到颐和园去了。颐和园另有一个王宫，"我也只是笑笑的说是、是。这人料不到我就是从北京故宫来的。总之什么人都有，很多人问我要看僵尸，原来这里曾陈列过一具明代尸身，作为敛钱工具，是解放前的，前几年还陈列。①

新中国成立后，沈从文一面兢兢业业当说明员，一面也"跛者不忘履"，尝试过重新写作。他曾专以反对打扑克为主题写了一篇小说，交给在《人民文学》当编辑的夫人审阅，结果被否决了，认为有点小题大做，不适合发表。沈从文还曾到青岛修养了一阵子，原本计划以张兆和的堂兄、革命烈士张鼎和的事迹为题材写一部长篇小说，并着手收集了大量资料，做了很长时间准备，但终因种种原因只留下部分残稿，没有完成这一宏伟计划。

不过，张兆和是幸福的，尽管她自己是"惯迟作答爱书来"，但沈从文的信永远是不会少的，年轻时她有"三三专利读物"看，人到中年了有"三姐专利读物"，比起当时报纸杂志上大同小异的文章，张兆和看家书或者会感到有趣得多吧，而能得到这种快乐的，除了执笔人自己，当时也就只有她一人了。

---

① 1958年11月18日，南京，沈从文致张兆和，见《沈从文全集》第20卷，第270页。

一半儿温馨
一半儿冷

YIBANR
WENXIN
YIBANR
LENG

沈从文与
张兆和的
似水情缘

云梦泽中两相望

杜鹃花已开，打草女孩有把花插在草担上的。惟鸟雀极少，也不闻杜鹃叫声。冬天还有八哥轮流歌唱，雨季一来，倒飞往别处去了。即喜鹊乌鸦也少见。草地杂花也极少见。惟远近丘陵大小山重重叠叠，在晴雨中，都十分柔美悦目。特别是早晚景象极动人。

——沈从文致张兆和①

　　1969年秋天，冰心、冯雪峰、周汝昌等一大批原本活跃在北京的文化名人，突然销声匿迹了。原来，他们都被下放到了一个名不见经传的小地方——湖北咸宁市咸安区向阳湖镇。这支浩浩荡荡的文化大军来到向阳湖边，不是来开联欢会也不是来做学术研究，而是进了全国规模最大的"五七干校"之———咸宁"五七干校"，一边劳动一边接受思想改造。

　　干校实行军事化管理，六千多名从北京来的"五七战士"被编为五个大队、二十六个连，分三批先后来到向阳湖畔。9月26日，第一批大队人马离京，张兆和所在人民文学杂志社除了少数几个被留下来搞"样板戏"外，也全都被下放到了咸宁，她被编在五连，同连的还有冰心、陈白尘、张天翼、郭小川等约百位作家。

　　向阳湖原是咸宁斧头湖尾端的一个小湖汊，放眼望去，是五万亩水田沼泽，属于古云梦泽地带，曾是楚人屈原流放时经过的地方。干校刚成立时，向阳湖实际上一片荒芜，到处都是泥泞的沼泽、大片的荷花、藤蔓的菱角以及摇曳的芦苇，湖水并不深，所以有人说"向阳无湖"。在这片水乡泽国，学员的劳动任务主要是盖房掘井，围湖造田，搞粮油肉蛋"四自给"，所以要干的活很多，种菜、养鸭、挖沙、挑粪、拉车等，都不是轻松的活儿。他们的口号是"滚一身泥巴，炼一颗红心"，所以无论刮风下雨，劳动号子一响，都必须下田干活。学员中有不少年纪比较大了的，冯雪峰当时六十七岁，张兆和六十岁，但也不能不干活，只是根据身体情况有轻重之别。

　　知道在干校的劳动会很吃重，沈从文在北京替瘦弱的老伴担心不

---

① 1970年4月24日，双溪，沈从文致张兆和，见《沈从文全集》第22卷，第301页。

已，一段时间没收到来信，就急急地去信问：

　　……过了十天，还不见来信，是工作过忙，还是因病拖垮了身体，又还是另有原因？大家都希望你能在这半个月中已适应新环境各事，吃两个月南瓜饭，脸晒得红红黑黑，变成个新型老大娘！①

　　为了让"生活委员"张兆和安心，沈从文在信中报告了一下自己近来的饮食起居，称自己吃饭经常炒一菜花或茄子，偶尔吃点高级荤菜，冬日里天气晴朗，自己五六天洗洗汗衣，并不费事。说炉子只熄灭过一次，还是因为儿子龙朱添火不及时才熄的，意思就是：放心好啦！最后还自夸道，自己的能力似乎比连襟周有光强些，不至于狼狈，算是占了上风。要打针的话也不麻烦，黄永玉的爱人张梅溪隔日来一次，所以也不必担心。就这样可能略加美化地报告完自己的情况后，沈从文知道她看完后应该放心了。

　　随着天气转阴，沈从文想象着身体瘦弱的老伴在阴雨泥泞中沿湖挖沙子的情形，必定是忙累极了，每提笔写信，定要详细询问，千叮万嘱。但张兆和寄来的家书，却不提这些：

　　今天派我值班，我坐在湖边田埂上，一面看菜地，一面给你们写这个信。值班的任务是到各班的住处巡逻，看菜地，午休时看伙房，同时兼注意一下挖沙场，看有没有人偷运沙子。主要是监视几条水牛，种这几块菜可不容易！小孩放牛一不注意就让牛到地里吃庄稼。这里割过谷后大部分地都闲着，只有几片荞麦地，花开得正好，全被牛糟蹋了。村子猪多牛多，大猪小猪到处游走，树荫下经常伏卧着五六条大水牛，小牛也很多。小孩特别多，壮劳力少，听说有些壮劳力修水库去了。我坐在田埂上，住处田家湾的房子、沙场近在咫尺，历历可见，妇女小孩话声叫喊声听得清清楚楚。②

---

① 1969年10月13日，北京，沈从文致张兆和，见《沈从文全集》第22卷，第176页。
② 1969年10月29日，向阳湖，张兆和致沈从文，见张兆和著：《与二哥书》，中国妇女出版社2007年版，第189页。

一半儿温馨
YIBANR
WENXIN
YIBANR
LENG
一半儿冷
似水情缘 ｜ 沈从文与
的张兆和

沈从文与张兆和

　　学员在干校里改造的同时，也不忘用家书、诗歌抒情怡志，对抗那段困苦的孤独岁月，韦宜君有诗《向阳湖即事》，其中写道："白发能持耒，书生健把犁。新秧随手绿，熟麦逐人齐。"[1] 同张兆和的家书抒情一样，都可见出一种牧歌情调。

　　就在张兆和下放两个月之后，沈从文所在的革命历史博物馆也召开干校动员大会，号召大家到农村去，当时参加大会的同事都纷纷热烈表示响应。沈从文也为气氛感染，当被领导问到意见时，虽然他也担心自己的多病之身难以招架咸宁湿热的天气，但还是说："大家去，我也去。"

　　很快，已经六十七岁的沈从文被列入下发名单，并限定月底前离京。

　　由于事先被告知"要尽可能把生活用的东西带走，做扎根农村一辈子的准备"，沈从文只好将家中的一切杂物都清理出来，该卖的卖，该清的清，最后将东西得来的钱和平时的一点积蓄一分为四，分别给两个儿子沈龙朱、沈虎雏，还有侄女沈朝慧及其丈夫刘焕章。望着家里到处堆满来不及清理的文稿，几十年的心血就这样散了，想到那些未完成的文物研究工作，可能要就此永远搁置了，这一去，可能就意味着永远不能回来了，沈从文不由得心酸万分。

----

[1] 韦宜君：《向阳湖即事》，见李城外编：《向阳湖诗草》，武汉出版社2010年版，第303页。

11月30日，沈从文踏上了奔赴咸宁的列车，带着复杂的心情，就这样告别了他年轻时奋斗漂泊和成名的地方，他和张兆和结婚的温馨纪念地，他热爱的第二故乡……

由于领导通知沈从文，下放到咸宁除了煤球不带，其他的生活用品都要带，沈龙朱便帮父亲打包好东西，凡是能够带的生活用品和书籍资料全部装进行李中去了。可等父子俩上了车才发现，当时信誓旦旦要到农村做贡献的头头脑脑们都没来，历史博物馆中首批成行的只有三户老弱病职工，沈从文是其中之一。见此情形，沈龙朱直后悔自己和爸爸太老实，一动员就出发，实际上不疏散也可以，可如今要回去也是不可能的了，因为沈从文的户口已经被迁出北京。

更不妙的是，等好不容易到了咸宁文化部五七干校，当沈龙朱把车上的东西全部卸下来，堆放在广场上等待安排的时候，却被五七干校领导告知根本不知道他们要来，一时间连住的地方也没有。沈龙朱本以为把父亲送到目的地，一交接就没事了，所以提前买好了回程的车票，谁想遇到如此情况。但那时给国家工作，又不能随便请假，他只好强忍悲痛丢下父亲，只身回到北京。

此时正是天寒地冻的严冬时节，沈从文一行进退失据，只能蹲在毫无遮蔽的空坪中等待发落。折腾了一下午，直到天快要黑的时候，才得到特许，被临时安顿在故宫博物院所在九连一个暂时空着的宿舍中。

沈从文因为身体不好，干不了重活，只偶尔去湖边拾点柴火，或者带个小板凳，去后山坡看守菜园，驱赶前村趁隙来偷菜吃的猪。手脚冻得发木时，就到附近工具棚干草堆上躺一会儿，暖暖身子。沈从文所在的地方，离张兆和所在的五连住处大约五六里，两人隔几天可以见一面。由于张兆和每天要去工地挖沙子，人变得更瘦更黑了。

谁料沈从文在那住了不到半个月，阳历新年刚过，有一天他正在值班看菜园，突然接到通知，限他两个小时内迁到五十里以外的双溪。等沈从文赶到宿舍的时候，行李已经装好，汽车马上就要出发了。这时，张兆和气喘吁吁地从向阳湖边赶来，可还没来得及跟沈从文说上几句话，汽车就开动了。看着老伴站在那里，汽车一下子就把自己带远了，沈从文心里想，就是古代充军发配，也用不着这么火急

一半儿文馨
一半儿冷
YIBANR
WENXIN
YIBANR
LENG

沈从文与
张兆和的
似水情缘

火燎吧！

沈从文所去的双溪，和向阳湖一样原属古代的云梦泽地带，风景极美。眼目所及，是一望无际的浩渺水田，如一面明镜，波光粼粼，上下辉映，有如江南。对沈从文来说，这的确是一种"美极了"的享受。

沈从文来到双溪后依旧居无定所，接连搬了几次家，先是临时安顿在咸宁区革命委员会的一栋空楼里，过了半个月，沈从文又搬到了一所小学校的教室里住，后来又迁到了双溪丘陵高处的一个乡村医务所，才算是稳定下来了。由于下放时带来的行李太多，每搬一次家都把沈从文折腾得够呛，还要麻烦一些相熟的朋友帮忙才行。

沈从文当初到北京时，为自己简陋的地下室取名"窄而霉小斋"，而下放期间所住的几处房间，虽然不一定窄，但往往都很"霉"。咸宁一年四季经常下雨，雨季更是阴雨绵绵，连日不绝，地上的红土胶泥，天晴时是一把刀，下雨时就成了一团糕，沈从文的房间里面也经常潮湿得不成样子。北京的冬天虽也有冷的时候，但经常是大晴天，晒得人很舒服，而咸宁的冬天则又湿又冷，温度低的时候有零下四五度。而且咸宁这个地方小动物多，不仅盛产蚊子，蟋蟀蛤蟆也处处有，不过沈从文却还觉得快乐："阴雨袭人，房中反潮，行动如在泥泞中。时有蟋蟀青蛙窜入，各不相妨，七十岁得此奇学习机会，亦人生难得乐事。"[1]

在双溪，沈从文的主要任务是看菜园，赶那些时不时前来偷吃的猪和牛。在给表侄黄永玉的信中，沈从文描写得极有趣："牛比较老实，一轰就走。猪不行，狡诈之极，外象极笨，走得飞快，貌似走了，却冷不防又从身后包抄转来，……"[2]还提到史学家唐兰在嘉鱼大江边码头守砖，钱锺书荣任仓库钥匙管理员等事。夏天，大片荷花开了，白白粉粉，沈从文做不了雨后画荷花的王冕，便写信给在河北磁县劳动改造的、爱画荷花的黄永玉："……这儿荷花真好，你若来看……"[3]收到信后，黄永玉简直怀疑，表叔不是去下放，而是去度

---

① 沈从文1970年9月18日日记，见《沈从文全集》第22卷，第379页。
② 黄永玉：《太阳下的风景》，见黄永玉著：《太阳下的风景》，三联书店2003年版，第168页。
③ 黄永玉：《太阳下的风景》，见黄永玉著：《太阳下的风景》，三联书店2003年版，第167页。

1970年
富民在美
第一圆旧地
缺 2011

闲置的小学教室——1970
年沈从文在双溪的驻地之
一，沈龙朱绘

假的，想到双溪的万顷荷花，不免想起李清照的《武陵春》来，于是
回信时顺便写下那半阕词："闻道双溪春尚好，也拟泛轻舟；只恐双溪
舴艋舟，载不动，许多愁……"虽然此双溪非彼双溪，但不论到了哪
里，一颗童心，一颗爱美之心，沈从文总是不会失去的。

　　看菜园、当猪倌之余，沈从文还重操旧业，在漏雨的屋子里写起了
旧体诗。在他还是个十八九岁小伙子的时候，也曾写过旧体诗，而今自
然是不会作那些香喷喷的情诗了，但他思念远在四川自贡工作的二儿子
虎雏，于是写了首长诗《思入蜀》。1970年3月，本是花开草长的春天，
却有一场大雪不期而至，在空空的教室里，沈从文感到心脏隐隐作痛，
面对茫茫大雪，想到自己年近古稀、一身老病，被流放到这古云梦泽之
地，亲人皆不在身边，不禁分外伤感，写下著名的《双溪大雪》，感叹
自己"为不识时务，难免伤路穷"。不过，沈从文毕竟是沈从文，悲观
沉痛多是一时之感，在另一首广为流传的《喜新晴》中，他又恢复了惯
有的乐观，自喻是"独轮车虽小，不倒永向前"。

　　下放后，本就有心脏病和高血压的沈从文由于难以适应当地的严
寒酷暑，缺血缺氧，导致血压升高，时常感到梗痛。加上住处不定，
经常费神迁移，食宿条件均差，身体每况愈下。有一次突然发病，幸
亏有便车及时送到了县医院，住了一个多月才渡过了难关。由此，张
兆和只能每个月从向阳湖来看沈从文一次，顺便也带些吃的来。但因

一半儿温馨
一半儿冷
YIBANR
WENXIN
YIBANR
LENG
沈从文与
张兆和的
似水情缘

为沈从文身体差，两人好不容易团聚了，也无法安安心心无忧无虑地散步看风景，还是要张兆和陪着他上医院，拿药、打针。

医院和文化部指挥处商量过，建议他搬到医院住。但考虑到住医院还得每天去区里的大厨房取饭取水，极为不便，他又不愿劳烦朋友代劳，遂决定还是留在原处。沈从文所在组的组长曾提议，把张兆和调过来好有个照应，沈从文考虑了一番，还是拒绝了组长的好意，事后写信告诉张兆和说：

> ……我想到的是你和五连的同志共事已十多年，"千生不如一熟"，人熟，长处明白，不仅工作在相互鼓励帮助下，容易搞得顺利，且不至于相反有不必要摩擦。比如在那边，大家明白你体力受年龄限制，分派工作，即能比较实事求是。这里大家陌生，工作若一律拉平，你怕担负不下。所以我还主观的想，与其让你来一陌生群众中为难，还不如再过半年下去，到你们可分配房子时，我作为你家属，请求来向阳，同分苦乐，好一些。①

沈从文更担心的不是自己的身体，而是老伴的健康。张兆和在向阳湖边劳动，干的都是体力活，由于劳累过度和缺乏营养，她当时得了浮肿病，又有关节炎，沈从文担心不已，怕这浮肿病不仅是营养不足引起的，也可能是肾和心脏有了故障，排水机能失常，所以写信给张兆和，叮嘱她及早去医务处看看，不要耽搁。他还特别嘱咐说，如果医生要求到县里看病，就即刻上县，不要疏忽。但考虑到张兆和对自己总是要求很严格，从不肯以公害私，若单纯为自己，她是不会同意请假来双溪的，沈从文只好把自己搬出来：

> 我这一阵子也总是头重心闷（怕影响你，不好告你），在四十度高温下，易出事故。已不能坐车来高地看你。你即请求来看看我，也应分得到许可的。有不少同事家属都请假来过。②

---

① 1970年2月20日，双溪，沈从文致张兆和，见《沈从文全集》第22卷，第249页。
② 1970年8月4日，双溪，沈从文复张兆和，见《沈从文全集》第22卷，第351页。

怕张兆和仍下不定决心，沈从文又在信的最上头加了一句："无论如何，务必来看看我。不宜迟疑。"

收到信后，张兆和果然不放心，很快请了假，来双溪看望沈从文，两人终于团聚了。不过张兆和每一次来都相当不易，先得在向阳湖泥泞的湖堤上跋涉二十五里路，再赶搭一班每天一趟的长途汽车坐二十五里路才能见到沈从文。想起杨绛在《干校六记》里写，当年她和钱锺书曾一起下放到河南罗山北边息县，杨绛负责在菜园班种菜，离钱锺书看管工具的地方不远，走十多分钟可到。杨绛的班长还常常派她到钱锺书那里去借工具，于是，"同伙都笑嘻嘻地看我兴冲冲走去走回，借了又还"。后来，钱锺书改做"邮差"，每天下午都要到几里地外的邮电所去领取文学所的报纸、杂志、信件和邮包，路上要经过杨绛看管的菜园，"这样，我们老夫妇就经常可在菜园相会，远胜于旧小说、戏剧里后花园私相约会的情人了"。比起沈从文和张兆和像牛郎织女般的相怜相念难相见，他们可说是幸福许多了。

这一次张兆和得以卸下劳动的包袱，在双溪休息了十来天，总算对病情有所缓解了。可不料，就在张兆和从双溪回向阳湖的那天，天上突然下起了瓢泼大雨。沈从文房中六七处漏雨，锅碗瓢盆全都用去接雨了，好在床上没有遭殃，不至于没地方睡。最严重的是水淹没到了床脚，幸亏有人及时帮忙抢救，倒出去七八盆水，才算清理好。沈从文一面狼狈地抢救现场，一面担心路上的老伴若也碰上大雨，就糟糕了。为这事，沈从文忧虑了一个晚上，想了许多这样那样的意外可能，后来得信知她当天住在咸宁县城，并不曾冒雨上路，这才放下心。

1971年5月1日，对于沈从文来说，可以说是最快乐的一天。这天，大儿子沈龙朱带着他的新娘子马永昉来了，他们先到双溪一起看父亲，再到五连看母亲。由于沈龙朱在1958年被错划为"右派"，导致他在找对象这件事上一直不顺利。大儿子的终身大事终于得到了圆满解决，两位老人心里分外高兴，虽然沈从文有些遗憾没能参加孩子的婚礼，但已是十分满意了

沈龙朱带着新媳妇走后没多久，端午节到了。这天，沈从文虽然

一半儿温馨
一半儿冷

YIBANR
WENXIN
YIBANR
LENG

沈从文与
张兆和的
似水情缘

没能和老伴团聚过节，但心情可不坏。他写信告诉张兆和说，自己的床下已霉，还生长了点绿毛白毛，房中似更湿滑了些，自嘲像《聊斋》中人物，然后还饶有兴致地告诉她，有位大喉咙大妈送了他大把白白香喷喷栀子花，房间里弥漫着栀子花馥郁的香气，把那潮湿的霉味也驱散了。虽然平时孩子们也经常采一把花送他，不过可不敢送一把小糖果报答，因为知道孩子们得了它，必然来得更勤了，那点可怜的糖当然不够分了！又说自己一出门，就碰到有人热情询问："沈老，怎么过节？老伴儿怎么不来？"老乡还奇怪地问他：你住在北京，怎么还不会吸烟！

1971年8月，沈从文和张兆和终于正式团聚了，两人被安排转到向阳湖干校丹江口分校劳动生活，起初两人还是分住两处，相隔三四里，后来调到了一处。两人终于不必两地参商，在给儿子虎雏的信中，沈从文高兴地写道：

1971年5月初沈龙朱与新婚妻子马永昉到咸宁看望父亲沈从文

沈虎雏1971年到湖北丹江探望父母亲时的合影

……我们住的一间，比东堂子中那间大些……因后窗靠山，无人通过，所以十分清静，也少人来往。从清静说，有些像桃源。附近一排房子住八家，均不来往。东东西西无丝毫尘土，桌子柜子都干干净净，所以妈妈十分满意，以为几十年住处，或数这里最好。[①]

下放的生活虽艰苦，沈从文偶尔有闲情写写旧体诗，虽也自得其乐，但他心中始终惦念不忘的，是那些在北京时还没有完成的文物研究工作。眼看着自己身体越来越差，就这么一天天耗下去也不是办法，沈从文于是决定趁早着手，重拾工作。手头没有参考书，虽然增加了研究写作的难度，但他硬是凭着记忆将脑子里的花花朵朵、瓶瓶罐罐、绸绸缎缎一一挖出来，不仅为《中国古代服饰研究》这部皇皇巨著缀补材料达六七万字之多，还写了《关于马的应用历史发展》、《狮子如何在中国落脚生根》等多篇专题性的文章，同时还为革命历史博物馆的改陈工作写了六十篇的改陈意见。

这样高强度的工作量，对年近古稀且本身就有严重心脏病、高血压的沈从文来说，无异于雪上加霜。由于常因身体时不时发出警告信号而住院，沈从文怕工作耽误下去，只好写信给领导要求回京，但几次要求都没有得到批准。后来听人说"高知

1972年初沈从文在湖北丹江五七干校

想返京，都必须得到总理批准"，于是写信给周恩来，终于在1972年2月4日，沈从文获准病假，在张兆和的陪同下回到了北京。沈从文回京后，适值国家文物局发来意见，要求沈从文校阅因"文革"搁置下来

---

① 1971年9月22日，丹江，沈从文致沈虎雏、张之佩，见《沈从文全集》第22卷，第546页。

的《中国古代服饰研究》书稿，准备出版。沈从文于是取回书稿，一面治病一边抓紧校阅，有时甚至一手捂着鼻血一手看稿，不到一个月就完成了校订稿。

沈从文回到北京一年半后，1973年8月24日，张兆和办理退休回到北京。此前，她一直希望能调回人民文学出版社工作，但是未能办成，最后只好办理了退休手续，这才得以返京。

我们这里的人只想做事

我们这里的人，只想做事，只想多有些助手，多有些工作机会，来为后来者垫个底子，时间却不免要消耗到杂务上去，来不及全生活放上去，真着急！因为有许多许多事，一不做再耽搁下去，无法着手。

——沈从文致黄永玉①

沈从文曾经这样形容自己和文学的姻缘关系——我们相爱一生，一生还是太短。这说法一点没有夸张，但这相爱，却是太不容易。沈从文精力最好的二十年，都献给了文学创作，放弃它，他的心时不时会隐隐作痛："最可惜的是一生只想写短篇小说，竟中途而止，未能充分使用生命到上面去。"② 尔后，沈从文转向文物研究，"躲进小楼成一统，管他春夏与秋冬"，埋首旧文物四十年，致力于研究工艺美术史，拿下了"家具发展史"、"绸缎史"、"陶瓷加工艺术史"、"前期山水画史"等一个个重大专题，交出了《中国古代服饰研究》、《唐宋铜镜》、《战国漆器》等一批沉甸甸的研究成果，其中许多研究著作具有填补研究空白的开创性意义。对于沈从文的转业，许多人觉得可惜，但是对三姐夫深为理解的张充和则说："有人说沈从文不写小说，太可

---

① 沈从文：《我们这里的人只想做事》，见香港《大公报》1949年8月11日。
② 1960年6月30日，宣化，沈从文致沈云麓，见《沈从文全集》第20卷，第432页。

惜！我以为他如不写文物考古方面，那才可惜！"的确，失之东隅，收之桑榆，无论是做哪一行，沈从文都不曾辜负自己。

沈从文对于文物的好感，并不是一夜之间突然萌发的。

在沈从文不到二十岁时，曾在湖南保靖给湘西王陈渠珍当书记，军部会议室里，他就饱览了百来幅自宋及明清绘画、一大批碑帖和几十件铜器古瓷。这些博大精深的古文物字画，不仅为他打开了一扇窗，打下了基础，也在他心中早早地埋下了一颗种子。从湘西来到北平后，沈从文最喜欢去的地方就是琉璃厂，那里大大小小的古董书画店铺和摊子，都是活生生的博物馆，他徜徉其中，醉心不已。与张兆和在北平结婚后，他们在达子营胡同二十八号的新家也很快被他收集来的瓶瓶罐罐、盒子盘子占领了。初到云南时，沈从文还常常和施蛰存、张充和一起去淘点小宝贝，尤为喜欢的是云南的耿马漆盒，认为它们色彩美而且便宜，所以经常买来欣赏或送人。从嗜好到事业，沈从文对文物的感情变得越来越浓，理解也越来越深。

来到北京天安门内的历史博物馆工作后，成千上万的文物在沈从文眼前展开了一个新奇的世界。这些年来他接触的文物也不少，但和这些藏品相比，不过是沧海一粟，价值上也不可同日而语。能和这些前朝皇家宫殿里的稀世珍宝朝夕相伴，可说是莫大的幸运，沈从文感到一种巨大的满足。而随之而来的，是强烈的求知欲。

起初，博物馆领导给他安排的工作不起眼，让他在陈列组给文物分类写标签，整理库房、清检古董商文物。对于别人来说，这也许是枯燥无味的，可沈从文做得很认真，他一边用毛笔抄写，一边对每一件经手的文物仔细观察。绸缎织锦的花纹设色，陶瓷的纹理色泽，青铜器的样式，每一件都仿佛是一本厚厚的书，无声地诉说着它们丰富的历史。沈从文还常到展览会上自愿给参观者当解说员，他称之为"唯一和人民碰头的机会"。他拿着一根小棍棍一边指指点点一边为观众讲解，滔滔不绝，眉飞色舞，远没有当年在中国公学半天讲不出话的紧张，也没有人认出他就是一二十年前当红的作家沈从文。

要学的东西太多太多，眼看着自己已经步入老年，时间如此有限，身体又时不时犯毛病，沈从文恨不得分分秒秒都不浪费。由于住的地方离博物馆远，要倒两班汽车，为了不迟到，他早上天不亮就起来，等到了博物馆时，往往还没有开门。在滴水成冰的冬天，风吹得沈从文快要冻僵，他下车后就买个烤白薯一边暖手一边等着开门。中午从不回家，经常拿一块手绢包两个烧饼，就在博物馆里填饱肚子。不止一次，中午的下班铃响了，他仍然聚精会神地记录材料，因太过专注，他竟没有听见铃响，结果被管理员反锁在库房里。午后上班库房门开时，管理员发现沈从文还在里面伏案疾书，于是向他道歉，他反而一脸惊愕。晚上有时候下雨，他就在头顶披个破麻布袋匆匆往家里赶。

穿衣吃饭沈从文不在意，他最苦恼的是，工作条件上的不足常常阻碍研究的顺利进行。他多次向领导要求给一间办公室，好放下足够多的研究资料，可总是没有着落。

几十年来，沈从文的房子问题始终是个大难题。

起初，沈从文在东堂子胡同五十一号的家只有三间屋子，天上地下到处挤满了资料，连床上也不例外，一家人工作生活都很不方便，有时候两个儿子从学校回来，还得孔融让梨似的把一张床让来让去，最后总得有两个人打地铺才能睡。

1972年，沈从文结束在湖北咸宁的干校生活，回到了北京，但此时东堂子胡同原有的房已经被占去了两间，只剩下一间原来保姆住的小房间。为了方便工作，沈从文只好一个人住在这小间里，张兆和则住在小羊宜宾胡同的人民文学杂志社宿舍里。每天晚上，沈从文挎着一个小竹篮，走两里路到小羊宜宾胡同去吃晚饭，并把第二天的早饭和午饭带回去。冬天尚可，夏天天气热，沈从文的房间闷热极了，带回去的两顿饭很容易就变馊。家人担心他吃了会害病，他笑笑说："我有办法！我先吃两片消炎片！"1972年11月，馆中新来的领导为沈从文在左家庄楼房中分配了一个单元，但由于这一住处离博物馆、医院更远，最后只好放弃了。在那个几乎一切物资都受到政府管制的年代，即使沈从文有钱想租个大一点的房子，也是不可能的，他只好留在东堂子胡同，继续过着东食西宿的生活。

在东堂子胡同的房间太小，夏天很热，上午东边晒，下午西边

伏案工作的沈从文

晒，沈从文自称是"猪八戒坐蒸笼"。屋子里挤满了书，书架上、桌上、地上，到处都是书。而门上、墙壁上、窗棂上，也到处贴满了纸条，上面密密麻麻画满了图样或写着说明文字。而沈从文睡觉的床上，也被书占领了大半。晚上睡觉的时候，沈从文只把书理一理，就躺了上去，夜间醒来，想到什么资料或思路，也一刻不耽误，立刻拧开灯记下。有谁会知道，斗室之中这位戴着眼镜的老人，小时候曾是一个坐不住的"老逃学"？那时的沈从文像花果山的猴儿精一样，醉心于太阳底下的一切，只想着跑到外面去疯去野。长大后，他既不抽烟也不喝酒，不打牌也不打麻将。老来，更是几乎与"玩"绝缘了，成了一个地地道道的美术考古学家。

跟时间赛跑，这话用在沈从文身上，一点不错。他的学生汪曾祺也很书生气，他写的鸣放小字报《惶惑》结尾飘逸："我爱我的国家，并且也爱党，否则我就会坐到树下去抽烟，去看天上的云。"的确，若不是对这土地爱得深沉，干脆歇着好了，何苦拼命呢？

1978年夏，正是北京最热的时候，沈从文在东堂子胡同的小屋里挥汗如雨，为《中国古代服饰研究》补缀资料。其实这本书的初稿，沈从文早在1965年就写好了，包括四百幅插图，十七万说明文字，但正当准备出版时，"文革"开始了，沈从文和一些专家被造反派作为"反对学术权威"关入了"牛棚"，红卫兵还先后八次到东堂子胡

一半儿温馨
YIBANR
WENXIN
YIBANR
LENG
一半儿冷

沈从文与
张兆和的
似水情缘

同抄沈从文的家，将他的旧作和资料焚毁或抄走，《中国古代服饰研究》也被批判为宣扬帝王将相的"大毒草"。"文革"结束后，这本书的出版事宜才得以重启，沈从文希望能完成这本由周恩来总理提议编写的书，尽早看到此书出版。

有一次作家荒芜到东堂子胡同看沈从文，见身体本就不佳的老朋友大热天坐在小屋里赶工作，晚上还要走路到张兆和那里吃饭，心中大为不平，于是写诗相赠：

> 漫言七六老衰翁，百事齐头并进中。
> 夜从空庭觇织女，鹊桥何日驾南东？

后来，这首诗被一位女记者看到后拿去发表了，引起了中国社科院的重视。在院长胡乔木的安排下，沈从文由历史博物馆调到了中国社会科学院历史研究所。社科院为沈从文在北京西郊友谊宾馆租下两套公寓，还配备了两名助手，成立了一个新的研究室。终于，1979年1月，在王䘗、王亚蓉等几个助手的配合下，沈从文《中国古代服饰研究》的修订增补工作终于完成。

有时，沈从文也把工作带到张兆和的小羊宜宾胡同去做。院子虽不宽敞，但家家户户都喜欢拿着锄头动土种花，春天，俨然一个热闹的小花园，秋天，就成了小果园和小菜园。张兆和也在屋前种了月季、玫瑰、扁竹等植物，每天精心打理，地方虽然不过巴掌大，却充满了生机。趁着早晚空气新鲜，沈从文喜欢搬个椅子坐在带花园的院子里看书，端张小桌子在篱笆边写稿。为了避一避强烈的阳光，沈从文就把堆着书籍资料和稿子的小桌子在走廊和花架之间移来移去。

由于小羊宜宾胡同的房间狭窄，又没有客厅，有客人来访时，巴掌大的花园就成了天然会客厅。1980年1月，大雪纷飞的一天，香港商务印书馆总编辑李祖泽在国家出版局龙文善的陪同下，来到小羊宜宾胡同拜访沈从文，商定《中国古代服饰研究》一书的出版细节。由于房间里只有一张藤椅，客人互相推让着不坐，两人就站在院中聊，雪片纷纷落在身上，这样一幅雪中会友图，简直让人疑心这是魏晋《世说新语》里的场景了。

1980年5月，沈从文终于在前门东大街三号有了一套小三居室住房，结束了由干校回京后夫妻两处分居的生活。但房子面对北京市的交通要道，日夜有上万辆车辆经过，噪音干扰常使得沈从文感到精神疲惫，难以正常工作。

沈从文的住房困难最终得到圆满解决，已经是1986年的事了，在时任中共中央总书记胡耀邦的亲自过问下，八十四岁的沈从文定级为正部级研究员，享受正部级待遇，并在崇文门大街二十二号分配了一套大三居的宿舍。可惜这一切来得太晚，这时的沈从文已经半身瘫痪，没有办法工作了。

以往在历史博物馆里，沈从文都被看成是一个需要改造的旧知识分子，是不起眼的小人物，有人说他"终日不正经工作，玩玩花花朵朵，坛坛罐罐，不知道干些什么！"也有人视他为"神经病"。对于种种非议，沈从文既不想争辩，也不放在心上，他的心里只装着那些亟待完成的任务，一心埋头苦干，如同一个执拗的拓荒者。他常用两句话来提醒自己，一句是庄子的"夫大块载我以形，劳我以生，佚我以老，息我以死。故善吾生者，乃所以善吾死也"，还有一句是孔子对老年人"血气既衰，戒之在得"的告诫。对于个人的得失，沈从文老来更是看得通透，无论陋室多窄多霉，都不曾消磨他对工作的热情。

"文革"时沈从文被罚去负责打扫历史博物馆的女厕所，有时又被安排拔草，沈从文都做得极认真。多年后，沈从文被人问及当时的感受时，他说："我没有我的朋友受的冲击大，我只是要打扫茅房，那是普通的事，在家里不是也要打扫吗？""还好呀！起码领导们信得过我的人品，派我去打扫女厕所……有的时候分派到院子拔草，看到小花开得那么漂亮，天空那么晴朗，外边干吗喊天喊地的（历史博物馆就在天安门广场），有多少该干的事呀！真是小孩子胡闹！"[1]有一次批斗会上，有人把一张标语用糨糊粘在他的背上，批斗结束

---

[1] 见王亚蓉编：《沈从文晚年口述》，陕西师范大学出版社2003年版，第201页。

一半儿冷
一半儿温馨
YIBANR
WENXIN
YIBANR
LENG
似
水
情
缘
张
兆
和
的
沈
从
文
与

后，他揭下那标语，只见上写"打倒反共文人沈从文"，他后来对黄永玉慨叹："那书法太不像话了，在我的背上贴这么蹩脚的书法，真难为情！他原应该好好练一练的！"沈从文想不通：世界上有那么多实实在在的事等着人去做，为什么大家却把热情都错用在一些看似轰轰烈烈实则无意义的事情上？

"文革"结束后，有一次，沈从文同朋友聊天，刘一友说那时他们被要求背诵的《敦促杜聿明等投降书》，是毛泽东为中原、华东人民解放军司令部写的，规劝杜聿明等人"立即下令全军放下武器，停止抵抗"。沈从文说，他们不背这篇，但要求唱《混蛋歌》。刘一友想听听这是什么"地方特产"，于是，当时心情不错的沈从文就特别为他演示了一下："我……是个……混蛋！（停一拍）我……是个……混蛋！！"

刘一友一听沈从文全落在一个音阶上，严格说来只能算是念，心里疑心沈从文当年可能就是蒙混过关的。

好在，那个荒唐的时代，真的已经过去了。

信最好装在一个信封寄来，已经有人说
我"家信频繁"，虽属笑话，也应注意。

——张兆和致沈从文

第六帧　逝水

也同欢笑也同愁

出国记

最后一次还乡

淡水归源

在仍有你的世界里旅行

也同欢笑也同愁

这个家，四十年来主要是你在维持的，特别是在一些重要关键性时，没有你早已不易设想。孩子们的教育也主要是你的关心教育结果。

——沈从文致张兆和[①]

1972年2月，沈从文从湖北丹江回到北京看病，一年半后，张兆和也结束干校生活，回到了北京。

由于住房问题没有得到合理解决，沈从文只好继续住在东堂子胡同，依旧每天中午去张兆和住的小羊宜宾胡同吃饭。沈从文一心扑在工作上，脑子里只有责任二字，至于洗漱、吃饭、睡觉、休息，忙起来就会忘得一干二净。经常是张兆和做好午饭等他回来吃，一等就等到下午两三点，因此沈从文得了许多机会作检讨，常常一踏进大门，就忙不迭地向夫人赔罪。如此许多次，沈从文总是"不知悔改"。可以说，房子问题不仅影响了沈从文的工作进度，也一定程度上影响了夫妻俩的琴瑟和鸣，他早在1956年接受文联访问的时候曾说："我的爱人是在《人民文学》搞编辑的，她非常希望我再从事创作。我现和她搞的这一行简直无法结合，所以很难有共同的语言，生活过得很乏

① 1970年10月10日，双溪，沈从文致张兆和，见《沈从文全集》第22卷，第397页。

第六帧　逝水｜也同欢笑也同愁

一半儿温馨
YIBANR
WENXIN
YIBANR
LENG
一半儿冷

似 张兆和的 沈从文与
水 情缘

味。我们住的房子太窄,希望能买到一所较宽大的房子,大家都能静下来读读书,特别是自己的爱人也是快五十岁的人了,每天回家,如果碰到我有客人,她便不能在屋里呆,文联能不能在房子方面给介绍一下?"① 这个问题困扰了他们二十多年,迟迟得不到解决。

1973年7月,二儿子虎雏一家三口从四川来北京探亲,祖孙三代第一次团聚,但由于住处狭窄,只能打地铺。又因为沈从文为人热心,经常在家中接访来客,为不相识的朋友提供"古为今用"的服务,导致有客人来访时,张兆和不得不退到廊下厨房中去,弄得她很尴尬。种种矛盾叠加起来,张兆和就是脾气再好,也不可能毫无怨言。

想来真是有些残酷,有时候,我们不得不逼迫的,经常是自己最亲近的人。

想到自己总是惹得老伴生气,沈从文心里也很不是滋味,可手头的工作又耽搁不得。没法子,沈从文只好拿出了年轻时追求张兆和时的看家本领,仔仔细细写了一封"万言书",在信里忙不迭安慰受了委屈的夫人后作了一番自我检讨,请求老伴理解:

> 万望对我少操心,不宜在小事上生气!生活方面,要求本来并不特别高,也不必听人说没有你照料就过不了日子,你就感到难过。而又总以为在服侍我,我若当真不会照料自己,那能活到七十多岁,还比不少卅岁的人,更显得青春气如此旺盛,手脚又还如此灵便,而头脑又还如此得用?
>
> 我不说,是在廿五年前,在头脑极端混乱中,听着你自言自语说的几句话,影响了我这廿五年的工作极有深刻意义?你当时正在窗下自言自语,或许是和中和什么人说:"我一定要想法子把他弄好,恢复到正常生活和正常工作!"小妈妈,我听了你在近于完全绝望中的对我充满信心,而对你自己的同样信心,那忘得了?我岂不是当真如你所希望,一个人几几乎把十个人还不易达到的工作效率,一一在完成的情形中?很对得起这个生命,并不算虚生!你应当鼓励我向前,和你廿五年前鼓

---

① 贾俊学:《文联旧档案:老舍、张恨水、沈从文访问纪要》,见《新文学史料》2012年第4期,第18页。

励自己一样，我就会得到更大的力量，把工作一一完成。①

　　张兆和并不是不理解和支持丈夫的工作，可毕竟是年过古稀之人了，又是心脏病又是高血压的，加上长年累月看资料，眼睛也看坏了，像这样拼了命地只顾着工作而不注意吃饭休息，谁能受得了？她跟了他大半辈子，从来不希求名利富贵，她不过是心疼他，担心这样下去他的身体会垮掉。看了这封信，张兆和深知沈从文已经"无药可救"，再多说也是无益了，只能默默支持他，尽量多照顾和提醒他。

　　其实从咸宁干校回到北京后，张兆和身体也不大如从前了，关节炎症有所加重，远没有当时在咸宁干校任蔬菜班长时的手足利索了，一天做三餐饭也显得有些累。沈从文每天在东堂子胡同一个人忙得天昏地暗，她常常一个人待着，自是相当无聊。好在后来，由于二儿子虎雏的女儿沈红要来北京上学，大儿子龙朱的女儿沈帆也出生了，都到了奶奶身边，她才不那么孤单了。有一大一小两个小孙女陪在身边，成了张兆和最大的快乐。沈红小名叫红红，不管是在外面还是在家，都是"大红人"。红红见窗前有老人走过，都会甜甜地叫爷爷奶奶，街坊邻居见了都夸她。但在家就顽皮一点，精神太好，有时连中午都不肯睡觉，总得要奶奶胡诌一两个故事才肯合眼，等奶奶睡着后，有时却还睁着一双大眼睛看屋顶。有时耳朵不注意听，反应慢，就被奶奶嚷几声，小姑娘嘴上逗几句，一副全不在乎的样子。沈从文还常常笑说，红红跟龙朱虎雏小时候一样，都爱朝张兆和"一边倒"去，而跟自己"搞对立"，自己常被这个小丫头告了状去。比如，见奶奶为爷爷拨点饭菜带回东堂子胡同去吃时，红红就在旁边"监视"，时不时插几句嘴："怎么要那么多！""爷爷不劳动，只奶奶劳动。"见小孙女可爱淘气状，沈从文不但不恼，倒鼓励要她继续说下去，非等张兆和出来替他说话，才算煞住了。小孙女沈帆长得胖乎乎，是他心里的一块宝，沈从文喜欢叫她小胖胖。每每写信给家人，关于两个小孙女，他总有说不尽的趣话。

――――――――――

① 1974年2月，北京，沈从文致张兆和，见《沈从文全集》第24卷，第60—61页。

一半儿温馨
一半儿冷
YIBANR
WENXIN
YIBANR
LENG

沈从文与
张兆和的
似水情缘

1974年，张兆和因为关节炎症日趋严重，决定去苏州看病休养。同时，沈从文也因为长期没日没夜地伏案工作，眼疾越发严重了，不仅左眼黄斑出血，视力下降严重，而且右眼常有一丝状飘动。医生要求沈从文休息两个月不要再看书为好，南方亲友也纷纷催促他歇一歇，于是没过多久，他便南下同夫人会合去了。

沈从文来苏州后，由亲戚招待吃好住好，也终于做到了不看书不写字，加上每天被几十年没见面的亲友拉着看各处山石，看院子，终日里有绿芜照眼，眼睛得到了休息，终于不再有黑影晃动了。

不久，沈从文携妻子张兆和，以及儿子沈龙朱、孙女沈红、二姐张允和与周小平母子俩共赴黄山游览，一家老小难得聚在一起登高望远，心情都好极了。在给张宗和的信里，沈从文兴奋地说起这次爬山的情况：

> 这次上黄山，跑了一礼拜山路，不仅丝毫不感到疲累，还排在第一组上路。除打前站四少壮，我和孝华、二表姑是长远先走一大段路的。二姊本来心脏特别不好，即走到最后，也还是不怎么感到疲累。心情畅朗起的作用，占主要地位（二姊身边有小平照料）！我是和三姊、小龙、小红红四个人一起上山的，小龙照料到一切亲友，小红红照例能争先，却得由小龙限制。三姊还用不到照料，十四人里长在中段，从从容容的走去。她说还不过瘾，以为将再爬一次。[①]

抛开繁杂的工作一段时间后，沈从文与张兆和的身体渐渐好转了起来。返回北京后，沈从文每天精神抖擞地工作，效率极高，写信给朋友笑称大有返老还童的迹象。

1976年，又是一个不平常的年份。7月28日凌晨，唐山发生强烈地震，顷刻间数十万人伤亡，北京、天津受到波及，小羊宜宾胡同住处山墙部分坍塌。为了避免余震，外地有亲戚朋友的纷纷离京暂作躲避。8月4日，沈从文和张兆和也应南方亲人之邀带着两个小孙女来到

---

① 1974年夏天，北京，沈从文致张宗和，见《沈从文全集》第24卷，第172—173页。

苏州避难，在九如巷五弟张寰和家住了半年。

到了苏州，沈从文的生活算是闲下来了。每天吃了饭，就躺在藤椅上休息休息，院子里最大的无花果树结了果，主人总把最大最好的留给沈从文吃。

精神不错，沈从文不仅看了一本俄国小说《怎么办》，还重读了半部《聊斋志异》。不过亲戚们可不许他老看书，所以不免受点限制。他写信给在北京的助手王㐌、王亚蓉时说："这里倒有旧书可买可借，主人却只许我休息，把可读的书全收藏了，且借口和旧书店里人不相熟，不陪上旧书店。事实上我已悄悄上福隆街，而且和老板商量好下礼拜去库房看书。"[1] 爱书人跟书，真是一对永远拆不散的情人。

有一回，趁着沈从文午睡，孙女沈红画了个简单速写睡态像，还注上"爷爷午睡呼噜呼噜"的字样，又在旁添了个树枝。因为纸张空白处多，沈从文便用它作信笺给朋友写信，得了好大赞赏。

9月，沈从文去上海看望巴金、王新笛、黄裳等老朋友。10月，正值桂花飘香的秋天，沈从文一家来到苏州有名的光福镇邓尉玩了一天。在太湖侧一个村子里，桂花高高低低，满山满树，约五六里路一面临湖，一面傍山，到处有人在摘桂花，煞是有趣。

此外，沈从文还去了昆山陈墓（今锦溪）虎雏的丈母娘家看望孙女沈红，并小住了几天。亲家热情招待，把最好的一间新屋子让给沈从文住。沈从文受到热情招待，不仅把当地的鸡鸭鱼虾一一尝尽，还带了一大袋糯米、几斤干青鱼什么的回到了九如巷，写信给虎雏形容自己简直像个"运输大队长"，张兆和嗔怪道："大吃大喝不算，还好意思带了这么大包小包回来，真像是前清抚台大人巡阅！"

深秋时节，苏州有名的天平山被枫叶染得醉红，沈家人一同登山赏枫。在山中范文正祠堂前，枫树多是四五百年前景观，大家一起看了两小时枫叶。后来，沈从文在给友人张香还的信中称赞道：

秋末时自然景物最动人处，似数范墓附近水木明瑟萧疏之至，附近数

---

① 1976年8月26日，苏州，沈从文致王㐌、王亚蓉，见《沈从文全集》第24卷，第459页。

一半儿温馨
一半儿冷
YIBANR
WENXIN
YIBANR
LENG
似水情缘
张兆和的
沈从文与

十株高耸入云之老枫树，叶片明黄赤紫，在斜阳返照里给人印象神奇如在梦幻中！①

在苏州的半年，算得上是休假了，不光有好吃好喝，有亲戚陪伴，还有江南美景可看。

可在北京忙惯了的沈从文却住得很不安心，一方面深觉得给亲人加重了负担，另一方面老惦念着在北京还没有完成的工作。所以一过完年，沈从文就辞了亲戚们一再挽留的好意，回到北京。

可能是因为习惯了北方干冷的气候，在苏州过了一个湿冷无比的冬天回到北京"老窝"后，沈从文就感冒了，还流了二十几次鼻血，体力明显有所下降。为了防止他独自在东堂子胡同工作发病时无人发现，家人让他住到小羊宜宾胡同宿舍。有了家人照料，吃饭也不必跑来跑去，生活是方便了，不过由于资料多在东堂子胡同，工作受到限制，年底时沈从文又搬了回去，恢复了每天往返吃饭的生活方式。

沈从文每天去小羊宜宾胡同，小花园里的花儿都被张兆和照料得极好，花影扶疏，总能引起他的兴趣，他写信给在苏州的张寰和与其爱人时说：

> 小院子里今年月季蔷薇盛开，约廿个品种，大的如牡丹，若并串枝蔷薇计，大架金银花不计在内，约有二百来朵，第一季度可能已将达三百多朵。盛夏时将歇歇，到八月，为第二季度，继续开下去，延长时间将到十一月，接枝月季陆续开放，花数将加倍开。（照去年经验，则快上冻，花苞已无力展开，但三姊剪下，插入房中瓶子里，还能一一开放。）据朋友说，比故宫的还好得多。因为他们是盆栽，三五朵一盆，开后就完事。我们放在地面，已经营了三四年，土气厚实，中西肥料全用上，又是中西杂种，相当出色。②

1980年2月，为了帮助沈从文赶校拟印的两本作品选集，张兆和忙

---

① 1976年11月9日，苏州，沈从文致张香还，见《沈从文全集》第24卷，第538页。
② 1979年6月1日，北京，沈从文致张寰和、周孝华，见《沈从文全集》第25卷，第350页。

坏了。由于小羊宜宾胡同只有一张桌子，两人只好"轮流坐庄"：早上三点张兆和就起床，六点上街取牛奶，把桌子让给沈从文工作；下午沈从文睡觉，桌子让张兆和用到六点，她做饭的时候，再让沈从文用书桌，就这样一天折腾好几次。在写给巴金的信中，沈从文无奈地叹道："这样子下去，那能支持多久！"

好在没过多久，元宵佳节这天，沈从文与张兆和终于搬进了前门东大街三号的一套小三居室里，在给傅汉思、张充和的信中他高兴地写道：

> 新分配一个住处，共只大小三间，总共卅六平方米，名分上一切新设备齐全，事实上近似放大玩具微型式，根本无办法把应用书摊开。唯一好处即卅年来，三姐算是有了个十一平方单用房间。[①]

读这些信时，总不免替沈从文与张兆和惋惜，总觉得他们本可以过得更好些，更浪漫些。沈复曾于《浮生六记》中写下与芸娘的理想生活："他年当与君卜筑于此，买绕屋菜园十亩，课仆妪，植瓜蔬，以供薪水。君画我绣，以为诗酒之需。布衣菜饭可乐终身。"诗人流

1979年沈从文与张兆和、孙女沈红、沈帆在自己花园里

---

① 1980年3月3日，北京，沈从文致傅汉思、张充和，见《沈从文全集》第26卷，第46页。

一半儿文馨
一半儿冷

YIBANR
WENXIN
YIBANR
LENG

似
水
情
缘
的

张
兆
和
与

沈
从
文

沙河在给妻子何洁的情书里，也曾这样诗意地写下类似的梦想："我只想有你和我在一起，劳碌终日，自食其力，谢繁华，绝交游，乐淡泊，甘寂寞，学那拙枝的鹧鸪，营巢蓬蒿之间，寄迹桑榆之上，栖不过一枝，飞不过半里，啾啾唧唧，唱完我们的一生。"原想，如沈从文与张兆和这样一对璧人，即便不能君绣我画，日日与诗酒为伴，但起码能有几间小屋安身，清静度日，闲时种些花果菜蔬，安享岁月静好。可偏偏，越是简单的愿望，越是容易被现实蚕食，他们有时竟连基本的衣食住所都得不到保障。这得之不易的"十一平方"的幸福，听着，不能不让人觉得有些酸楚。

出国记

我今年七十八岁，依照新规定，文物过八十年即不可运出国外，我也快到禁止出口文物年龄了。……所以我在今天和各位专家见见面，真是一生极大愉快事。

——沈从文[①]

新中国成立前夕，沈从文决意搁笔。渐渐地，这位曾经拥有最多读者的名作家，在文坛上几乎销声匿迹了。等到约三十年后的20世纪70年代起，国际上却掀起了一股轰轰烈烈的"沈从文热"。在香港，沈从文作品选一出再出。在美国大学里，当时有许多硕士生博士生以沈从文作品为研究对象，获得了学位。在巴黎一所大学的中文系，要考取"终生中学中文教员"，沈从文的《春灯集》是四本必读中文书之一。国际上陆续有一些知名大学向沈从文发出邀请，请他出国去做演讲。

面对声名再起大喧嚣，沈从文不以为意，反而觉得不大适应。几十年来，他已经看惯了人世的升沉变迁，早已淡然。

---

① 沈从文：《二十年代的中国新文学》，1980年11月7日在美国哥伦比亚大学的讲演。

1979年沈从文与张兆和
在苏州洞庭东山紫金庵

　　1980年，在美国耶鲁大学教书的傅汉思写信给沈从文，希望他能借出国演讲的机会带着张兆和来美国，到他与张充和在纽黑文的家住一段时间，毕竟，一家人已经有整整三十年没有好好聚一聚了。1978年8月张充和也来过北京，同张兆和、张允和等姐妹团聚，同年10月傅汉思随美国科学院的"汉代研究考察团"来过大陆一次，但因行程紧张，他只和沈从文匆匆见了一面就回美国了，一直深感遗憾。为了再次与傅汉思和张充和团聚，沈从文和张兆和最终决定双双赴美国。

　　1980年10月27日，沈从文和张兆和第一次离开了祖国，坐上了飞往大洋彼岸的飞机。两人第一次出国，紧张是在所难免的。幸好在飞机上遇见了季羡林的大儿子，且刚好坐在他们的前排，得其帮忙，两位老人才不至于在迷宫似的飞机场迷了路。

　　28日晚上，飞机抵达美国纽约肯尼迪机场，张充和与傅汉思早已在机场等候。出了一道门，沈从文和张兆和远远就望见四妹和四妹夫，高兴极了。张充和一见三姐和沈二哥，就连连问："累吧？累吧？"傅汉思更是激动得说不出一句话。

　　这次为了他们的到来，傅汉思特意新买了一辆瑞士小汽车，沈从文看着这辆新车觉得很有趣。一上车，沈从文就入乡随俗，"照规矩，把一条约一寸宽的胶皮带斜挂腰间"。沿路经过一些收费关卡，

三连襟，从左到右：周有光、傅汉思、沈从文

1981年初沈从文在美国旧金山州立大学演讲，徐芥昱教授翻译

沈从文笑说这是要给"买路钱"。

过了大约两个小时，近午夜时分，车才开到了康涅狄格州的纽黑文，停在了傅汉思家，沈从文才知，这里和机场不在同一个州。

终于等到团圆相见的一天，傅汉思在日记里只记下一句话："等了三十年的一个梦。今天终于实现了。"

这次讲学，历时三个月，从美国东部地区到西部地区，最后到太平洋中的檀香山，先后在耶鲁大学、哥伦比亚大学、圣约翰大学、哈佛大学等十五所大学讲学二十三次，主要由傅汉思负责翻译，沈从文幽默地说自己是在"卖膏药"，还笑称自己像大熊猫，能出国给人看看，算了完成一半任务，剩下的就是谈谈天，交流交流意见罢了。

纽黑文满城栽种榆树，人称榆城，一到深秋触目金黄，沈从文和张兆和来的时候正好赶上欣赏这番景致。沈从文还觉得美国房子有趣，"和积木一样"。

在傅汉思家，一家人的早饭是鸡蛋咖啡面包，充和还逼着三姐吃银耳，中晚饭只两三个中式菜。厨房里不许三姐插手做事，忙惯了家务的兆和可真不习惯。

沈从文讲学，由傅汉思充当司机跟翻译，跑了十几个学校，但他搞不清每一次去的是哪个学校。有一次在哈佛演讲"古代服饰"，沈从文满口贵校美术馆中商代玉人如何如何，张充和和傅汉思接他回家，问他今天去的是什么学校，他摇摇头说不知道，后来大家也就不问了。

　　沈从文说话湘西口音重，一般人只能听懂一半，他的另一位连襟周有光曾对张兆和说："从文的话我有两成听不懂。"与他朝夕为伴的张兆和答道："我只有一成听不懂！"可想而知沈从文的话有多不好懂了。这次来美国讲学，有一次在麻省大学讲二三十年代文学，沈从文谦虚地说，我那时写小说，不过是一个哨兵。傅汉思就把它译成，我那时写小说，不过是一个烧饼，还给沈从文的话加进了些注释，说是中国的一种烤饼。洋人没听出什么破绽，因为烧饼不是什么山珍海味，本来就不怎么重要。后来张充和写文章《沈二哥在美国东部的琐琐》解释说，不是丈夫听不懂沈从文的话，而是因为他太爱吃烧饼了，也不知是不是当真如此。

　　除了耶鲁大学离傅汉思家不远，开车一两个小时可到外，沈从文每次去大学演讲都要跨州，往往回来时已是午夜。有时开车回来，张充和坐在后面唱《阳关》、《琴挑》给三姐听，累倦了的张兆和听着听着，不觉打起了盹，而坐在前排开车的傅汉思就跟沈从文兴致勃勃地聊天，也不觉得累。傅汉思在北平刚认识沈从文的时候，就很喜欢跟他聊天，在1948年5月21日日记里还写过"上星期我同沈家全家去天坛野餐。我总是喜欢听沈先生讲解中国古代的艺术同建筑"。沈从文给周有光取了个绰号叫"周百科"，因为他是《简明不列颠百科全书》中文版的编委之一，其实沈从文自己也是"沈百科"，杂七杂八的知识懂得非常多，不过周有光是洋知识懂得多，沈从文通的多是中国文化。

　　早在未出发前，沈从文写信给钟开莱，就曾预言"由于初次上路，一切生疏，上路后，必不可免有麻烦，且会闹些乡下人上城笑话"。果然，麻烦虽不多，笑话倒真不少。

　　一次耶礼学会在一个考究的俱乐部晚餐，还没有坐定，想着节约为好的沈从文就说："菜不要多，两三个就够。"张充和忙看了三姐夫一眼说："快别说！你连主食副食才一盘呢。"事后在座洋人问张充和

一半儿文心一半儿冷
YIBANR
WENXIN
YIBANR
LENG
似水情缘
张兆和的
沈从文与

沈从文说什么，听完解释后都大笑起来，传为美谈，因为他们都吃过满桌子的中国菜。

湖南人多嗜辣，可沈从文却不，他怕辣而喜甜。他年轻时在湘西当兵，偶尔写旧体诗，有一位军法长夸他写的诗好，他曾在给朋友马逢华的信中回忆说："记得当时说我有'唐味'，我还以为有'糖味'，十分高兴。一度还妄想作一'糖坊女婿'，必可每天吃糖！"沈从文平时自己炖蹄髈或排骨什么的，也总爱往里面加糖，说味道好。到了美国，沈从文偶然尝到地道的冰淇淋，很是喜欢，于是张充和每次饭后都拿冰淇淋给他吃。一次，张充和忘了给他拿，沈从文就说："饭吃完了，我走了。"没人理会，他又说："我真上楼了。"大家不解。沈从文于是站起来故作要走姿态，说："我真走了，那我就不吃冰淇淋了。"大家才哄然大笑，明白是馋了，充和便去拿冰淇淋给他吃。还有一次到纽约，一位湖南同乡请沈从文在一个地道湖南馆子吃饭，事先知道他不吃辣，把所有菜中辣椒全去掉，他吃完后直说，味道好极了。

沈从文这次来美国，还惦记着他的一位老朋友——王际真。

当年，沈从文是由徐志摩介绍与王际真相识。沈从文在上海中国公学教书时，每每因想接近张兆和而不得，总要写信给这位朋友倒苦水，还动不动要死要活的，估计当年王际真为鼓励沈从文没少费心思。后来，王际真赴美主持哥伦比亚大学中文系达二十年，并且是将中国古典名著《红楼梦》节译本介绍给美国读者的第一人。

分别半个世纪以来，沈从文始终没有忘记这位老朋友，经过多方打听，才知他已经退休了二十年，妻子不幸早逝，现正独自一人住在退休教授公寓，极少出门见人，也拒绝别人拜访。这不禁让人联想起同在美国度过晚年的张爱玲，她也是这样深居简出，不乐意被人打搅。

得知老朋友的栖身之所后，沈从文立即写信给他，说自己已到了美国，很想去纽约专程拜访。结果这位"古怪的老人"回信说："在报上已见到你来美消息。目前彼此都老了，丑了，为保持过去年轻时节印象，不见面还好些。"有点"不许人间见白头"的意思。沈从文哪里肯罢休，于是直接上纽约去找他。

其实，王际真对沈从文的友情之深，可一点不比沈从文对他的少。这位老朋友不仅细心地保存着沈从文写给他的所有信件，还拿出早年沈从文送给他的作品集《鸭子》和《神巫之爱》。见到自己二十年代时写的两本旧作，翻着里面发黄而脆薄的纸页，沈从文既感动，又心酸。

沈从文年轻时，也曾许多次做过出国的梦，他曾跟冯雪峰学过日语，可惜根本学不懂；想学英语，可连英文字母也认不全，所以曾一度死了心。后来见王际真去了美国，他又很是羡慕，写信时说"若果在将来我可以在美国也生活得下，我愿意远走点到美国来住几年"。不过看惯了照片中长衫落拓的沈从文，一时还真难以想象，假如年轻时的他真的出国留学了，一身西装革履，梳着徐志摩那样油光可鉴的分头，张嘴说的却是"湘西口音的英格丽徐"，会不会十分有趣？沈从文虽然没有出过国，但他在学习写白话文之前，就读过许多翻译小说，因此他写的文章里，语言掺杂着一些欧化成分，同他的文言习惯一起，最终形成了一种文白夹杂的独特文字风格，难怪周有光评价说"你的语言是古英语"。

访美的最后一天，沈从文来到了旧金山东风书店，美国最具规模的一家中文书店，台湾作家白先勇特地赶来见这位他最喜欢的作家。白先勇满怀激情地对慕名而来的群众说："人生短暂，艺术长存。沈先生的小说从少年时代直到现在，仍然放射着耀眼的光辉。这期间，中国经历了多大的变动，但是，艺术可以战胜一切。今天大家来瞻仰沈先生的风采，就是一个证明。"[1] 早在1957年，沈从文在人民文学出版社为他出版的《沈从文小说选集》题记中曾说"我和我的读者，都共同将近老去了"，而三十多年过去了，沈从文和他的读者的确都垂垂老矣，但他的作品却没有跟着老去，反而散发出新的魅力。

在旧金山分别时，张充和以西洋礼节亲了一下三姐兆和，随后又亲了一下三姐夫沈从文，"乡下人"被这开放的西洋礼节吓呆了，硬挺挺的毫无反应，像个木雕的大阿福。

---

[1] 雷平：《沈从文先生在美国》，《海内外》1981年第29期。

一半儿温馨
一半儿冷

YIBANR
WENXIN
YIBANR
LENG

似张兆和
水的与
情沈从文
缘的

最后一次还乡

> 高尔基沿着伏尔加河流浪过。马克·吐温在密西西比河上当过领港员。沈从文在一条长达千里的沅水上生活了一辈子。二十岁以前生活在沅水边的土地上；二十岁以后生活在对这片土地的印象里。
>
> ——汪曾祺

沈从文一生为故乡写下了一本又一本的书，却还遗憾不够描绘她的美丽与神奇。黄永玉也和表叔一样，对故乡充满了深深的怀念，他曾毫不吝啬地赞美凤凰："从十二岁出来，在外头生活了将近四十五年，才觉得我们那个县城实在是太小了。不过，即便在天涯海角，我都为它骄傲，它就应该是那么小，那么精致而严密，那么结实。它也实在是太美了，以致以后几十年我到哪里也觉得还是我自己的故乡好。"[1] 故乡，是一枚贴在心上的邮票，背井离乡的游子永远也走不出那小小的版图，正如叙利亚诗人阿多尼斯在《我的孤独是一座花园》写的那样：

> 你的童年是小村庄
>
> 可是
>
> 你走不出它的边际
>
> 无论你远行到何方

每一个在异乡的日子，沈从文都在怀念着那座小小的凤凰城，怀念着整个湘西。人越老去，怀乡的感情便越发的浓。身居繁华的京城，他的心却时时回到故乡。在梦里，他一次又一次地回到那座小城。他怀念那豆绿色的小溪，怀念嘎吱嘎吱的吊脚楼，怀念穿苗服的老汉和女歌手，怀念城里好吃好玩的一切。他最喜欢的是沅陵辰溪一带，王村、保靖、里耶等酉水一带，以为那才是真正的画里河山，到处如宋人画卷。他也去过许多风景区，觉得都不及这些地方。除去

---

[1] 黄永玉：《太阳下的风景》，见黄永玉：《太阳下的风景》，百花文艺出版社1984年版，第143页。

景，他更怀念的是故乡的人，坐在狗肉铺子前的麻阳婆，桃花源里黄发垂髫怡然自得的人物，穿月白蓝布裙的姑娘。七十七岁的沈从文曾写信给韩宗树回忆道："还记得六十多年前，每到深秋天气，满山灯笼花在风中飞舞时，真是终生难忘动人印象！也还记得去廖家桥半路，得经过一个枫树林，似名枫树坳，秋天来，大树千章，满林是带翅膀的枫子，和红红紫紫枫叶在微风中盘旋而下，真是一种难于形容的壮观！"[①]他不止一次地说过，春天，我要回凤凰去，回湘西去，最好能坐上小船在河里游游。但是，日子越长，身子越坏，他担心自己这架老火车随时有可能报废，因此总下不了决心走。

如果怀乡是一种病，也只有回乡才能治吧。1982年那年，经不住黄永玉和张兆和的一再劝诱，八十岁的沈从文终于决定再回一次故乡。

自从1923年离开故乡到北平，沈从文一生只回过湘西四次。第一次是1934年，辞别新婚妻子去看病危的母亲，见了母亲最后一面。第二次是1938年，是"七七"事变后往后方避难时，住在了大哥沈云麓在沅陵的家。而第三次，是在1957年，那次沈从文去湖南考察，先是在长沙考察了省博物馆、庙宇、岳麓山，然后去了凤凰。而这是最后一次。

1982年5月，万木吐绿，正是杜鹃花开的季节。沈从文与张兆

1982年沈从文回湘西老家

———————————
① 1979年6月21日，北京，沈从文复韩宗树，见《沈从文全集》第25卷，第356页。

一半儿温馨
一半儿冷
YIBANR
WENXIN
YIBANR
LENG
沈从文与
张兆和的
似水情缘

和，一对白头老夫妻，随着黄永玉及其夫人张梅溪回到了凤凰。

想一想还是将近半个世纪前，沈从文接到母亲病重的消息后，匆匆离京，每天坐在小船上给远在北平的新婚妻子写信，总是一面陶醉山水一面惋惜："可惜得很，你不来同我在一处！"沈从文总期待有一天，两个人能一起回到魂牵梦萦的凤凰故里，带她去看那见证自己顽皮的大树与河流，在熟悉的小街听熟悉的乡音，带她看儿时看的戏。可谁也没想到，当这个机会终于来临时，时光却像踩着滑板一样倏忽而过，将两人的鬓角染成了雪的颜色。

这是张兆和第一次来到凤凰，可这里的一切对她来说，却已然熟悉如故乡。多少年来，从沈从文那带凤凰口音的话里，从他所写的几十本书稿里，还有从九妹、黄永玉以及许许多多的湘西亲友那里，她对这座小城已经知道得太多太多了。凤凰，是沈从文一生的依恋，也是张兆和的一个梦。

这次回乡，沈从文住在城西白羊岭古椿书屋黄永玉家的木板老屋里。家乡人听闻沈从文回来了，简直不知怎样招待才好，就为他捉了一只锦鸡。锦鸡毛羽很好看，他很爱那只锦鸡，还抱着它照了一张相，后来知道竟作了他的盘中餐，于是对张兆和说："真煞风景！"沈从文觉得十分可惜，而且锦鸡肉并不怎么好吃，不过说着说着，他又忍不住笑起来，对家乡人的殷情，他心里是十分感激的。

白天，许多乡亲来看望沈从文，每当客人离去后，沈从文、黄永玉就跟几个相熟的朋友一起，聊起小县城的一些旧事，一扯就是夜深。凤凰的血粑鸭子怎样浓，牛肉粉如何辣，以及唐伯娘的"醒炮"怎样放响的……深夜，观景山的杜鹃叫得格外清脆，沈从文说："很多年没有听到这种鸟叫了，要是现在还兴打更，怕要二更转三更天的梆子了。"田时烈便说起，凤凰有个已过世的祖传打更人唐二相，很有意思，常常问别人："你们听到了吗？我的转更梆子敲得'迷堂'吗？"他在白天下山挑着水桶去卖水，只要卖到三角钱，就不卖了，说下班了，明天来。

小城的故事，就和群峰环抱的泉水那样多，也难怪滋养得沈从文的故事总也说不完。

回乡的第二天下午，沈从文在黄永玉和黄苗子的陪同下，来到了文昌阁小学。沈从文和黄永玉都曾是这所小学校的学生，而今，叔侄俩一个八十岁，一个五十八岁，来到母校，重温过去的时光。当初，沈从文是小学校里让老师头疼的小调皮，不料连小学都没有毕业的他，而今却成了这所学校最引以为荣的骄傲。

文昌阁小学是一座新式学校，坐落在凤凰城南面南华山的山脚下。校园里长着很多高大的枫杨树，风一吹，摇得翠冠如浪。在小学校里，有一间是沈从文小时候上学的教室。临窗的地方，有一株蓊郁的百年楠木，像一把巨大的伞撑在蓝天下。沈从文激动地走着，看着，指出哪一棵是他爬过的梧桐树，如今更加粗壮了，指着逃学时从哪一条路攀上南华山去采榛子，摘蕨菜、刺莓和野兰花。沈从文还说，有一次被老师逮住，罚他跪在树下，过了一炷香功夫，老师走过来，站在他身边，抬起头，指了指头顶的大楠木，又指了指沈从文，叹了口气说：你看，树木尚且知道努力向上生长，你呢，一个男子汉，却甘心往下跪。听了这话，沈从文才幡然醒悟，从此以后就乖乖地不再逃学了。

11日上午，天朗气清，沈从文和张兆和在黄永玉、黄苗子以及黄永玉胞弟黄永前的陪伴下，步行来到沱江边，从北门码头登上一艘竹叶扁舟，开始了漫游。

仿佛又回到了欢快的童年时期，沈从文兴致勃勃地对夫人说起小时候的调皮事，怎样把衣服压在青石板下躲过大哥搜查的目光，怎样从北门码头跑到对面的喜鹊坡摘"三月泡"吃，怎样爬到树上掏鸟蛋，一边说一边很得意地笑着。

小船在杜田的凉水井边靠了岸，井边岩壁上，长着一丛丛茸茸的虎耳草，这是《边城》里翠翠在梦里采摘的草，也是沈从文钟爱的草。沈从文告诉大家，虎耳草很能适应各种土质，所以山间井旁，处处有它们的影子。虎耳草开一种小白花，可以消炎去毒，虫子都不敢咬它们，所以每片叶子都很完整。大家仔细摘来一看，发现果然如此，都佩服沈从文观察得仔细。

回龙潭是凤凰八景之一，河的左边是万寿宫和遐昌阁，右边是一排

一半儿温馨
一半儿冷

YIBANR
WENXIN
YIBANR
LENG

似 张兆和的
水 情缘 与

排吊脚楼，沈从文说起过去端午节在这里赛龙舟抢鸭子的热闹场面，很是难忘，而这些颇具地方特色的场景也被他写进了《边城》。

到了一座水冲碾坊边，沈从文领着张兆和进入碾坊，告诉他《三三》里写到的碾坊就是这个样子的："从碾坊往上看，看到堡子里比屋连墙，嘉树成荫，正是十分兴旺的样子。往下看，夹溪有无数山田，如堆积蒸糕，因此种田人借用水力，用大竹扎了无数水车，用椿木做成横轴同撑柱，圆圆的如一面锣，大小不等竖立在水边。这一群水车，就同一群游手好闲人一样，成日成夜不知疲倦的咿咿呀呀唱着意义含糊的歌。"[①] 这次来湘西，张兆和也不光游山玩水来了，她还是带着任务的，忙里偷闲编辑沈从文新近要出版的作品集，因此正好补上一课。

沈从文还带着夫人去了热闹的边街，两人一起品尝了春卷、水饺和蜜橘。

回到家乡，沈从文还有一个心愿，就是听一听当地的傩堂戏和高腔戏。傩堂戏是一种古老的宗教祭祀戏剧，在凤凰，每逢岁暮年初，都要热闹上演。穿着红衣、佩戴面具扮演傩神的人们，在家中正屋一边捶大鼓一边唱，音调深沉，极富感染力。沈从文小的时候，就经常到中营街背后的城隍庙看傩堂戏，还常常跑到前台去看。

为了满足沈从文的心愿，乡亲们专门请来县里几位民间艺人，在黄永玉老屋前的院坪，为沈从文夫妇演出了傩堂戏。

艺人们素面端坐，演唱了傩堂戏《孟姜女》、《庞氏三春》、《搬先锋》。这些曲子，是沈从文儿时就会唱的，他有时候逃学去听，甚至一听就是一通宵。一个女艺人开始唱起《搬先锋》来："正月元宵烟花光，二月芙蓉花草香……"快乐中显得声音凄楚动人，当唱到"八月十五桂花香"时，沈从文也手舞足蹈地跟着唱了起来。听着唱着，他流泪了，于是掏出一块小手绢，轻轻擦去泪。送走艺人们之后，他还含着泪沉醉在刚才的歌声里，久久回不过神来。

沈从文太爱这些楚声了，他很希望电影《边城》开头能用《搬先锋》这个曲子。张兆和听了，对他说，这些东西是好，只是不知道外

---

① 沈从文：《三三》，见《沈从文全集》第9卷，第11页。

头人是否也能接受，毕竟，这是一种太过古老的地方性文化，并不是每个人都能理解和欣赏它们。沈从文听了，也默默地点了点头。妻子说得对，这萦绕心头的楚声呜咽，更多的是自己的故乡情结。

后来，沈从文一行还去了阿拉营，这是湘黔渝边境上有名的集市，小时候他就多次跟着大人来赶集游玩，沈从文还曾在小说中写到阿拉营的狗肉汤锅香飘醉人。虽然阿拉营变了许多，苗族风情也淡薄了许多，小说里有写到过的阿拉营地保也早就没有了，不过，乡音缭绕在耳边，还是那么熟悉。而且来得早不如来得巧，这一次大家正好赶上一回场，也就是集市，从四面八方赶来的上万苗人，在集市里买卖牛羊，沈从文一行也跟着热热闹闹挤作一团。张兆和可从没见过这场面，因此很觉得新奇，感叹不已。

路上正巧碰到一位办喜事的同乡，虽不相识，但照旧习俗，沈从文买了一只鹅和几包嘉湖细点送礼。沈从文告诉他自己是本地人，老乡望着架金边框眼镜的沈从文，却总不相信，还充满信心地说："你不是我们城里人。"沈从文后来写信给老朋友时，说到这件事，还觉得有趣，说这正应了自己说过的那句："在大都市，我始终不像个知识分子，到乡下，也不像个乡下人。"

从阿拉营西行一公里许，就到了黄丝桥古城，这座小小石头城名为"凤凰营"，为唐初所筑，历经千年却保存得很完整。大家搀着沈从文从城东门拾级登上了城楼，放眼望去，四周是高好几丈的石板叠成的碉堡，俯瞰城内外景致，充满了中世纪古堡风情。沈从文三句话不离本行，说："这里的人在宅翻土种瓜点豆时，往往掘得唐代开元钱。"城中还有许多香椿树、枇杷树和榆树，见一女子在采摘枝头的嫩红的香椿，袅袅地还散发着香气，沈从文高兴地称赞起来，说小炒香椿芽清香可口。

从古城门出来的时候，遇到三个苗族老妇人，沈从文走上前去，一个个问着："你好大了？"结果她们年纪都比自己大。沈从文笑了："看来，我还只是个小弟弟哩。来，来，我们照个相吧。"于是兴致勃勃地跟她们合了个影。

25日下午，沈从文一行从凤凰来到吉首，参观了湘西自治州博物馆。从博物馆出来，又来到了吉首峒河渡口。

沈从文在下河的石阶上选了个干净的地方坐下，望着渡口两边。指划着说："这二面河坎上的房子过去都是油桐商行，油桶一码一码地堆满了，过渡呢，是一个瞎眼人主持。"正说着，只见一个男孩匆匆走下石阶，把红背心和长裤子脱下，下到水中，左手把衣物顶在头上，右手在水里划着，一直划到搁在对岸的渡船边。那男孩出水后，在船上跳了两跳，把身上的水抖尽，才穿上衣服。

张兆和指着那孩子对沈先生说："从文，你当年是不是那个俏皮样子？"

沈从文笑了，仿佛看见了小时候顽皮如小猴儿的自己，就在眼前上蹿下跳。

望着渡口，沈从文又想起了电影《边城》，于是兴高采烈地对大家说，摄影组到这里来选外景最好，至于演员嘛，今天上午那个小妹子就是。沈从文说的小妹子，是上午在博物馆遇见的一个女孩，十五六岁，一张圆圆的脸，一对清明的眸子，笑时露出两排整齐好看的白牙，当时沈从文一边把"翠翠"指给大家看一边说："翠翠，这就是翠翠。来，我们一起照一张。"沈从文夫妇把"翠翠"拥在中间，高高兴兴地和"翠翠"以及她的伙伴们合影。仔细一问，这个"翠翠"居然也是茶峒人，真是无巧不成书。

沈从文与张兆和、黄永玉等人又到张家界国家森林公园游玩，那里到处是奇异诡谲的石峰，如一支支巨笔直插霄汉，几乎让人疑心天都快要被它们捅破。大自然充满想象力的鬼斧神工，大有李贺、李白诗歌里的磅礴气象，令沈从文惊叹不已。长长的金鞭溪穿行于深壑幽谷之间，溪水清澈，两边千峰矗立，野生猴子时不时在树上上蹿下跳，极为动人。看着这人间美景，沈从文感动得眼眶湿润润的，喃喃地说："我不想走了，这里美，这里好，就让我在这里住下来吧。"在美面前，沈从文从来就是一个任性甚至贪婪的孩子，恨不得能永远不撒手。可惜，时间在背后催着，张兆和只能像哄孩子般劝他，他才依依不舍地上了路。

在张家界玩了四天后，就要回到凤凰了。临上车，沈从文不断重

沈从文、张兆和1982年在张家界金鞭溪

复着一句话："张家界太漂亮了，以后我还要来的，还要来的……"

在凤凰，沈从文还带着张兆和来到中营街二十四号的沈家老宅。走到父母亲居住的那间房，他一面告诉张兆和这是他八十年前出生的地方，一面流下了眼泪。在这座老屋里，他出生，长大，又从这里走出，背着小小的包袱成为一个小兵，最终去了遥远的北平。旧居虽在，却已是物是人非，父亲母亲皆入土为安，除了大姐岳鑫尚在，其余兄弟和小妹皆已不在人间，独留他一人还在世上。回想往事，历历在目，仿佛一切似乎都还鲜活如昨日。沈从文回想起最近的一次回乡，还是在二十五年前。当汽车开到喜鹊坡的时候，他兴奋地大叫起来："到家了！到家了！"到了老屋门前，却故意不进去，只在门外高喊："云麓大！云麓大！""是哪个？"屋里传出大哥熟悉的声音。"是我，你听不出了吗？""是你是你，我晓得你是鬼老二！""我不是鬼老二，我是沈老二，是往天常被你扯耳朵的沈岳焕呀！"话音未落，沈云麓就急急地奔了出来："啊！你可回来了，观音娘娘保佑哩！"然后，这对老兄弟就像孩童一般叫着喊着拥抱了起来。

曾经一家人在一起的欢声笑语已然成梦。除了拍下几张照片，沈从文只能默默地拭去眼角的泪。用黄永玉的一首《老头还乡》来描述

一半儿温馨
一半儿冷

YIBANR
WENXIN
YIBANR
LENG

沈从文与
张兆和的
似水情缘

沈从文此时心情，恐怕是再合适不过了：

　　　杜鹃啼在远山的雨里，墙外石板路响着屐声，

　　　万里外回到自己幽暗小屋，杏花香味跟着从窗格进来。

　　　刚坐下就想着几时还再来？

　　　理一理残鬓，

　　　七十多岁的人回到老屋，

　　　总以为自己还小……①

　　人老莫还乡，还乡须断肠。

　　黄永玉家的院子大，花木多，早上极清静。茶点摆在院子里，雾中的树上有凝露落在青石板上，一团团深色的斑。沈从文喜欢永玉家这座大青石板铺成的院子，安逸，令他想起在沅陵大哥的芸庐里听雨的日子。

　　沈从文静静地喝着豆浆，一边吃着油条一边称赞："好！"他喜欢家乡的食物，在云南的日子，与信给大哥时，他还曾念叨着芸庐的霉豆腐和香肠，觉得比云南的大头菜和火腿要高明得多。沈从文还盛赞凤凰的刺绣工艺好，很希望能让更多的人了解这种美，这次回乡，他收集了许多布料，让张兆和邮寄回去。后来沈从文写信给孩子们即说："今天妈妈邮寄了一包重三千六百多克本地布料，相当好看，本地人可不欢喜，小条格子布是苗人包头用的。估计到州上还会有别的可以寄些来。"② 入宝山怎能空手而归？他们恨不得能有一个魔法袋子，把能装的东西统统装进去，才不会那么遗憾。

　　黄永玉的老屋里，有时候就剩下叔侄俩静静在院子里躺着说话。

　　"三月间杏花开了，下点毛毛雨，白天晚上，远近都是杜鹃鸣叫，哪儿都不想去……我总想邀请一些好朋友远远的来看杏花，听杜鹃叫。但会不会有点小题大做？"黄永玉问表叔。

----

① 黄永玉：《老头还乡》，见《诗刊》1997年第3期，第34页。

② 1982年5月22日，凤凰，沈从文致沈虎雏、沈龙朱等，见《沈从文全集》第26卷，第405页。

"懂得的，就值得。"沈从文闭着双眼躺在竹椅上，用雨丝一样柔和的声音回答。

有时他真想，就这样窝在老宅子里，喝喝茶，聊聊天，断肠声里忆平生，随时光一同慢慢老去。

沈从文深深依恋着故乡，同时也敏锐地察觉到，由于时代不可扭转的发展，在古老的湘西，很多美好的事物已经一去不复返了，后来在给张充和与傅汉思的信中，他惋惜地写道：

> ……最可惜是一条沅水主流，已无过去险滩恶浪，由桃源上达辰溪，行船多如苏州运河，用小汽轮拖一列货船行驶，过去早晚动人风物景色，已全失去。再过一二年后，在桃源上边几十里"武强溪"大水坝一完成，即将有四县被水淹没。四个县城是美的，最美的沅陵，就只会保留在我的文字记载中，一切好看清流、竹园和长滩，以及水边千百种彩色华美，鸣声好听的水鸟，也将成为陈迹，不可回溯，说来也难令人相信了。①

湘西最美丽动人的一面，在现代社会中一点点失去了它曾经的清秀与安宁。也幸好，沈从文留下来的文字不会消失，从那里，我们可以想象一个永远不会被破坏的湘西世界。

这一次回乡，令沈从文高兴了好长一段时间，但是想想，也还是有太多遗憾。当时住在黄永玉的老家，一出门即有百十级坎坎坡坡，不便行走，沈从文不好单独行动，因而许多地方未能去成。他盼着，能再回一次故乡，再住久一点，再多走一些地方，再多带走一点回忆。在给友人的信里，他写道："估计体力若还好，过一二年一定还有机会再来各县看看。还希望能坐一次船，由龙潭到保靖，由保靖到王村。又由麻阳出辰溪，下桃源，看看一切！"②但是，之后不久，沈从文就病重不能行走了。有一回，在病榻上，他对黄永玉说："要

---

① 1982年9月7日，北京，沈从文致张充和、傅汉思，见《沈从文全集》第26卷，第437—438页。
② 1982年10月15日，北京，沈从文复田光孚，见《沈从文全集》第26卷，第447页。

第六帧　逝水——最后一次还乡

沈从文晚年仍童心未泯，时常笑得像个孩子

多谢你上次强迫我回凤凰，像这样，回不去了……"

黄永玉听了，赶忙安慰表叔说，等身体好点，就陪他一起，去酉水、白河看看，一路走，一路歇看看。

沈从文听得入迷了，眯着眼笑了："怕得弄个人烧饭买菜……"

于是，叔侄俩商量着物色个人选给他们当书童，黄永玉提议说叫汪曾祺，沈从文听了，很满意，又有点伤感："以前我走得动的时候怎么没有想到。"

黄永玉说："你忘了'文化大革命'……"

沈从文说："是了，我把'它'忘了……"

淡水归源

一个士兵，要不战死沙场，便是回到故乡。

——沈从文

1980年出了一趟国，1982年回了一趟老家，沈从文好像真的开始累了。1983年，脑血栓使他右边的肢体麻痹，身体每况愈下。从那时起，他几乎是足不出户。

沈从文生命的最后一段日子，是在崇文门东大街二十二号楼的寓所中度过的，那是他一生拥有过的最宽敞的住房。但那时，他已经无法去完成那些热爱的工作了，生活也已经难以自理，全靠张兆和悉心照料。有来信，他慢慢地说，张兆和代笔回复。为了不累着沈从文，家人在门口贴上禁条，可来敲门的人仍络绎不绝。家人只好在门口替他挡驾，有时他听见了，就在里面大叫起来："行，行，我能见，我能见！"朋友的到来，是病中的他最大的欢乐，沈从文像一个孩子一样，不愿错过跟任何一个小朋友玩耍的机会。老朋友是贴心棉袄，一见面沈从文总是能说上很多很多。而许多哪怕只有一面之缘的新朋友，或请教文物方面的知识，或请他看作品，或只是闲聊，他也都很乐意。没有朋友的日子，他是不习惯的。可在身体最糟的情况下，沈从文只能坐在藤椅上，听一听亲戚朋友说说近况，但嘴里只能发出"哇、哇、哇"细微的声音，开心时像孩子一样呵呵地笑起来，伤感时泪水夺眶而出。

1985年，巴金最后一次到北京参加"两会"，照例打算去沈从文家，却有人告诉他，沈家那栋楼的电梯近来总是时开时停，赶上电梯停用要爬七层楼梯。八十一岁的巴金坚决地说："没关系，我爬楼也要去看他！"这两位相知多年的老朋友之间的友谊，持续了足足半个世纪。患难见真情，"文革"时，巴金正在"五七"干校接受劳动改造，仍是审查对象，妻子萧珊身患重病正在住院，沈从文经多方打听得到巴金的地址，立刻写了一封长信给他，探问老友近来的消息。后来，病中的萧珊拿到了沈从文的这封长信，流着泪说："还有人记得我们啊！还有人记得我们啊！"在萧珊最后的日子里，沈从文的关心给了她无比的安慰与温暖。在人事无常的岁月里，只有那些对关心自己的人念得深沉的人，才会得到更多的爱。

作家李辉同沈家住得近，常去看望沈从文夫妇，有一回正好遇上张兆和牵着沈从文散步。在沈家的地上，有

1981年沈从文与张兆和在北京寓所

一半儿温馨
一半儿冷
YIBANR
WENXIN
YIBANR
LENG
沈从文与
张兆和的
似水情缘

一半铺着草编，另一半特地空出一米多长的水泥地，漆上红颜色，是专门留给他散步用的。此时的沈从文，右手时不时会不由自主地颤抖起来，两只脚几乎是拖地挪动。每次从座位上站起来，张兆和都要替他捶会儿腿，他才能拄着拐杖走动。

张兆和让行动不便的沈从文坚持锻炼，每天须在小客厅特地留出的一米多长的空地上走五个来回。

刚走了两次，沈从文就想偷懒，问夫人："够了吧？"

又走了一个来回，累了，想蒙混过关，又问："这是第四次了吧？"

张兆和马上说："别骗人，刚刚三次。每次都想哄人。"

他又走了两圈，最后一个来回，他不等走到头便迫不及待地长吁一口气："唉，完了吧？"

她摇一摇头，无奈地说："你总爱偷工减料。"

他不反驳，有点调皮地看着她，随即两人都开怀笑了起来。

这画面，淘气又温馨。

一次，沈从文的朋友陈天风来沈家拜访，看到整洁典雅的左边墙上，挂有一条幅沈从文的手笔，是录宋诗人道潜的《临平道中》，题款"给兆和，从文八十一岁习字"。他恰好从浙江临平来，便对沈从文说："历代诗人咏临平荷花的诗很多。临平过去因多荷花，故有'藕花洲'之称。"张兆和闻言，即手指条幅上的诗句，一字一字念

张兆和为沈从文
翻阅资料

给沈从文听："藕—花—无—数—满—汀—洲。"沈从文望着条幅，脸上浮动着欢快的笑容。

在沈从文去世前一年，有一天，黄永玉来看表叔，带来一幅拓片给沈从文看，他注视了好一会儿，静静地哭了。

原来，那是他十九岁时所书。

熟悉沈从文的朋友都知道，他写得一手流利秀美的章草，而且写字用的都是七八分钱一支的普通毛笔，荒芜曾赠诗称赞："对客挥毫小小斋，风流章草出新裁。可怜一管七分笔，写出兰亭醉本来。"可是很少有人见过少年沈从文的书法。

还是早在1921年，芷江县警备队队长段治贤因公殉职，当时在警所里当办事员的沈从文为他写了墓志铭，还被刻成碑文。后来，黄永玉从怀化博物馆的热心朋友那儿得到了碑文的拓片，字体俊秀而神风透脱之极，黄苗子看了以后惊叹："这真不可思议；要说天才，这就是天才；这才叫做书法！"

见沈从文哭了，黄永玉的爱人黄梅溪忙安慰道："表叔，不要哭。你十九岁就写得那么好，多了不得！是不是？你好神气！永玉六十多岁也写不出……"

这块碑文被完整地保留了下来，直到今天还在。

日子静静地过去，流水无声。

1988年，沈从文的身体大不如前，张兆和每天寸步不离他身边照顾。"人生实在是一本大书，内容复杂，分量沉重，值得翻到个人所能翻看到的最后一页，而且必须慢慢的翻。"[1]一页一页翻过去，终于，沈从文翻到了结局。1988年5月10日晚8时30分，沈从文因心脏病突发，在北京的家中逝世，享年八十六岁。

他离开时表情很安详，应是没有什么痛苦和遗憾。

他静了，世界也静了。

他走了，在爱他的人和他爱的人心中，却音容宛在。

他爱水，他的一生，是于清波渺渺的水上书写岁月，雕刻时光。

他得到过善良，也善良对人。

---

① 沈从文：《烛虚》，见《沈从文全集》第12卷，第23页。

一半儿文心
一半儿温馨
YIBANR
WENXIN
YIBANR
LENG
似水情缘的
张兆和与
沈从文

他一生倾心于世间的美，口头禅是用湖南话说"美（米）极了！""这才美（米）呐！"

他说："'美'字笔画并不多，可是似乎很不容易认识。'爱'字虽人人认识，可是真懂得它的意义的人却很少。"

他心思单纯如孩童，却写出了许多人无法写出的深刻，正如岛崎藤村在《从浅草中来》中所言："我希望常存单纯之心，并且要深味这复杂的人世间。"

他说："我一生，从不相信权力，只相信智慧。"

他说："我轻视天才，却愿意人明白我在写作方面是个如何用功的人。"

他手里的一支笔，写出"两个等身的著作"，人家叫他多产作家，他骄傲地说："就是写了那么多！"又谦虚地说："写了一辈子，写好是应该的，写不好才是不应该。"

他的朋友彭子冈说："他全无半点湖南人的豪迈，却有点叫我怀疑《浮生六记》中的主人翁就该是这个样子。"钱锺书看到了他的另一面："从文这个人，你不要以为他总是温文典雅。骨子里很硬。不想干的事，你强迫他试试！"

老朋友巴金说："我们谈起你，觉得在朋友中待人最好、最热心帮忙的人只有你，至少你是第一个。"

《沈从文传》的作者凌宇概括他是"一生热情，千年孤独"。

他去世前不久，曾对汪曾祺和林斤澜说："我对这个世界没什么好说的。"

他这一生，玩过，奋斗过，等过，梦过，爱过，该得到的都已得到，该失去的也早已释怀，对这个世界，他已然无愧。杨绛翻译的英国诗人兰德的诗句，用在他身上也是贴切的：

> 我和谁都不争，和谁争我都不屑；
>
> 我爱大自然，其次就是艺术；
>
> 我双手烤着生命之火取暖；
>
> 火萎了，我也准备走了。

沈从文去世后，有关部门希望为他开个追悼会，但因他生前嘱咐过家人，不喜欢那种喧闹的仪式，所以张兆和并没有同意。5月18日上午，在北京的八宝山，家人举行了一个简单的遗体告别仪式。没有主持人、没有悼词，来的都是沈从文生前的至亲好友，也不收花圈，不戴纸制的白花。沈从文静静躺在那里，十分平静，周围是几盆绿树，几盆康乃馨、百合、菊花。亲友们每人手中拿着一枝半开的月季花，走到老人跟前，缓缓行了礼，将花放在他身边，让花香围绕着他静静睡去。屋子里响起了贝多芬的钢琴奏鸣曲《悲怆》，那是他生前最喜欢的一支曲子。没有痛哭流涕，没有呼天抢地，也没有噪音打扰他，一切都是那样静穆安宁，宛如一泓秋水。

　　得到沈从文去世的消息后，亲朋好友在悲伤之余，也都不忘来电来信安慰张兆和。老朋友巴金由于患病没能亲自参加沈从文的遗体告别仪式，他的女儿李小林代他完成了这个心愿，他还给张兆和寄来了慰问信：

　　三姐：

　　　信悉。从文这次走得太突然，又去得安安静静，没有痛苦，又不惊动别人。

　　　小林参加告别仪式，觉得他好像睡在花丛中，没有噪音，没有惊扰，他倾听着自己喜欢的音乐。

　　　他去了，的确清清白白，于心无愧。他奉献了那么多，却又享用这么少。我想起那个小房间，想起那张小桌子，感到十分惭愧。没有同他的遗体告别，我非常难过。这些日子我常常在想三十年代、四十年代的一些事情，我多留恋在你们家"作食客"的日子！现在我也得把我生活的一部分埋葬了。

　　　谢谢您的关心和鼓励。我比从文小两岁，虽然多病，但还未完全躺倒，只是行动不便，讲话吃力，写字困难，不过我总要争取多活，也可能多活。想到从文，我觉得眼前多了一个榜样：不声不响地做自己的工作。我要向他学习，这不是客气话。

一半儿温馨
一半儿冷
YIBANR
WENXIN
YIBANR
LENG

沈从文
与
张兆
和的
情缘
似
水

您多多保重吧。这些年您太辛苦了。从文在困难的时候一直得到您的照顾，这是他的幸福。没有您，他后半生会遇到更多的困难，也不一定取得这么大的成就。因此作为读者，作为朋友，我都要感谢您。再说一句：请保重。

祝

好！

巴金 六月十八日①

沈从文去世后，骨灰一直放在家里，1992年5月，正值沈从文逝世四周年之际，家人将他的骨灰带回了故乡。

又是一个杜鹃花开的季节，小城处处山清水秀，青藤蔓萝。

一场小雨过后，天气新晴。沈从文的二儿子虎雏捧着骨灰盒，孙女沈红手捧一束鲜花，儿媳张之佩搀扶着张兆和，护送着沈从文的骨灰回到中营街二十四号的沈家旧宅。堂屋里，挂着沈从文的素描像，安放着他的汉白玉半身雕像。这时，沈红轻轻说了声："爷爷回家了。"

三人从故居出来后，踏着光滑的石板路，来到水门口码头。

沈从文生前的助手王亚蓉抱着保存了四年的沈从文去世时人们送去的花瓣，三人坐上竹叶小舟，顺着沱江水，将一捧捧骨灰和花瓣撒入江水中。

小船靠岸了，沿着河边古官道往南，就到了听涛山。墓地上，是一块天然五色石做成的墓碑，上面刻着沈从文的名句："照我思索，能理解'我'；照我思索，可认识'人'。"碑的后面，是四妹张充和亲撰并用小楷书写的诔文："不折不从，亦慈亦让；星斗其文，赤子其人。"

当最后一捧泥土覆盖完毕，张兆和、沈虎雏、张之佩、沈红、王亚蓉已经泪湿衣衫……

离墓碑不远的树荫下，有黄永玉为表叔立的一块石碑，石碑上写着："一个士兵，要不战死沙场，便是回到故乡。"

---

① 沈龙朱：《珍贵的友情》，见汪丕栋、陈莹、闻立欣等编著：《中老胡同32号：老北大宿舍纪事（1946—1952）》，北京大学出版社2011年版，第345页。

乡亲们说，这是文星归土，福气降生。

是从沱江流出来的水，回到了沱江。

是从凤凰飞出来的凤凰，回到了凤凰。

回归自然——沈从文的骨灰
从虹桥下撒入绿色的沱江

从文二哥 永安

不折不从亦慈亦让

星斗其文赤子其人

汉思
克和 率以元
谨敬诔

张充和为沈从文手书的诔文

一半儿温馨
一半儿冷
YIBANR
WENXIN
YIBANR
LENG
似水
情缘的
张兆
和
与
沈
从
文

在仍有你的世界里旅行

白白的脸上流着汗水，
我是走路倦了的人；
你是那有绿的枝叶的路槐，
可以让我歇憩。

——沈从文

沈从文走了，留下了张兆和独自在世上。

曾经是，红笺小字，说尽平生意，而今是，梧桐半死清霜后，头白鸳鸯失伴飞。

曾经是，曾与玉人临小槛，共折香英泛酒卮，而今是，无穷山色，无边往事，一例冷清清。

曾经是，映雕栏修竹，共数流萤，细语轻盈，而今是，如此星辰如此月，与谁指点与谁看！

记得杨绛曾说，她最害怕的事是自己比钱锺书先走，哪怕留他一个人在这世界上一天，她也会放心不下。想来，这或许是世界上所有深爱着另一个人的人共同的顾虑。张兆和也是一样，她照顾了沈从文一辈子，若要留他一人孤单，她如何能放得下心？

过去，他出门在外，她总不放心，怜惜他一工作起来就忘了吃饭睡觉，总不忘写信唠叨嘱咐他："院子里第一朵睡莲花已开，蜜黄色，美而乖。它比你有时间观念，每天早晨按时醒来，四点钟就合上眼。前后院的妈妈们都觉得这花真有趣，孩子们围着看，谁也不碰它。"[1] 而今，他永远地睡去了，再也不会孩子一样地笑了，再也不会拼命工作，再也不会不注意休息，再也不会不听话了，再也不会惹她生气了，可是，思念却一天比一天浓郁地袭来，如雪覆盖，夜夜无声。

没有沈从文陪伴的日子，张兆和需要常常从自然中获得慰藉。在高楼的阳台上，她种满了花花草草，如同一座热闹的小花园。她种了许多"竹"家族的成员：文竹、水竹、富贵竹、龟背竹，也种了沈从

---

[1] 1957年8月11日，北京，张兆和致沈从文，见《沈从文全集》第20卷，第183页。

文最爱的虎耳草。这个小小的阳台花园同张兆和小时候在苏州寿宁巷的私家花园比，自是相形见绌，同四妹充和在美国纽黑文家的竹园相比，也显得很不起眼。不过，张兆和乐在其中。她同沈从文一样，是性本爱草木的，只是过去，为着家庭和工作，她没有什么时间侍弄花花草草，沈从文走后，她开始更加用心地呵护这些小生灵。看着它们在泥土里发芽，一点点长高，一个个含苞，一朵朵开花，一颗颗结果，她知道，他一直都在。

张兆和还给这些野草闲花取了沈从文小说里主人公的名字。有一次，一位朋友去看望张兆和，她指着花盆里的一些花，兴致勃勃用合肥话介绍道："你看，这是翠翠，这是萧萧，这是三三……"她还指着阳台墙角一盆长得茂盛的紫叶草风趣地说道："你看它，枝叶乱长，都压住别的花了，我不许它霸道，把它打到'后宫'了……"她还曾写过一则有趣的《我的后宫佳丽》，戏说了一把阳台上的可爱生灵，还兴致勃勃地把它念给孙女沈红听，逗得沈红直乐。她过去少女时期淘气顽皮的个性，在为人妻母的岁月里曾一度隐若无痕，此时，又显露无遗了。

天晴了，她高兴地去看花花草草，为它们捉虫拔草。下雨了，她念叨着她的"翠翠"、"三三"们。

一年四季，阳台花园里除了有花开花落，蜂飞蝶舞，还有鸽子时常来造访。每天，张兆和都会抓一碗大豆小米，端一碗水放在阳台上，招待这些天上的来客。

一半儿文馨
一半儿冷
YIBANR
WENXIN
YIBANR
LENG
沈从文与
张兆和的
似水情缘

　　与花鸟为伴，张兆和的精神状态显得不错，苏州作家车前子看望她时曾这样形容："瘦小，干净，仿佛元人的一幅山水图。笔细细的，墨枯枯的，平淡而又明洁。苇叶瑟瑟，有风声，但不见寒衰之意。在秋水之中，在看不见的地方，游动着几尾淡墨的小鱼，或一头赤鲤。张先生端坐在扶手椅中，已是八九十岁的人了，腰板还挺直。她的坐姿一点也不显老。"就像沈从文生前常赞叹的那样："三三，你总是那样年轻！"这一生，战争，逃难，下放，她柔弱的肩膀经受了太多风雨，但即使是经历了失去沈从文的巨大悲痛，她也还一如往常地保持着乐观和单纯，一如少女时，即使时常身处贫寒逆境，她亦从不失优雅与从容，保持民国女子特有的贵美气质。

　　不过，张兆和可不仅仅满足于侍弄这个几平方米的小花园，八十多岁的她，还保持着童心，爱四处游走，去远足。她和沈从文一样，一直都热爱从大自然中体味生命的原色。小桥流水，平原山川，戈壁荒野，甚至一丛野花，一汪清泉，对于他们来说都充满了不可言说的魅力。他们一同爬上过青岛壮观的崂山，去看过甘肃神奇的敦煌，去游过苏州精致的大小园林，回湘西老家看过凤凰古城，在昆明同朋友爬过秀丽的西山，和家人一起登过秀美的黄山，在北京登过雄伟的长城，也远越重洋去过美国。可是在五十五年相伴的漫长时光里，他们还是因为种种原因错失了太多携手同行的机会，没能好好地走遍每一个想去的地方。太多的遗憾，只能在沈从文走后，由闲下来的张兆和替他弥补。

　　看风景时，她的一双眼睛，也是他的。

　　到云南去故地重游，在昆明，她在漂浮的云朵下，回忆起抗战八年一家人在那里的点点滴滴，欢声笑语。也去了大理，看洁白无瑕的苍山倒映在碧澄的洱海中，宛如仙境。如果他仍在，一定可以把这番别人写不出的意境写出，引得人人都想来。

　　她爬峨眉山，仿佛听见他在后面小跑着赶过来，一面喘着气一面喊着："三姐，等等我！"

　　她去鼓浪屿，听风吹海浪，阵阵潮声在耳边高高低低，想起年轻时曾和他在青岛的海边牵手漫步，窃窃私语，微微还有些脸红。

去北戴河，她写信给孙女沈红："在园中散步，仔细观赏识别。盆栽的有玉兰、扶桑、白玉兰、绣球，绣球有紫色、绿色和其他颜色的。""枞树高达数丈，叶子一直长到地面，因多雨雾，枞树、路边青草，放出清香，色香宜人。"[1] 读来，竟以为是沈从文的手笔。

在仍有你的世界里旅行着，有寂寞，也有欢乐。

沈从文刚去世的时候，张兆和曾对二姐允和说："我很佩服冰心，她的身体比我坏得多，可是她还在写。我要学她，这以后，我空了，我要写二哥，写他最后的五年，写……"可是，时间不等人，眼前还有更重要的工作等着她去做，她要为沈二哥收集流落各方的作品集，要在杂乱的故纸堆里寻找他的信件手稿，要让更多的人记住他的作品，她要编成一套《沈从文全集》，完成自己对丈夫深沉的纪念。这是一项极其艰巨的任务，不能不由她来牵头做。她怕自己走后，没有人能替她完成这个莫大的心愿，她是不安心带着这样的遗憾就去找沈二哥的。

钱锺书走后，接着女儿钱瑗又走了，杨绛说：别怕，有我呢。她戴上眼镜，对着钱锺书的手稿，一点点地整理出《管锥编》、《宋诗选注》，然后写《我们仨》，写《走到人生边上》。翻着厚厚的《沈从文全集》，我仿佛也听见那时的张兆和说：二哥，有我呢，别怕。

1993年11月7日，八十三岁的张兆和在人民大会堂，与北岳文艺出版社、中国版权代理总公司共同签署了《沈从文全集》的出版合同，并且《沈从文全集》的主编由张兆和亲自担任。她去信给四方的学生朋友，嘱托他们收集沈从文的手稿信件以及各种版本的作品集。她戴上眼镜，一字一句地校对着，毫不松懈。沈从文给世界留下的太多，拥有的却太少，他走了，她要为他把它们好好地保存下来。

沈从文的笔迹，在张兆和十八岁时第一次看过之后，就这样看了一辈子。多少年来，她亲自为他修改誊写过无数的稿件，校对过一本又一本的书。他的章草有时候很潦草，别人无法识别多少，只有她能认出最多。他喜欢随手在报纸、纸片上，能写的地方就写，所以东一点西一点，是她极耐心地一点点收集辨认。她每每翻检旧字纸，难免

---

① 沈红：《奶奶的花园》，见张允和、张兆和等著：《水——张家十姐弟的故事》，安徽文艺出版社2009年版，第324页。

一半儿温馨
一半儿冷
YIBANR
WENXIN
YIBANR
LENG

似张沈
水兆从
情和文
缘的与

想起旧日他的音容，或开心，或伤感，动情处也不免落泪。

岂止是杨绛和张兆和，有太多太多人，在另一半走后，带着不舍的追念，做着相同的事。陆小曼曾经集万千宠爱于一身，在纸醉金迷中过着飞扬的生活，徐志摩飞机失事后，她痛悔不已，卸了艳妆，戒了鸦片，认真习画，悉心整理徐志摩的手稿，写文章回忆他，一遍又一遍。译莎巨匠朱生豪病逝后，留下妻子宋清如一人，她的后半生，是在回忆过往甜蜜与抄录、整理、校勘和出版丈夫遗作译稿中度过的。时光把昔日的爱人带走了，唯有那些留存的记忆默默地诉说着一个个不曾走远的故事。

在《沈从文全集》编辑工作正式开始两年后，《从文家书——从文兆和书信选》于1995年问世了。这是一本别具意义的书，里面选录了沈从文与张兆和的一生中重要的两百多封往来书信，是他们的第一本书信集。张兆和拿着稿件，一面读着，一面一丝不苟地挑着稿件上的错字。看着那一封封尘封在记忆中的书信在眼前铺展开来，她感慨万千。从十八岁的女学生，到八十岁的老太太，再没有什么比沈从文更长久地占据着她的生命，如此深刻地影响着她，如水，如空气，如阳光，甚至化作血液注入身体中。而今，他离开了，只剩她在灯影幢幢下独自回忆着，仿佛在看一部别人拍摄的电影。电影里，上演着对的、爱的、乐的，也上演着错的、恨的、悔的，有时候她想伸出手触摸一下，却通通遥不可及，都只能任它出现又消失。看着这一部无法重拍的电影，竟如前世的故事，介于真与幻之间。废名说，人生如梦，不是说人生如梦一样是假的，是说人生如梦一样是真的。往事历历，当时只道是寻常，如今每每午夜梦回，却还会不由自主地对着虚空喊叫一声"二哥"，然后，泪湿衣襟。

时间，并不能淡化一切，甚至可以加深人的怀念。那些似水流年仿佛从未走远。在张兆和日渐衰老的瞳孔里，沈从文那张总是含着笑的脸，仿佛贴得自己更近了。她在回忆中怀念着他，也挑剔着自己，却痛苦地发现，人生没有办法倒带，经历也无从更改。那些令人后悔的画面一遍遍在脑海中回放、闪回，日复一日地加深了她心中的自责。

在沈从文离世七年零三个月后的1995年8月23日清晨，张兆和用近乎沉痛的笔调写下了《从文家书》的后记：

> 六十多年过去了，面对书桌上这几组文字，校阅后，我不知道是在梦中还是在翻阅别人的故事。经历荒诞离奇，但又极为平常，是我们这一代知识分子多多少少必须经历的生活。有微笑，有痛楚；有恬适，有愤慨；有欢乐，也有撕心裂肺的难言之苦。从文同我相处，这一生，究竟是幸福还是不幸？得不到回答。我不理解他，不完全理解他。后来逐渐有了些理解，但是，真正懂得他的为人，懂得他一生承受的重压，是在整理编选他遗稿的现在。过去不知道的，现在知道了；过去不明白的，现在明白了。他不是完人，却是个稀有的善良的人。对人无机心，爱祖国，爱人民，助人为乐，为而不有，质实素朴，对万汇百物充满感情。
>
> 照我想，作为作家，只要有一本传世之作，就不枉此生了。他的佳作不止一本。越是从烂纸堆里翻到他越多的遗作，哪怕是零散的，有头无尾，有尾无头的，就越觉斯人可贵。太晚了！为什么在他有生之年，不能发掘他，理解他，从各方面去帮助他，反而有那么多的矛盾得不到解决！悔之晚矣。谨以此书奉献给热爱他的读者，并表明我的一点点心迹。

《从文家书》出版后，这篇后记也引起了人们的注意。有人赞叹张兆和的朴素与诚实，也有人叹息才子佳人童话的破灭，甚至有人断言，他们的结合是两个人的不幸。

其实，比起相忘于江湖的沉默着束手，相濡以沫的人生其实更显出艰难和沉重。在所有被称作传奇与童话的背后，总有一些我们所不知道的事。张爱玲早就说过："生于这个世界上，没有一样感情不是千疮百孔的。"过自己的人生，我们体味的多是细节，而看别人的故事，却往往重的是情节，好比月亮自有它的冷暖，但世人举头望月，见到的却是另一番阴晴圆缺。张兆和能把最真实的一面展露给世人看，这诚实和勇气就是极为难得的。

不可否认，他们的成长环境的确相差很大，而这势必会深深影响两个人的性格。沈从文从一座偏远小城出来，内心深处不无自卑，但更多的是不服输的坚韧。张兆和出身名门，教养很好，个性独立，自

一半儿文心
一半儿温馨
YIBANR
WENXIN
YIBANR
LENG
沈从文与
张兆和的
似水
情缘

信而乐观。但更应该看到的是，两人在志趣和观点上有很多共同点，那就是他们都善良单纯，宽容待人，淡泊名利，从不愿伤害人。沈从文曾说自己最大的弱点是不会弄钱，不会阿谀，至于张兆和的朴素，相比他而言，更是有过之而无不及。就像贾宝玉不肯读世人眼中所谓的圣贤书去追求功名利禄，这一点，宝钗是不能理解的，所以宝玉不会爱她，却深爱黛玉，因为只有这个"孤高自许、目下无尘"的女子真正懂得他精神的可贵，才不会去劝他"聪明点"。而这，或许就是沈从文与张兆和能够携手一生，相伴到老最关键的因素。

有人说，张兆和是沈从文的红颜，却未必是知己。也有人说，在这世界上，比张兆和更了解沈从文的女人，是她的四妹张充和。也许是气质上更相投的原因，这位曲艺超群的才女对三姐夫沈从文的确很是了解，她为他撰写的挽联"不折不从，亦慈亦让；星斗其文，赤子其人"，用来概括沈从文的一生再贴切不过。或许，张兆和的确不是最懂沈从文的那一个女子，但毫无疑问的是，她是影响他最深的那个人。为了追求她，他写过几百封信，堪称世间最美的情书。结婚后，他们相敬如宾。夫人做的菜，沈从文总先夸赞做得好，真好吃，最后还不忘说一声谢谢。她给沈从文的创作带来了数不尽的灵感，没有她，就不会有沈从文的《边城》、《湘行书简》、《湘行散记》。她还是他的诤友，曾提醒他："我觉得你的长处，不在这方面，你放弃了你可以写美丽动人小说的精力，写这种一撅一撅不痛不痒讽世讥人的短文，未免太可惜。本来可以成功无缝天衣的材料，却撕得一丝丝一缕缕，看了叫人心疼。"她为他辛劳一生，不曾怨悔。养育两个孩子，她尽职尽责，充满了快乐。他也曾偶然地爱上过别人，是她的爱与宽容，让整个家庭一如既往地凝聚在一起。沈从文去世后，她继续为他付出着，一如从前。她亲自收集资料，编辑《沈从文全集》，在故纸堆里一点点重新认识他，理解他。在有生之年错过的，她用尽最后一丝力气去弥补。即使她不是世界上最了解他的那个人，却从来没有谁比她为他付出得更多。这一点，沈从文的表侄黄永玉看得很明白：

　　婶婶像一位高明的司机，对付这么一部结构很特殊的机器，任何情况都能驾驶在正常的生活轨道上，真是神奇之至。两个人几乎是两个星球上来的人，他们却巧妙地走在一道来了。没有姊姊，很难想象生活会变成什么样子，又要严格，又要容忍。她除了承担全家运行着的命运之外，还要温柔耐心引导这长年不驯的山民老艺术家走常人的道路。[①]

　　沈从文离世前，曾躺在病床上充满歉意地对夫人说"对不起"。他说出来的只有三个字，而还没有表达出来的，却还有太多太多。或许，没有人比他更深刻地了解，结婚五十五年来，她为了自己付出了多少，牺牲了多少，又失去了多少。他惭愧，自从她嫁给自己后，就再也没有胖过，永远是皮包骨一般瘦弱。他心疼她，同自己在一起从没有享过什么荣华富贵，却把一双小姐的手，变成了老妈子的手，布满了老茧。他可惜她搁置了一身的才华，只为成全他，成全整个家。这一生太短，却也琐碎得漫长，误会，打仗，逃难，下放，生病，总是有这样那样大大小小的风波同生命黏着在一起，不可剥离。爱是一种琐碎的关心，唯有恒久的坚持，才抵挡得起风风雨雨。

　　2002年12月，正值沈从文诞辰一百年，由张兆和主编的《沈从文全集》由北岳文艺出版社正式出版，总计三十二卷，总字数达一千万字，编辑过程花费了漫长的九年。张兆和最后的岁月，都是在编辑这套《沈从文全集》中度过的，她担起了与自己瘦弱身体不相称的艰巨任务。若阴阳两界也有鸿雁能传书，沈从文一定会像从前那样写信叮嘱她说："三姐，你还是那样年轻！可是不要为我累着你自己了，你该歇歇了！"她仿佛听到沈二哥在耳边的劝慰，还有那熟悉的笑声，一如往常。

　　2003年2月16日，心愿已了的张兆和闭上了眼睛，去另一个世界找她的沈二哥去了。

　　2007年5月，家人将张兆和的骨灰从北京移葬至凤凰县听涛山的沈从文墓地，在青山绿水之间，在翠翠的梦里，他们团聚了……

　　流水无声，许多年过去了，沈从文与张兆和的故事，仍在人们口

① 黄永玉：《太阳下的风景》，见黄永玉：《太阳下的风景》，三联书店2003年版，第141页。

一半儿温馨
一半儿冷
YIBANR
WENXIN
YIBANR
LENG
沈从文与
张兆和的
似水情缘

沈从文与张兆和

中流传着。

　　所谓传奇，最初往往出于偶然的巧合，但要走到最后，却不能不有所坚持。起初，世人眼中他们的爱情如着一袭荷花衣，清香四溢，曲折动人处宛如古代传奇，引人惊叹。后来，秋风乍起，莲衣落尽，人们看到了花瓣那中间原来也有苦涩的莲子，略感失落。再后来，斜风细雨，他们为彼此撑起荷盖，挡风遮雨，方知这世间，能陪你看万顷荷花的人多，能陪你听枯荷雨声的人才是难得。他们携手走过的一生，有相知相恋的缠绵，亦有过隔膜与不理解，但更多的是相濡以沫的相扶相持，相望相守。总归是，一半儿温馨，一半儿冷。